ALFRED DELVAU

LES
LIONS
DU JOUR

Physionomies Parisiennes

> « La célébrité est l'avantage d'être connu de ceux qui ne vous connaissent pas. »
>
> CHAMFORT.

PARIS

E. DENTU, ÉDITEUR

Libraire de la Société des Gens de Lettres

PALAIS-ROYAL, 17 ET 19, GALERIE D'ORLÉANS.

—

1867

Tous droits réservés.

LES

LIONS DU JOUR

OUVRAGES DU MÊME AUTEUR :

Les Dessous de Paris.
Histoire anecdotique des cafés et cabarets de Paris.
Lettres de Junius.
Les amours buissonnières.
Les Cythères parisiennes.
Françoise.
Le fumier d'Ennius.
Gérard de Nerval.
Histoire anecdotique des barrières de Paris.
Mémoires d'une honnête fille.
Le grand et le petit trottoir.
Henry Murger et la Bohême.
Dictionnaire de la langue verte.
Les Heures parisiennes.
Du pont des Arts au pont de Kehl.
A la porte du Paradis.

EN PRÉPARATION :

Histoire anecdotique des boulevards de Paris.
Les Chasses parisiennes.

Imprimé par Charles Noblet, 18, rue Soufflot.

A MONSIEUR H. DE VILLEMESSANT.

Monsieur et célèbre Confrère,

Je vous ai promis de vous dédier les Lions du jour : *je tiens ma promesse, — fidèle à la mauvaise habitude que j'ai contractée depuis longtemps de les tenir toutes.*

*Le livre d'ailleurs vous revenait de droit, à vous qui non-seulement avez occupé si souvent Paris de votre originale personnalité, mais encore avez été l'*Huguet de Massilia *d'une ménagerie de lions littéraires, — parmi lesquels, sous le pseudonyme de* Junius,

Votre très-obscur collaborateur,

Alfred DELVAU.

Mars 1866.

Étrange faveur que les vôtres,
Seigneur Public! Chaque matin
Il vous faut un nouveau pantin,
Écuyer, dompteur ou catin,
Que vous brisez comme les autres,
En vous disant : « C'est le destin ! »
Ah! vilain enfant que vous êtes,
Quelle rage de nouveauté
Vous fait casser vos amusettes
Avec tant de facilité?

Alphonse Daudet.

COURTE PRÉFACE

Avant d'entrer, du moins de faire entrer le lecteur dans cette ménagerie parisienne où j'ai entassé une centaine de lions de tout poil et de tout âge, je dois le prévenir; si déjà il ne s'en doute, que ces lions ne sont pas plus ceux de M. Crockett que ceux de M. Batty.

Ce sont les hommes et les femmes qui, à tort ou à raison, — à tort plus souvent qu'à raison, — ont attiré et fixé sur eux, pendant une minute, pendant une heure, pendant un jour, rarement pendant plus d'un mois, l'attention capricieuse de la foule : celui-ci parce qu'il a publié un pamphlet éclatant, celle-là parce qu'elle a joué un rôle scandaleux; celui-ci parce qu'il a accompli une action héroïque, celle-là parce qu'elle a été le prétexte d'une grande lâcheté; celui-ci parce qu'il a gagné un million en jouant, celle-là parce qu'elle en a croqué deux en se jouant des imbéciles riches : des gens de tous étages, de toutes fonctions, de tous caractères, qui, comme Alcibiade, ont coupé la queue à leur chien, ou, comme Alphonse Karr, se sont fait dévorer par lui, ou, comme Empédocle, « du plat de leur sandale ont souffleté l'histoire... » La foule parisienne est une Majesté plus ennuyée et plus difficile à amuser que Celle dont se plaignait si amèrement madame de Maintenon, et l'on reculerait stupéfait devant l'amoncellement des jouets humains brisés par elle rien que depuis une trentaine d'années : il y a de quoi en remplir deux ou trois cimetières de la grandeur du Père La Chaise.

Mais si la foule est difficile à distraire, elle l'est beaucoup moins sur le choix des gens qui se chargent volontairement ou involontairement de cette distraction. Pourvu qu'on lui donne quelque chose à dévorer, elle ne s'inquiète pas plus que

Saturne si ce sont des enfants ou des pierres, des poupées en carton ou des poupées en chair, un simple grand homme ou un remarquable coquin, une rosière ou une drôlesse, Macpherson ou Ossian, Ireland ou Shakespeare, du strass ou du diamant, du suresne ou du chambertin. On dirait qu'elle cherche à se rattraper, sur la quantité, de la qualité qui fait un peu trop défaut à sa collection de *dadas*. Tous lui sont bons, même les bons, — mais surtout les pires. Elle a des engouements extravagants et des enthousiasmes inexplicables qui témoignent d'un rare dévergondage d'imagination, et, ce qui est plus grave, d'une absence complète de sens moral. Le *Fantasio* d'Alfred de Musset souhaitait de se passionner pour un « homard à la moutarde : » le Parisien, bien plus *Fantasio* encore, se passionne aussi volontiers pour le homard sans moutarde que pour la moutarde sans homard. Il a ce que Fourrier, dans son ingénieux argot, appelait la *papillonne* ou l'*alternante;* il faut qu'il change à chaque instant de joujoux et qu'il les crève pour voir ce qu'ils ont dans le ventre, — son ou sang.

Dans la *Tempête* de Shakespeare, il y a un bouffon qui voudrait transporter Caliban en Angleterre afin de le montrer pour de l'argent. « Là, dit-il, toute bête étrange y fait vivre son homme ; ce qu'on ne donnerait pas à un mendiant estropié, on le donne pour voir un Indien mort. »

En France aussi ; et, par la France, j'entends Paris, qui s'imagine être Athènes, — et qui n'est que la Béotie. Chez nous, comme chez nos voisins, on n'accorde d'attention et d'admiration qu'aux gens qui en méritent le moins ; chez nous, comme chez nos voisins, on ne bat volontiers des mains qu'à propos des gens qui lèvent le plus volontiers la jambe, — baladines ou banqueroutiers ; chez nous, comme chez nos voisins, on ne témoigne de respect qu'aux drôles et aux drôlesses qui en manquent précisément envers nous ; nous sommes un peuple d'oncles ganaches qui adorons nos coquins de neveux et nos coquines de nièces, — en laissant mourir de faim nos fils parce qu'ils se contentent d'être d'honnêtes garçons, et nos filles parce qu'elles se contentent d'être d'honnêtes femmes. Ce qui nous *épate*, nous charme !

« Que notre chère nation est aimable ! » comme le disait ironiquement d'Argenson.

Je me suis promené dans cet immense cimetière de l'Oubli où dorment tant de poussières fameuses à n'importe quel titre, les héros d'un jour, les lions d'une heure, les *dadas* de mes concitoyens, et il m'a semblé piquant — et édifiant — d'en remuer quelques-unes pour leur redonner une célébrité de cinq minutes. Quelques-unes seulement ; car, les évoquer toutes serait folie, — et il me faudrait pour cela une dizaine de volumes du format de celui-ci, déjà bien gros.

Réveillez-vous donc un instant, pâles ombres disparues d'hier à peine! Venez, martyrs de l'honneur et puffistes de l'art, héros de bon aloi et héroïnes de contrebande, nobles cœurs et consciences vénales, dénicheurs de merles blancs et avaleurs de charrettes ferrées, excentriques de la plume et du pavé, nains et géants, prophètes et phénomènes, grinches et clowns, aventurières en rupture de trône et aventuriers en rupture de ban, — venez raconter votre histoire à la foule qui vous avait promis l'immortalité, et qui a oublié les noms de la plupart d'entre vous, l'ingrate !

Lions d'hier, venez dire ce qu'en vaut l'aune aux lions d'aujourd'hui, qui font les fiers comme vous avez fait les superbes, et leur apprendre qu'ils ne laisseront pas plus de traces de leur fulgurant passage dans la mémoire de leurs admirateurs que vous n'en avez laissé dans la mémoire des vôtres !

Ce qu'on a bâti sur le sable ne peut pas avoir la pérennité de l'airain : les réputations qui ont été les jouets de la foule sont destinées à être le jouet des vents.

LES
LIONS DU JOUR

MADAME DE LA VALETTE.

Antoine-Marie Chamans de La Valette avait été un des favoris de l'empereur Napoléon qui, content de ses services, lui avait donné en mariage Émilie-Louise de Beauharnais, fille du marquis de Beauharnais, frère aîné du premier mari de l'impératrice Joséphine. En 1808, il avait été fait comte de l'Empire et conseiller d'État, et, en 1811, grand officier de la Légion d'honneur et directeur de l'administration des Postes. 1814 l'avait rendu à la vie privée. Le 20 mars 1815, ayant appris le départ de Louis XVIII, il s'était dirigé vers l'hôtel des Postes, en avait pris possession au nom de Napoléon, et y avait continué ses fonctions pendant les Cent-Jours, avec le titre de pair, jusqu'à la rentrée du comte de Provence, — qui n'oublia pas les injures faites au roi de France.

On connaît les événements qui suivirent le second retour de Louis XVIII. Sa clémence ne fut pas précisément celle d'Auguste : il signait d'une main une liste d'amnistie, et de l'autre une liste de proscription. Le comte de La Valette fut compris dans cette dernière, — et en bonne compagnie, puisqu'il s'y trouvait à côté du maréchal Ney, « le brave des braves. »

On l'arrêta chez lui le 18 juillet 1815, et, le 19 novembre de la même année, il comparut devant la cour d'assises, — accusé de s'être présenté, au matin du 20 mars, accompagné du général Sébastiani, à l'hôtel des Postes, d'en avoir pris possession au nom de l'empereur Napoléon en en chassant le comte Ferrand, d'avoir aussitôt donné des ordres dans les bureaux, convoqué les administrateurs, arrêté les journaux, spécialement le *Moniteur* qui contenait un décret contre Napoléon, etc., etc. Quand on accuse un homme de quelque chose, on trouve tout coupable en lui, — jusqu'à sa chemise. On accusait le comte de La Valette de tant de choses, qu'il ne pouvait véritablement pas sortir de là les braies nettes : aussi, le 21 novembre, fut-il condamné à mort.

—. « Que voulez-vous, mon ami, c'est un coup de canon qui m'a frappé ! » dit-il tranquillement à son avocat, Me Tripier.

Il se pourvut en cassation contre le coup de canon, mais son pourvoi fut rejeté, et il dut se préparer à la mort.

S'il était résigné à son sort, sa femme ne voulait pas s'y résigner, elle, — le trouvant trop cruel ; elle conçut le hardi projet de sauver son mari, d'arracher cette chère proie au bourreau qui l'attendait.

Le comte de La Valette avait connu en Allemagne un nommé Baudus, à qui il avait eu occasion de rendre quelques services et qui, en reconnaissance, venait fréquemment le voir à la Conciergerie. Madame de La Valette s'ouvrit à cet homme de son projet, du moins d'une partie de son projet, et le pria de trouver un asile où pût se réfugier son mari lorsqu'on serait parvenu à le faire évader.

Baudus avait pour ami un ancien conventionnel girondin, Bresson, à la femme duquel il avait entendu dire fréquemment qu'elle avait fait vœu de sauver un proscrit quand elle le pourrait, en souvenir de l'hospitalité qu'un inconnu n'avait pas craint de donner, dans un petit coin des Vosges, à son mari fugitif : il s'adressa à elle, et madame Bresson se mit immédiatement à la disposition de madame de La Valette.

Avant d'agir, celle-ci avait demandé une audience à Louis XVIII qui lui avait répondu de façon à lui faire tout espérer, — et surtout à lui faire tout redouter. Les rois sont tous un peu normands, surtout dans les cas graves comme celui-ci, où ils ne sont pas fâchés de montrer aux âmes naïves qu'ils inclineraient volontiers à l'indulgence, — s'ils n'étaient pas tentés d'incliner plus volontiers à la sévérité.

Donc, malgré des amitiés toutes-puissantes, le comte de La Valette était condamné à mourir. Ainsi le voulait la haine du parti ultra-royaliste, qui dominait dans la « chambre introuvable, » que la mort récente du maréchal Ney — ou plutôt son assassinat juridique — n'avait pu satisfaire. Le sang a, paraît-il, les vertus apéritives de l'absinthe : il doit être cependant plus amer à la conscience !

Dans la soirée du 20 décembre, veille du jour fixé pour l'exécution de son mari, madame de La Valette se fait transporter à la Conciergerie dans une chaise à porteurs ; sa fille, une enfant de treize à quatorze ans, et une vieille domestique, l'accompagnent. On dîne dans une cellule séparée, et avant même la fin du repas, un changement de costumes s'est opéré : la comtesse a les vêtements du comte, et le comte ceux de la comtesse, qui vont tant bien que mal, — et plutôt mal que bien, la comtesse étant très-grande et le comte très-court... On s'embrasse, on pleure, on se sépare. Trois femmes sont entrées à la Conciergerie, trois femmes en ressortent, dont l'une sanglote en se cachant le visage dans ses mains et dans son mouchoir, — ce qui attendrit à ce point le guichetier, qu'il ne songe pas à la prier de relever son voile, son mouchoir et ses mains pour s'assurer de son identité... Quand il rentra dans la cellule du prisonnier, il poussa un cri de surprise et d'épouvante. — « Ah ! madame ! vous m'avez trompé... Je suis perdu !... » dit-il à madame de La Valette.

Pendant ce temps, le prisonnier était sur la route du salut. A quelque distance de la prison, attendait fidèlement Baudus, qui fit descendre de la chaise à porteurs la fausse comtesse, la fit monter avec lui dans un cabriolet sûr, qui les conduisit au fond du faubourg Saint-Germain, à l'angle de la rue Plumet, déserte en ce moment, où les attendait l'ex-conventionnel Bresson. De la rue Plumet, ce dernier mena le comte de La Valette jusqu'à la rue du Bac, au ministère des affaires étrangères, où il était chef de division, et où il veilla religieusement sur lui pendant trois semaines. Le 10 janvier 1816, à huit heures du soir, le proscrit quittait sa cachette, se rendait à pied chez le capitaine Hutchinson; de là, sous le nom de Losak et sous l'uniforme de colonel anglais, il était emmené en calèche découverte par le général Robert Wilson, — un ennemi acharné de Napoléon ! — qui le conduisait sans encombre à Mons, en Belgique, et revenait aussitôt à Paris pour dérouter les soupçons.

Cette évasion fit du bruit, on le comprend. On s'émut, on se passionna en divers sens, et, pendant huit jours, on ne s'entretint à Paris que de la courageuse madame de La Valette. Le général Wilson, arrêté comme complice, avec deux de ses compatriotes, Hutchinson et Bruce, fut condamné comme eux à trois mois d'emprisonnement, et le pauvre guichetier de la Conciergerie à deux années. Quant à la comtesse, arrêtée aussi, elle fut acquittée, quoiqu'elle eût persisté tout le temps à prendre sur elle seule le plan, la conduite et l'exécution de l'évasion de son mari. Elle fut acquittée, — probablement parce qu'elle seule avait fait son devoir, de l'aveu même du roi Louis XVIII, touché de ce dévouement conjugal.

Hélas ! le dévouement coûte cher, parfois. La comtesse de La Valette n'avait pu résister à tant de secousses, — la condamnation à mort de son mari, son évasion, sa fuite, — et sa raison, moins vaillante que son cœur, en avait été déplorablement ébranlée : quand, en 1822, le comte de La Valette, gracié, revint en France, elle ne le reconnut pas...

MANUEL.

Le 26 février 1823, la Chambre des Députés avait à son ordre du jour la discussion sur la guerre d'Espagne. « Madame ne la voulait pas. Madame du Cayla y paraissait fort contraire. Mademoiselle, ayant consulté sa poupée, se déclarait pour la paix, ainsi que la nourrice et toutes les berceuses de monseigneur le duc de Bordeaux. Personne ne voulait la guerre, » — excepté les jésuites qui tenaient absolument à ce que le roi de France allât défaire la révolution en Espagne et y rétablir l'ancien régime.

Jacques-Antoine Manuel, député de la Vendée, orateur constitutionnel et l'un des chefs du parti libéral, était à la tribune, au grand chagrin des députés de la droite qui auraient bien voulu l'empêcher de parler, parce que chacune de ses paroles les irritait — comme irrite la vérité :

— « Vous allez en Espagne rétablir le pouvoir absolu de 1820, et la livrer, comme elle l'était alors, à l'Inquisition et aux jésuites !... »

Ici des murmures et des cris violents de : « A l'ordre ! à l'ordre ! » interrompirent l'orateur qui, se croisant les bras, attendit que l'orage fût passé, ou du moins un peu calmé. Alors, il reprit son discours :

— « J'ai donc raison de dire que le gouvernement de Ferdinand VII, en 1815, était atroce... »

De nouveaux murmures, de nouveaux rappels à l'ordre, plus violents que les précédents, interrompirent de nouveau l'orateur qui, au crime de mal parler de l'honnête Ferdinand VII, ajoutait celui de bien parler, même allusivement, de la Révolution française. L'exaspération de la droite fut telle, même, qu'elle quitta la salle en masse, le poing levé vers Manuel, toujours impassible à la tribune. M. Hyde de Neuville s'élança à côté de lui et protesta énergiquement « au nom de la France » contre ce qu'il venait de dire. Le président Ravez, ne pouvant se faire obéir au milieu de ce tapage, se couvrit et suspendit la séance pour une heure.

A la reprise de la séance, Manuel monta de nouveau à la tribune pour continuer son discours que les brailleries de la droite l'avaient empêché d'achever ; mais cela ne lui fut pas possible. Les cris : « à l'ordre ! » recommencèrent de plus belle — on devrait dire : de plus laide, — et un député, M. Forbin des Issarts, imitant M. Hyde de Neuville, s'en vint à côté de Manuel, toujours impassible, et d'une voix tremblante de colère :

— « Je demande à la Chambre qui doit se respecter et qui doit respecter la France entière, qu'elle manifeste ici le vœu d'expulser de son sein un orateur qui prêche le régicide !... »

— « Oui ! oui !... » cria la droite avec une passion rare.

La séance fut levée, M. Ravez ne pouvant parvenir à

rétablir l'ordre, et Manuel persistant à garder la tribune, — comme un poste d'honneur.

Le lendemain, 27 février, le tumulte et les protestations recommencèrent. M. de Labourdonnaye (ô souvenirs de *Paul et Virginie!*) demanda qu'on traduisît Manuel devant la Chambre à raison de son discours de la veille, et qu'il en fût exclu à jamais. Étienne et Girardin le défendirent avec énergie. Manuel, escaladant la tribune, s'y défendit avec calme et dignité, sans parvenir à convaincre ses ennemis, acharnés à sa perte. On renvoya à l'examen, dans les bureaux, la question relative à son exclusion.

A la séance du 1er mars, il y eut lecture des rapports de M. de Labourdonnaye, dont l'impression fut ordonnée aussitôt, et l'on décida que la discussion en aurait lieu le lundi 3 mars. Vingt-trois députés étaient inscrits pour parler dans le sens de l'exclusion, — parmi lesquels MM. Hyde de Neuville, Conen de Saint-Luc, Leclerc de Beaulieu, le vicomte Donnadieu, le baron de Coupigny, le vicomte de Castelbajac, Forbin des Issarts, etc. Soixante-neuf députés étaient inscrits pour parler contre, — parmi lesquels Royer-Collard, Sébastiani, Destutt-Tracy, Dupont de l'Eure, Kœchlin, Lafayette, le général Foy, Casimir Périer, Kératry, Audry de Puyraveau, de Girardin, Villemain, Laffitte, etc.

L'ordre du jour amena la discussion sur la proposition Labourdonnaye. On parla pour et contre sans arriver à se convaincre et à s'entendre. Il y eut un amendement de M. Hyde de Neuville, auquel on se rangea, qui proposait une exclusion d'un an — seulement.

Manuel se leva alors et monta à la tribune pour protester contre la proposition Labourdonnaye et contre l'amendement Hyde de Neuville :

— « Je déclare donc, dit-il d'une voix forte en terminant, que je ne reconnais à personne le droit de m'accuser ni de me juger. Je cherche ici des juges, je n'y trouve que des accusateurs. Je n'attends point un acte de justice ; c'est à un acte de vengeance que je me résigne... Dans un tel état de choses, je ne sais si *la soumission est un acte de prudence* (c'était la phrase d'un des orateurs de la droite), mais je sais que, dès que la résistance est un droit, elle devient un devoir. Arrivé dans cette chambre par la volonté de ceux qui avaient le droit de m'y envoyer, je ne dois en sortir que par la violence de ceux qui n'ont pas le droit de m'en exclure... »

Manuel fut interrompu par une explosion d'applaudissements partis de la gauche, et M. de Girardin s'écria avec force :

— « Arrachez-le de là si vous l'osez !... »

Manuel reprit et termina :

— « ..... et si cette résolution de ma part doit appeler sur ma tête de plus graves dangers, je me dis que le champ de la liberté a quelquefois été fécondé par un sang généreux. »

Les applaudissements reprirent de plus belle, et le général Demarçay se fit rappeler à l'ordre, en déclarant « qu'il adhérait, sinon avec le même talent, du moins dans la même pensée, à tout ce que venait de dire Manuel. » La gauche presque tout entière fit la même déclaration avec la même spontanéité et la même énergie, au milieu des murmures et des menaces de la droite.

Le vote eut lieu. La droite se leva en masse ; la gauche tout entière cette fois, protestant qu'elle ne voterait pas, s'empressa de quitter la salle, — et le président Ravez proclama l'exclusion de Manuel pendant une année, qui commençait naturellement à courir du lendemain, 4 mars.

Arriva la fameuse séance du mardi 4 mars, qu'il faut raconter pour ainsi dire *in extenso*, car, en l'écourtant, on s'exposerait à lui enlever son intérêt.

A une heure et demie, le président Ravez entra dans la salle et prit possession de son fauteuil. Le côté gauche était tout à fait désert ; les bancs du côté droit n'étaient occupés que par une vingtaine de membres. Quelques minutes après l'arrivée du président, Manuel entrait, suivi de tous les membres de l'opposition, et allait se placer à son banc habituel, — comme s'il ne s'était absolument rien passé la veille.

M. Ravez, en homme qui avait vu de près cent fois des spectacles singuliers, resta calme en apercevant le député exclu; mais les députés de la droite, alors en très-petit nombre, manifestaient à voix basse et par gestes leur étonnement de sa présence, et ils semblaient se consulter entre eux, en le regardant avec colère, pour savoir quel parti ils devaient prendre. Les personnes qui occupaient les tribunes publiques et réservées paraissaient vivement émues, comme dans l'attente de quelque gros événement.

Manuel s'entretenait avec ses amis, de l'air tranquille que devait avoir Socrate avec les siens, quelques minutes avant de boire la ciguë.

Le chef des huissiers monta au bureau, s'entretint quelques instants avec le président, et redescendit ensuite avec un papier. Les députés du côté droit arrivaient successivement, et leur étonnement était le même que celui de leurs collègues arrivés avant eux; quelques-uns, le vicomte Donnadieu entre autres, se faisaient remarquer par leurs gestes animés — de très-mauvaises intentions ; d'autres, parmi lesquels MM. Lapanouze, Bouville et Dudon, allaient conférer de leur étonnement avec M. Ravez, qui restait presque aussi impavide que Manuel.

A deux heures moins un quart, le ministre de la guerre entrait dans la salle et était aussitôt entouré de députés de la droite. Le ministre de l'intérieur entrait quelques instants après et ressortait avec le duc de Bellune pour se rendre dans la salle des conférences, où ne tardaient pas à les rejoindre MM. de Peyronnet et Chateaubriand. Les chuchotements allaient leur train, l'agitation se propageait de rang en rang : l'orage approchait, on le sentait venir.

Quoique la Chambre fût, depuis une heure, en nombre pour délibérer, la séance n'était pas encore ouverte. A deux heures dix minutes, M. Ravez agita la sonnette présidentielle, chacun s'empressa de regagner son banc, la séance fut déclarée ouverte, et, au milieu du silence général, il dit :

— « Messieurs, dans la séance d'hier, vous avez décidé

que M. Manuel serait exclu de la Chambre pendant cette session. Conformément à votre décision, j'ai écrit à MM. les questeurs afin qu'ils donnassent aux huissiers les ordres nécessaires : le chef des huissiers chargé de faire exécuter leur ordre vient de me dire que la consigne avait été violée, que M. Manuel s'était introduit dans la Chambre...

— « Introduit ? interrompit avec force M. de Girardin ; introduit ? Ce n'est pas le mot : il est entré ! »

M. Ravez reprit :

— « C'est ainsi que viennent de me le rapporter les hommes chargés de la police de la Chambre... J'invite M. Manuel à se retirer. »

Manuel, alors, se levant, répondit avec la plus grande dignité :

— « Monsieur le président, hier j'ai annoncé que je ne céderais qu'à la violence ; aujourd'hui je viens tenir ma parole. »

Et, cela dit, il se rassit et se remit à causer avec ses plus proches collègues.

L'étonnement des députés de la droite devenait de la stupéfaction.

— « Je propose à la Chambre, dit M. Ravez, de se retirer dans les bureaux pendant une heure. Votre président, chargé de la police de la Chambre, donnera pendant ce temps les ordres nécessaires. »

Les membres de la droite applaudirent et quittèrent la salle, ainsi que les ministres et le président. Manuel resta seul avec ses amis. A trois heures, le chef des huissiers, suivi de quatre huissiers, entrait, tenant un papier à la main, et se dirigeait vers le banc où siégeait le député de la Vendée. Là, les quatre huissiers s'arrêtaient au pied du banc du côté gauche, leur chef montait quelques marches, et, entrant dans l'intervalle du premier et du second banc, il lisait d'une voix tremblante d'émotion un ordre signé du président Ravez, par lequel Manuel était sommé de sortir de la salle des séances, et, en cas de refus, prévenu que la force armée allait être requise contre lui.

— « Faites exécuter vos ordres, répondit Manuel toujours calme ; je ne me rendrai qu'à la violence. »

Le chef des huissiers employa les plus vives sollicitations, sans pouvoir obtenir autre chose que cette réponse. Affligé des ordres rigoureux dont il était porteur, mais forcé par son devoir de les faire exécuter, il sortit alors, et quelques minutes après, les portes qui donnent sur le salon de la Paix étaient ouvertes à deux battants, et l'on voyait entrer dans le couloir de gauche un peloton de gardes nationaux, l'arme au bras, suivi de vétérans, les uns commandés par le capitaine Frémont, les autres par le chef de bataillon Duchet.

A cette vue, tout le côté gauche, se levant, s'écria :
— « Quoi ! c'est la garde nationale que l'on choisit pour violer la représentation nationale !.... Gardes nationaux ! nous sommes vos représentants, vos mandataires, les défenseurs de vos libertés... N'oubliez pas que vous êtes une garde d'honneur destinée à nous protéger tous, et non à faire violence à aucun de nous ! »

Ces énergiques protestations, les supplications de Lafayette « aux cheveux blancs, » semblèrent faire impression sur les gardes nationaux, qui restaient immobiles, hésitants, partagés entre leur devoir et leurs sympathies. Mais le chef de bataillon Frémont, qui ne connaissait que son devoir, leur donna plusieurs fois l'ordre de s'emparer du député récalcitrant ; il prit même par le bras leur sergent, un passementier du nom de Mercier, et voulut le forcer à avancer. Mercier refusa d'obéir, et les gardes nationaux sous ses ordres l'imitèrent.

Applaudissements de la part des députés de la gauche et des personnes placées dans les tribunes.

Le chef de bataillon sortit alors, pour rentrer aussitôt suivi du vicomte Foucault, colonel de la gendarmerie de Paris, et d'un détachement de gendarmerie.

— « J'ai reçu, dit ce dernier, l'ordre de M. le président de faire sortir M. Manuel, et je serai obligé d'employer la force, s'il n'obéit pas à cet ordre. Je suis étonné qu'un député donne ainsi l'exemple du refus d'obéissance aux lois...

— « Il s'agit bien ici des lois, quand on les viole toutes, quand vous n'êtes ici que pour appuyer cette violation ! cria le général Foy.

— « La gendarmerie n'est venue ici que pour seconder la garde nationale, reprit le vicomte.

— « Ce n'est point à son aide, c'est à son refus que vous avez été appelés, répliqua le général.

— « Je suis fâché d'employer la force, mais enfin c'est mon devoir, reprit le vicomte en faisant quelques pas vers Manuel qui, toujours calme sur son banc comme un vieux Romain sur sa chaise curule, se contenta de lui dire :

— « Exécutez vos ordres, monsieur.

— « *Empoignez M. Manuel !* » ordonna le vicomte à ses gendarmes.

Aussitôt, quatre de ces hommes-consigne sortirent des rangs, traversèrent les gradins et, s'emparant du député de la Vendée avec le même sans-façon que s'il se fût agi d'un vulgaire filou, ils le forcèrent à les suivre.

— « Arrêtez-nous tous ! Nous sommes tous Manuel ! s'écrièrent unanimement et avec énergie les députés du côté gauche, pris d'un de ces magnifiques élans que l'histoire est heureuse d'enregistrer, — parce qu'ils sont rares. Arrêtez-nous tous ! »

On ne les arrêta pas. Manuel, entouré par les gendarmes, fut porté hors de la salle, suivi de ses collègues qui voulaient lui faire une escorte digne de lui, destinée à servir de contraste à l'autre. Une voiture était dans la cour du palais : Manuel y monte avec deux de ses amis et revient chez lui au milieu d'un flot de population enthousiasmé par ce qu'il a appris, et criant de tous ses poumons : « Vive Manuel ! vive le député de la Vendée ! »

L'exclusion était devenue une expulsion ! La honte se tournait en gloire !

Cette séance du 4 mars eut un énorme retentissement à Paris, en France, à l'étranger. La conduite de Manuel était hautement approuvée par le plus grand nombre, et, à la popularité dont il jouissait, se joignit une popularité nouvelle plus éclatante cent fois que l'autre.

« Manuel (écrivait alors Paul Louis en son *Livret*), Manuel a été grand quatre jours ; c'est beaucoup. Que faudrait-il qu'il fît à présent? Qu'il mourût, afin de ne pas décheoir.»

Ce souhait cornélien du vigneron de la Chavonnière devait être exaucé — au bout de quatre ans.

L'HOMME A LA LONGUE BARBE.

Le 16 juin 1825, pendant que le roi Charles X, sacré depuis huit jours à Reims, faisait son entrée solennelle dans sa bonne ville de Paris, un homme d'une cinquantaine d'années, en haillons, — et les plus tristes haillons du monde, un habit noir en ruines ! — faisait son entrée sous les arcades du Palais-Royal, alors regorgeant de folles toilettes et d'extravagantes parures.

« Cet habit vermoulu, a écrit quelque part Jules Janin, qui a trouvé pour le peindre des expressions à la Goya et à la Callot, cet habit vermoulu n'avait plus de nom dans aucune langue ; il échappait à toutes les formes acceptées. Ni habit, ni veste, ni casaque, ni blouse, ni pantalon, ni gilet, ni chemise, ni manteau, ni bonnet, ni chapeau, ni souliers, ni bas, ni bottes, ni sabots, ni bretelles, ni boucles, ni épingles... Il s'accrochait à toutes sortes de ficelles, il tenait de toutes les formes, il ressemblait ou plutôt il avait ressemblé à tous les vêtements... On eût dit un arc-en-ciel boueux ! et le tout ensemble traînait, hurlait, soufflait, suait, puait, pendillait, *hiatait*, que c'était à faire reculer les tombereaux de Domange !... »

Le premier jour, la foule, indifférente à toutes les infortunes comme à toutes les abjections, coudoya sans le regarder cet homme endimanché de misère, au visage aussi délabré que ses vêtements, qui du reste ne regardait personne, lui non plus, et, tout au contraire, marchait aussi fièrement dans sa pourpre sinistre que Charles X dans sa pourpre royale.

Mais les jours suivants, — et après les jours, les semaines, et, après les semaines, les mois, et, après les mois, les années, — quand la foule continua à heurter du coude et du regard cette ombre farouche drapée de ficelles, elle fût bien obligée de s'arrêter et de se retourner, en se demandant, tantôt avec une sorte de terreur, tantôt avec une sorte de pitié, tantôt aussi avec une sorte de dégoût, quel pouvait bien être ce misérable, ce loqueteux, ce cynique, qui laissait ainsi passer sa chair et son orgueil à travers les trous de ses haillons. On ne sut pas tout d'abord, et, en l'absence d'un nom qui constatât son identité, on lui donna un surnom qui le qualifiait significativement : on l'appela *l'homme à la longue barbe*, et on lui fit jouer auprès des enfants le rôle de Croquemitaine. — « Si tu n'es pas sage, me disait souvent ma mère, je te ferai emporter par *l'homme à la longue barbe !...* » Et, lorsque j'entendais cette terrible menace, je devenais aussitôt humble, docile et doux, de tapageur et de mutin que j'étais cinq minutes auparavant.

Les hommes sérieux, à qui on ne fait pas peur comme

aux petits enfants, — je veux dire de la même façon, car il est mille autres moyens de les mâter, de les rendre obéissants, et même serviles,—les hommes sérieux, dédaignant de donner au personnage cynique du Palais-Royal le sobriquet que lui donnaient les bourgeois naïfs, l'appelaient gravement « le moderne Diogène. »

Les hommes sérieux se trompaient—comme se trompent presque toujours les hommes sérieux : d'abord Diogène promenait ses haillons d'un bout à l'autre d'Athènes, du Pnyx à l'Erechtheum, du temple de Thésée au temple de la Victoire, du Pécile à l'Académie, du Pirée à la fontaine de Pan, des bords de l'Ilissus aux bords de l'Eridan, tandis que *l'homme à la longue barbe* ne quittait les galeries du Palais-Royal que pour aller à son chenil de la rue Pierre-Lescot. Ensuite, Diogène avait été banni de Sinope, sa ville natale, pour crime de fausse monnaie, tandis que *l'homme à la longue barbe* n'avait fui Bordeaux, où il était né, que par suite de son dévouement à la cause royale, — un peu compromise, peut-être, par ce dévouement-là. Enfin Diogène, quoique faux monnayeur, était un noble esprit, un philosophe, le disciple d'Antisthènes; tandis que *l'homme à la longue barbe*, quoique fils de notaire, n'avait jamais été qu'un cerveau brûlé, un de ces aimables fils de famille qui sortent si volontiers fruits secs du collége et qui s'imaginent qu'on en sait toujours assez quand on sait se faire adorer des femmes et redouter des hommes,— des femmes par sa fatuité, des hommes par son épée.

Et le « moderne Diogène » des galeries du Palais-Royal, sur lequel couraient tant de légendes et de contes de nourrice, avait été un de ces aimables ignorants-là. Lui aussi aurait pu dire, avec la même mélancolie et la même ironie que lord Byron : « Quand j'étais un beau aux cheveux bouclés..., » (*When I was a fashionable to the buckled hair!...*) Lui aussi aurait eu de quoi se faire un oreiller parfumé avec ceux de ses maîtresses, — des brunes, des blondes, des rousses ! Lui aussi aurait atteint le *mille e tre* de Don Juan, — en moins de temps que Don Juan ! Lui aussi avait été le bourreau des cœurs — et le bourreau des crânes !

Ah ! la belle et orageuse jeunesse qu'avait eue ce sinistre porte-haillons, qui salissait maintenant de la boue de ses guenilles infectes la dentelle et la soie des robes parfumées d'ambre des promeneuses du Palais-Royal ! Que de coups d'épée donnés ! que de maris trompés ! que de pauvres femmes, filles ou veuves, mises à mal par ce raffiné, qui ne croyait ni à Dieu ni au diable, — excepté à la Royauté, dont il s'est constitué le champion quand même, à une époque où il y avait péril à le faire !

Les anciens preux disaient : « *Mon Dieu, mon Roi, ma Dame ! Un seul Dieu, un seul Roi, une seule Dame !* » Il disait, lui, cet aimable impie, cet élégant chenapan gâté par les succès d'alcôve : « *Mon Roi et ma Dame ; un seul Roi — et beaucoup de Dames.* »

Mais la jeunesse n'a qu'un temps : quand elle part elle emporte avec soi bien des choses. Le *beau* qui avait scandalisé Bordeaux du bruit de ses fredaines amoureuses ; le vaillant étourdi qui, au siége de Lyon en 1793, et en Vendée en 1795, avait étonné ses compagnons par son héroïsme, avait fini par venir échouer dans la misère et dans l'abjection ! Ainsi le veut le jeu de bascule des destinées humaines.

Comment en était-il arrivé là ? Par la pente naturelle. Il s'était dévoué étourdiment à la cause des lys, croyant que son dévouement lui rapporterait, comme aux autres, quelque honneur — et quelque profit ; et cela ne lui avait rien rapporté — que l'oubli. Lorsque les années s'étaient envolées, et avec les années les espérances de toutes sortes, il avait frappé aux portes de ses anciens compagnons de plaisirs et de ses anciens frères d'armes : les portes étaient restées closes. Il s'était adressé ici, puis encore là, à ses amis ministres, à ses maîtresses grandes dames : ceux-ci étaient devenus sourds, celles-là étaient devenues dévotes ; les uns rougissaient de l'avoir eu pour compagnon, les autres rougissaient de l'avoir eu pour amant. Ainsi repoussé partout et par tous, le défenseur des lys et des dames avait résolu de se venger de tant d'indifférence, et, pour cela, il avait laissé pousser sa barbe et n'avait pas voulu renouveler sa garde-robe. La belle vengeance, n'est-ce pas ? Il s'imaginait punir les autres, et il ne punissait que lui. Il supposait leur donner des remords, et il ne se donnait que de la vermine. La belle vengeance, en vérité !

Ses amis s'en allèrent en exil, ses maîtresses moururent : il n'en persista pas moins dans cette vengeance puérile, et fit, sous le règne de Louis-Philippe, qui ne lui devait rien, ce qu'il avait fait sous le règne de Charles X, qui lui devait quelque chose.

Cela dura dix-sept ans ! Pendant dix-sept années,

sans interruption, il poursuivit sa course vagabonde, barbe longue, bras croisés, bouche muette, sous les arcades du Palais-Royal inondées de lumière, — hibou sinistre volant silencieusement parmi les geais bavards et les merles moqueurs. Puis, un jour, au bout de ces dix-sept années de farouche abjection, il s'arrêta, fatigué — non vaincu ; la mort vint le prendre, la mort des vagabonds. Un matin du mois de juin 1842, comme il sortait de son chenil de la rue Pierre-Lescot, il tomba dans le ruisseau, frappé d'une apoplexie — de templier.

Le banni de Sinope, avant de mourir, avait recommandé qu'on jetât son corps dans un fossé, comme guenille indigne du respect, et ses disciples lui firent des funérailles royales.

L'incroyable de Bordeaux, l'insurgé de Lyon, le soldat vendéen, Chodruc Duclos enfin, avait espéré peut-être que le bruit de sa mort égalerait le bruit de sa vie et que les curieux qui lui avaient fait si souvent cortége l'accompagneraient encore jusqu'au cimetière. Personne ne suivit le modeste corbillard des pauvres qui l'emmenait à Montmartre, où ses os mirent plus de temps à pourrir que son nom à s'effacer de la mémoire des hommes.

LA BERGÈRE D'IVRY.

A cinq minutes de la barrière Fontainebleau, existait en 1827 un marchand de vins nommé Orry, — dont les homonymes peuplent encore le quartier. Il avait pour garçon de service un adolescent, Honoré-François Ulbach qui, avant d'entrer chez lui, avait passé une quinzaine de mois à Poissy et à Sainte-Pélagie comme vagabond. Malgré ces fâcheux antécédents, dus à l'abandon dans lequel sa famille l'avait laissé de bonne heure, son patron ne se plaignait pas de lui, et peut-être que sa vie, gâtée à son début, eût fini par s'honorabiliser tout à fait, si une femme ne se fût trouvée sur son chemin.

Cette femme était une humble servante, jeune, jolie et honnête, nommée Aimée Millot, et plus connue par les habitants de l'avenue d'Ivry — où demeurait sa maîtresse, la veuve Détrouville — sous le nom de la *Bergère d'Ivry*, parce qu'on la rencontrait souvent avec un petit troupeau de chèvres qu'elle gardait, comme sainte Geneviève son troupeau de moutons, en lisant ou en travaillant. Aimée Millot n'avait jusque-là aimé personne, — non plus qu'Honoré Ulbach : il la vit et elle se laissa adorer. Les rares passants que le hasard de leurs affaires ou de leurs promenades amenait sur le boulevard des Gobelins, souriaient malignement en contemplant ces deux jeunes gens devisant d'amour, assis côte à côte sur le revers d'une *cuvette* tapissée d'une herbe épaisse que broutaient goulûment quelques chèvres ; et plus d'un, parmi ces passants, après avoir souri, soupirait en songeant à l'avenir de félicités promis à ce couple entrelacé.

Mais les passants se trompaient en préjugeant auss favorablement de l'avenir de ces deux jeunes gens, — dont le bonheur ne devait avoir que la durée de l'éclair. Un matin, comme Honoré était seul dans le cabaret, Aimée Millot entra, rapportant — sur l'ordre de sa maîtresse — les petits cadeaux de fiançailles qu'il lui avait offerts quelques mois auparavant, c'est-à-dire une pointe rose, deux oranges et une bouteille de cassis. La veuve Détrouville, — qui avait passé l'âge des passions et qui condamnait, comme indigne, celle qui consumait le cœur du garçon marchand de vins, — cette veuve trop sage avait exigé ce sacrifice de sa servante, qui lui avait obéi, parce que les petits doivent obéir aux grands, les pauvres aux riches, les domestiques aux maîtres. Elle avait obéi, puis elle s'était sauvée, au fond peut-être honteuse de la méchante action qu'on lui avait imposée ; car, quelque rapidité qu'elle eût mise à se débarrasser de la bouteille de cassis, des deux oranges et du fichu rose, elle avait eu le temps de voir les larmes du pauvre amoureux éconduit par elle.

Honoré Ulbach, orphelin pour la seconde fois, — puisqu'il perdait la seule affection qui l'attachât à la vie, — devint, à partir de ce jour, d'une invincible mélancolie. Son patron lui fit quelques représentations paternelles, puis quelques reproches mérités, et finalement, voyant qu'il négligeait tout à fait son service et qu'il ne tenait nul compte de ses représentations ni de ses reproches, de ses encouragements ni de ses menaces, il le renvoya. Ulbach prit ses hardes et s'en alla rôder dans les environs de la barrière Croulebarbe, pour tâcher d'y rencontrer sa bergère et — qui sait? — de la fléchir. Mais il eut beau attendre sous les ormes, Aimée ne se montra pas ce jour-là, et il dut chercher un asile pour la nuit.

Il avait connu en prison deux chenapans, les fils Champenois, qui demeuraient avec leur mère rue des Lyonnais, la plus pauvre rue du plus pauvre quartier de Paris : il alla frapper à cette porte qui s'ouvrit sans peine, et on lui donna l'hospitalité. La mère et les deux fils étaient *motteux*. Ulbach, pour gagner son pain, fit des mottes avec eux, et cette existence, quoique pénible, il l'eût supportée sans se plaindre, habitué à pâtir qu'il avait été dès son enfance, si la chère et cruelle Aimée avait permis qu'il reprît avec elle, de temps en temps, les papotages amoureux d'autrefois. Aimée, c'était le soleil qu'il fallait à sa vie pour l'éclairer et la réchauffer ; elle absente, tout était morne et froid pour lui. Il alla rôder de nouveau sur le boulevard des Gobelins, mais sans être plus heureux cette fois que la précédente. Tout au contraire, ce qu'il gagna à avoir abandonné la famille Champenois, ce fut de rencontrer un garçon de son ancien patron qui lui remit une lettre d'Aimée, — un congé en bonne et due forme.

Aimée, en signant cette lettre, avait signé son arrêt de mort. Quelques jours après, le 25 mai, dans l'après-midi, Aimée achetait du grain dans une boutique de l'avenue d'Ivry. Honoré entra, la figure bouleversée, les yeux égarés :

— Aimée, il faut que je vous parle ! dit-il d'une voix sifflante.

— C'est impossible ; madame Détrouville m'attend pour le dîner, répondit la jeune fille effrayée.

Elle sortit en grande hâte. Honoré la suivit à distance et finit par la perdre de vue. Comme il ruminait en son esprit de sinistres pensées, il aperçut sur le boulevard une enfant nommée Julienne, chevrière comme Aimée, qui avait pour elle une affection de grande sœur.

La présence de l'une annonçait ordinairement la présence de l'autre.

— Puisque Julienne est là, se dit Honoré, Aimée ne tardera pas à venir.

Vers trois heures et demie, en effet, la jeune servante de madame Détrouville apparut. Ulbach, qui jusque-là s'était tenu caché derrière un gros orme, alla droit à elle et lui dit d'une voix où la prière dominait la menace :

— Pourquoi voulez-vous vous en aller de moi, Aimée ? pourquoi ne voulez-vous plus que je vous fréquente ?

— Madame ne le veut pas, répondit Aimée, que cet accent mouillé de tristesse ne touchait pas ; madame ne le veut pas, parce qu'elle prétend que vous êtes un mauvais sujet...

— Un mauvais sujet, moi qui ne vous recherche que pour le bon motif !

— Si, si, vous me trompez... Madame me l'a dit, et vous ne devez plus chercher à me voir : vous m'affichez...

— Oui, — vous aimez mieux vous afficher avec des messieurs comme celui avec qui je vous ai rencontrée un dimanche...

— C'était mon cousin germain... et d'ailleurs, je sors avec qui je veux ; cela ne regarde personne.

Puis, voyant Honoré se rapprocher d'elle d'un air sombre, et désireuse de couper court à un entretien qui débutait si mal, Aimée dit à la petite chevrière, sa compagne :

— Julienne, va donc me chercher une tasse d'eau au *regard*, j'ai soif... Ensuite nous rentrerons, car il va faire de l'orage...

Un grondement de tonnerre confirma les paroles de la jeune fille, qui resta seule avec Ulbach, qui la regardait toujours d'un air sinistre. La petite Julienne revint, une tasse pleine d'eau à la main, et la présenta à Aimée. Celle-ci se disposait à boire lorsque, d'une voix qui grondait comme le tonnerre, Honoré l'en empêcha en disant :

— Vous ne boirez pas ! vous m'écouterez !... Voyons, Aimée, est-ce bien vrai que tout est fini ? ajouta-t-il d'un ton plus doux, presque suppliant.

Sans rien répondre, Aimée s'éloignait — de plus en plus effrayée des menaces du temps et de celles de son amant : celui-ci la retint d'une main, et, de l'autre, il la frappa de plusieurs coups de couteau.

— Tu ne t'en iras pas, maintenant ! cria-t-il avec une rage sourde, en frappant encore, en frappant toujours.

Aimée Millot tomba en murmurant :

— Au secours !

La petite Julienne qui, d'abord épouvantée, avait fui,

se rapprocha nstinctivement d'elle pour la secourir.

— Ma mie Julienne, lui dit Aimée dans un dernier souffle, je suis morte; va chercher madame...

La petite fille, rassemblant aussitôt son troupeau de chèvres, s'éloigna en grande hâte dans la direction de l'avenue d'Ivry, — sans oser regarder derrière elle.

L'assassin n'était plus là, pourtant. En voyant tomber sa maîtresse, et comprenant que, des cinq coups frappés en pleine poitrine, il y en avait au moins un « de bon, » il s'était enfui terrifié, — sans oser, lui non plus, regarder derrière lui. Il s'était enfui, abandonnant ce pauvre cher cadavre dont l'eau du ciel allait bientôt laver les plaies sanglantes, et résolu à en finir avec la vie par ses propres mains plutôt que par celles du bourreau.

La nouvelle de ce crime circula rapidement dans Paris, qui s'intéressa à la victime — et même à son meurtrier, parce qu'il s'agissait là d'amour et de jalousie, et que les passions sont une chose si extraordinaire à notre époque bourgeoise, où tout est plat, mesquin et fade, qu'on est disposé à s'émerveiller et à absoudre quand l'une d'elles éclate en plein jour et en pleine rue. Un assassin n'est pas un homme comme un autre, da! tout le monde ne saurait pas tuer!

Honoré Ulbach et Aimée Millot devinrent donc les lions du moment et remplacèrent la girafe dans les préoccupations admiratives des Parisiens. Ils étaient jeunes tous deux, Aimée était une bergère, Honoré était un enfant trouvé; si elle était morte, il s'était tué, — on le supposait du moins : quelle dramatique et intéressante histoire pour les badauds de la grande ville !

Honoré cependant ne s'était pas tué ; tout le courage qu'il avait en lui, il l'avait dépensé à frapper la seule créature qu'il aimât au monde, il ne lui en restait plus assez pour se frapper lui-même. Cruel envers une femme, il était lâche envers lui-même ; ou plutôt les ressorts de son âme étant détendus, il ne songeait pas plus à s'ôter la vie qu'à la défendre, — tout lui étant désormais indifférent.

Et la preuve, c'est qu'après avoir erré çà et là pendant huit jours, — sans se douter du bruit que faisait son crime et du chemin que faisait son nom accolé à celui d'Aimée, la douce vierge plébéienne, — il se présentait délibérément, le 3 juin, devant un commissaire de police et s'avouait l'auteur de l'assassinat commis, le 25 mai, barrière Croulebarbe.

Il comparut, le 27 juillet, devant la Cour d'assises de la Seine et fut condamné à la peine de mort, qu'il subit, résigné, le 10 septembre suivant.

J'ai vu, dans mon enfance, le petit tumulus élevé sur le boulevard des Gobelins à la mémoire de la « bonne amie » du pauvre Ulbach, et je me rappelle les frissons de terreur qui s'emparaient de moi en songeant à cette aventure ainsi dénouée, dont je ne comprenais pas alors le sens doublement dramatique. Le tumulus a disparu depuis longtemps — et aussi le souvenir de la *Bergère d'Ivry* et de son assassin.

LES OSAGES.

Le 13 août 1827, — au moment où Sa Majesté Charles X ne savait où donner de la tête, au moment où le pays tout entier bouillonnait sourdement, où M. de Montlosier venait d'adresser à la Chambre des pairs sa fameuse pétition contre les Jésuites, où l'Académie française, vraiment française alors, protestait en faveur de la liberté de la presse, où les étudiants s'insurgeaient au Collége de France, où l'on rétablissait la censure, où l'on songeait à renverser le ministère Villèle, où le gouvernement et les gouvernés se regardaient « en chiens de faïence, » — six personnages, étranges autant qu'étrangers, descendaient à l'hôtel de la Terrasse, rue de Rivoli, et venaient faire diversion aux complications politiques.

C'étaient six Indiens de la Haute-Louisiane, six beaux échantillons, mâles et femelles, de la famille des Sioux-Osages, ces tribus guerrières qui, dans les différends entre la France et l'Angleterre, avaient toujours pris parti pour la France, — sans trop savoir pourquoi ils n'avaient pas pris aussi bien parti pour l'Angleterre.

Les hommes, au nombre de quatre dont un chef, étaient nus jusqu'à la ceinture, ce qui permettait d'admirer leur torse de cuivre rouge, et ils s'enveloppaient la partie inférieure du corps d'une couverture rayée qu'ils ne quittaient jamais. Ils avaient le visage tatoué de lignes parallèles, peintes en vermillon. Leur tête était rasée, excepté au sommet où se dressait une petite huppe peinte en rouge, et d'où partaient deux queues tressées surmontées d'une plaque d'argent et d'une plume de vautour. A leurs pieds étaient des mocassins de castor attachés par des jarretières rouges qui montaient en se croisant jusqu'aux genoux.

Les femmes, au nombre de deux et toutes deux fort jolies et fort coquettes, n'étaient malheureusement pas aussi peu habillées que leurs compagnons. Tout au contraire, et comme si elles eussent eu à dissimuler des formes disgracieuses, elles étaient enveloppées depuis le genou jusqu'au cou d'une tunique de diverses couleurs, recouverte par une autre tunique rouge un peu plus longue. Quant à leur visage, aussi cuivré que celui des hommes, il était un peu moins tatoué. Quant à leurs cheveux, elles les portaient à l'européenne, avec cette seule différence que la raie du milieu, au lieu d'être blanche, était vermillonnée.

Leurs noms n'étaient pas moins étranges que leurs personnes. Le premier Osage, âgé de 38 ans, s'appelait *Kihegashugah*, ou le *Petit Chef;* il était prince du sang, — probablement par ce qu'il avait enlevé plusieurs chevelures à ses ennemis. Le second Osage, confident du premier, comme un simple Pylade, s'appelait *Washingsahbé*, ou l'*Esprit Noir*. Le troisième Osage s'appelait *Minkchatahooh*, ou le *Jeune Soldat*, et il était âgé de 22 ans. Le quatrième et dernier Osage s'appelait *Marcharkitahtoongah*, ou le *Gros Soldat*, et il était âgé de 45 ans : ces deux derniers composant la *suite* des deux premiers. Les deux femmes, qui n'avaient ni confidentes ni suivantes, s'appelaient, l'une, la femme du chef, *Myhangah*, l'autre, sa cousine, *Grétomih*, et, à elles deux, elles n'avaient que 36 ans.

Après que leur interprète et cornac, Paul Loise, — né au fort Louis, d'un Français et d'une Osage, — eut présenté ces six sauvages au roi Charles X, il les présenta aux Parisiens qui s'en émerveillèrent — pendant huit jours. Il les conduisit à l'Opéra, aux Nouveautés, à la Gaîté, à Tivoli, sous prétexte de les instruire, mais en réalité pour les montrer comme des bêtes curieuses à des curieux plus bêtes qu'eux. Puis, quand il les eut conduits et présentés partout, il ne les présenta plus nulle part — où d'ailleurs ils n'eussent plus excité la moindre curiosité. Le moment était mal choisi, les Parisiens étaient trop occupés des graves affaires qui s'agitaient autour d'eux : les pauvres Osages durent se rembarquer et regagner le pays natal, où j'espère que leurs os reposent en paix aujourd'hui.

Mes frères les peaux-rouges, vos frères les peaux-blanches sont plus curieux à voir que vous, et je m'étonne qu'aucun Barnum français n'ait pas encore songé à en promener un demi-quarteron à travers le Nouveau-Monde : au lieu de nous faire rire, c'est vous qui auriez ri de nous !

LA CONTEMPORAINE.

Les dernières années de la Restauration furent fécondes en *Mémoires*, c'est-à-dire en autobiographies où les personnages publics, fameux ou non, accusés ou seulement soupçonnés de n'importe quoi, éprouvèrent le besoin de se rendre blancs comme neige — et de rendre leurs ennemis noirs comme charbon.

Les Mémoires authentiques prenaient si bien, que certains libraires durent songer à servir aux lecteurs affamés de révélations des Mémoires apocryphes, rédigés avec plus ou moins de vraisemblance, plus ou moins d'esprit et plus ou moins d'orthographe.

Les *Mémoires d'une contemporaine, ou Souvenirs d'une femme sur les principaux personnages de la République, du Consulat, de l'Empire*, etc. (publiés en 1827-1828), furent de ce nombre, — c'est-à-dire une pure spéculation de librairie de Ladvocat, qui avait confié la rédaction de ces huit volumes in-8° à des hommes de lettres de sa connaissance, les deux premiers à M. Lesourd, les autres à M. Malitourne, à Charles Nodier, à M. Amédée Pichot, et à je ne sais plus qui encore. Quant à la *Contemporaine*, elle n'avait rien rédigé du tout, trouvant déjà bien joli d'avoir fourni les notes — et les calomnies — à l'aide desquelles ces huit volumes avaient pu être fabriqués.

Le succès vint, et de nouvelles éditions furent faites,

qui popularisèrent l'ouvrage et le nom de son auteur anonyme. On se demandait de tous côtés quelle pouvait bien être cette mystérieuse aventurière à qui tant d'illustres personnages avaient à tour de rôle, et même concurremment, jeté le mouchoir : Pichegru, Moreau, Ney, Duroc, Regnaud de Saint-Jean-d'Angély, le duc de Kent, le général Castanos, Talleyrand, le roi Ferdinand VII, et même l'empereur Napoléon, — une singulière salade de souvenirs amoureux, faite pour donner une indigestion aux cœurs délicats! On se demandait cela sans parvenir à être édifié complétement.

Il y avait de quoi errer, en effet, car cette *Contemporaine* de tant de contemporains s'appelait de plusieurs noms à la fois. Tantôt c'était madame Elzelina Tolstoï, fille ou femme d'un prince russe; tantôt, madame Van Eylde, ou Jonghe, femme d'un riche Hollandais ; tantôt enfin, madame Ida Saint-Elme, seul nom sous lequel elle soit restée connue — comme *veuve de la grande armée*. L'ironie, admirablement trouvée, est de Colnet, qui n'a pas toujours eu autant d'esprit en si peu de mots.

La *Contemporaine* n'était plus jeune, puisque, de son propre aveu, — et l'on sait que les femmes falsifient toujours leur extrait de naissance, — elle était née en 1778. Mais elle avait connu — bibliquement — tant d'hommes fameux à différents titres, qu'elle ne pouvait pas ne pas devenir fameuse à son tour. Et elle le devint vite, je vous en réponds! Quand les Parisiens se mettent à s'engouer de quelque chose ou de quelqu'un, ils n'y vont pas par quatre chemins pour prononcer leur *fiat lux* sur la chose ou la personne obscure encore hier. Songez donc! une femme qui avait été à *tu* et à *toi* avec des têtes couronnées! qui avait passé ses blanches mains dans les cheveux de tant de guerriers, de tant de diplomates, de tant de princes! Une femme à qui Talleyrand avait mis des papillotes avec des billets de banque — à une époque où la banque n'existait pas encore, double mérite! Il y avait là de quoi affrioler le public et achalander les cabinets de lecture de Paris!

Il y avait de quoi, en effet. Le sens moral est rare partout, et peut-être à Paris plus qu'ailleurs. Paris est une capitale *facile*, — dans l'acception impertinente du mot; pourvu qu'on parvienne à l'amuser, à la distraire, à lui faire plaisir, elle n'en demande pas plus long à son amuseur, à son bouffon, à son joujou, qu'il soit taré ou en carton, perdu de vices ou cousu de fils blancs.

Paris est une *gueuse*, je ne lui mâche pas l'épithète. Au lieu de les lire, il devrait jeter au feu les livres de la nature de ceux de madame Ida Saint-Elme ou Tolstoï, et condamner leurs auteurs au mépris au lieu de les condamner à la réputation. Quand un homme a obtenu d'une femme ce qu'elle a de plus précieux — et ce qu'elle accorde, cependant, comme si cela n'avait aucun prix pour elle et qu'elle pût en racheter au premier bazar venu, — l'homme a le devoir de se taire, de garder son bonheur pour lui seul, il n'a pas le droit de le clamer à l'univers. Je parle du galant homme. Eût-on une liste de *mille e tre*, comme Don Juan, cette liste doit rester inédite, malgré les démangeaisons de publicité que cause en pareil cas la vanité. La garantie de l'honneur des femmes est dans la discrétion des hommes : nous ne sommes dignes d'être aimés qu'à cette condition formelle que personne ne saura que nous le sommes ou que nous l'avons été. Tout indiscret est un goujat, et si j'étais femme et qu'il fût roi, je n'en voudrais même pas pour mon cocher; les laquais ont du tact, au moins, et ils savent mettre, quand il le faut, à leurs lèvres un cadenas dont ils vous confient la clé.

Que dire, donc, d'une femme qui, au lieu de l'enfouir dans l'ombre de son alcôve, avec la rougeur de sa pudeur au pillage, publie à son de trompe le nom de son amant? Pour vous, pour moi, pour les gens honnêtes, c'est une dévergondée ou une folle. Oui, il est des cas où cette audace est de la folie. Mais où l'audace devient du cynisme et la folie de l'impudeur réelle, c'est quand, après avoir publié le nom de son premier amant, cette femme publie celui de son deuxième, de son troisième, de son dixième, — et ainsi de suite jusqu'à je ne sais plus quel chiffre formidable, celui enfin qui avait valu à madame Ida le titre de *veuve de la grande armée!* N'est-ce pas monstrueux?

Mais je suis un Huron — un Iroquois plutôt — d'aller ainsi donquichottiser en l'honneur de cette Dulcinée du Toboso qu'on appelle la Morale! Elle est assez grande fille pour se défendre elle-même du bec et des ongles, si cela lui convient. Laisse couler la rivière, mon ami : tu te noierais à la vouloir endiguer sous prétexte qu'elle déborde. Laisse couler la rivière de la bêtise humaine!

La *Contemporaine* avec ses Mémoires saupoudrés de scandale en guise de sucre, devait être goûtée à Paris, et elle le fut, je l'ai dit. Pendant un temps assez long elle fut lionne. Concurremment avec d'autres lions — car la ménagerie parisienne est toujours richement approvisionnée de ces sortes d'animaux-là — on parla d'elle dans les salons et dans les journaux, en 1827, en 1828, en 1829, en 1831, en 1832 (à propos de son procès avec M. de Touchebœuf diffamé par elle), en 1833 où elle publia *Mille et une causeries* (1), et même en 1834, année de ses *Dernières indiscrétions* (2 vol. in-8o).

A partir de 1834 son étoile pâlit; elle immergea bientôt dans les brouillards de l'oubli. Ses démêlés avec Victor Bohain, en 1841, à propos de lettres publiées alors par *la France* et *la Gazette de France*, appelèrent encore sur elle l'attention de la foule, qui toujours bée aux canards, — mais ce fut durant quelques instants seulement. Elle quitta la France sans qu'on songeât à la retenir, et, quand elle mourut à Bruxelles, en 1845, c'est à peine si les journaux parisiens lui consacrèrent une ou deux lignes à l'article *Nécrologie*.

C'était déjà trop! On n'en a pas consacré autant à Sauvage, l'inventeur de l'hélice, mort de misère et de chagrin en 1857.

(1) Pourquoi pas *Mille et trois* comme don Juan? Il est vrai, cela n'eût été significatif que pour les délicats, tandis que pour la foule, *Mille et une causeries*, c'était plus... Galland.

FONTAN.

Le 20 juin 1829, les lecteurs de *l'Album* — qui avait reparu depuis quelque temps avec plus de verve et de hardiesse encore que sous la première direction du pauvre Magallon — lisaient en tête du numéro un article endiablé portant pour titre : *le Mouton enragé.*

C'était un pamphlet d'une violence extrême dirigé contre la personne royale, qu'on reconnaissait dès les premières lignes : « Figurez-vous un joli mouton blanc, frisé, peigné, lavé chaque matin, les yeux à fleur de tête, les oreilles longues, les jambes en forme de fuseau, la ganache (autrement dit la lèvre inférieure) lourde et pendante, enfin un vrai mouton de Berry ! Il marche à la tête de son troupeau, il en est presque le monarque. Un pré immense sert de pâturage à lui et aux siens. Sur le nombre d'arpents que ce pré contient, une certaine quantité lui est dévolue de plein droit. C'est là que pousse l'herbe la plus tendre ; aussi devient-il gras, c'est un plaisir ! Ce que c'est pourtant que d'avoir un apanage !... On m'a raconté qu'une brebis de ses parentes le mord chaque fois qu'elle le rencontre, parce qu'elle trouve qu'il ne gouverne pas assez despotiquement son troupeau, et, je vous le confie sous le sceau du secret, le pauvre Robin-Mouton est enragé... Robin sent sa faiblesse. Si encore il était né bélier ! Oh ! qu'il userait largement de ses deux cornes ! Comme il nous ferait valoir ses prérogatives sur la gent moutonnière qui le suit!... Mais, hélas! c'est du sang de mouton qui coule dans ses veines... Cette idée fatale le désespère... Console-toi, Robin, tu n'as pas à te plaindre. Ne dépend-il pas de toi de mener une vie paresseuse et commode? Qu'as-tu à faire du matin au soir? Rien; tu bois, tu manges, tu dors; tes moutons exécutent docilement tes ordres, contentent tes moindres caprices, sautent à ta volonté. Que demandes-tu? Crois-moi, ne cherche pas à sortir de ta quiétude animale. Repousse ces vastes idées de gloire (allusion à l'expédition d'Alger et au combat de Navarin) qui sont trop grandes pour ton étroit cerveau. Végète ainsi qu'ont végété tes pères; le ciel t'a créé mouton, meurs mouton!... »

Cet article, d'un goût contestable, était d'un jeune écrivain de quelque talent, Louis-Marie Fontan, qui, commis de marine à Lorient, avait déserté les bureaux pour courtiser plus à son aise la Muse, et d'ode en ode en était arrivé à faire de la polémique dans *l'Album*, — un journal de modes auquel avaient successivement collaboré Andrieux, François de Neufchâteau, Loëve-Weimars, Barrère, Alexandre de la Borde et Thiers.

On s'arracha le *Mouton enragé*, comme s'il eût paru sous le manteau, et le nom de l'auteur vola de bouche en bouche — jusqu'au parquet. Le numéro de *l'Album* qui contenait cette audacieuse attaque à la personne royale fut saisi, et son rédacteur poursuivi.

Fontan, qui avait naturellement peur de la prison comme Panurge des coups, n'attendit pas la visite domiciliaire dont il se savait menacé : il ramassa à la hâte ses manuscrits commencés, mit sur son épaule un chat qu'il affectionnait à l'égal d'un ami, et s'enfuit en Belgique, — où on ne lui permit pas de séjourner. Il protesta : on le conduisit, les fers aux mains et son chat sur l'épaule, dans le Hanovre — d'où, au bout de deux mois, il fut expulsé. Il se rendit en Prusse, d'où on le renvoya en Hanovre, d'où il fut de nouveau repoussé — ainsi que son chat. Les gens de lettres sont rarement millionnaires, et Fontan l'était moins que personne. Voyant qu'il n'avait aucune hospitalité à espérer de ces pays froids, il reprit le chemin de la France et revint à Paris, où lui et son chat se constituèrent prisonniers. Il fut écroué à Sainte-Pélagie, et condamné à cinq ans de prison et à dix mille francs d'amende.

Son article du *Mouton enragé*, sa fuite, ses pérégrinations en Belgique, en Hanovre, en Prusse, en Hollande, sa condamnation, son chat, tout cela avait attiré la curiosité publique du côté de Fontan. On s'intéressa de toutes parts à lui. Il avait commencé en voyage et achevé en prison un grand drame historique, *Jeanne la Folle :* le drame fut lu à l'Odéon, reçu avec acclamation comme un chef-d'œuvre — qu'il n'était pas, — et, par faveur spéciale du préfet de police, M. Mangin, les rôles furent distribués aux acteurs par l'auteur, dans sa prison.

Fontan oubliait ses chaînes et ses barreaux, ses cinq ans de prison et ses dix mille francs d'amende ; il assistait déjà en imagination à la première représentation de son œuvre ; il se voyait l'objet d'ovations enthousiastes, il se rêvait heureux... Les gendarmes se chargèrent de le réveiller — brutalement — en l'accouplant à quatre gredins et en le conduisant ainsi, lui cinquième, à travers tout Paris, jusqu'à Poissy, cette succursale ou plutôt cette antichambre du bagne. Il faut lire dans l'*Histoire de la littérature dramatique* les pages émues et indignées que Jules Janin a consacrées à ce pauvre diable de poète assimilé à un meurtrier et traité comme tel par les argousins de Poissy; il raconte, en termes éloquents, sa vie lamentable et imméritée, passée dans des travaux abjects ou ridicules, au milieu de misères sans nombre et sans nom, mangeant ses *gourganes* avec ses doigts faute de fourchette, couchant sur une paillasse *in naturalibus* faute de draps, en proie à la vermine et aux insultes de ses compagnons, — dignes descendants des misérables qui avaient présenté au doux fils de Marie l'éponge de fiel et le roseau. Charles X était cruellement vengé !

On s'entretenait beaucoup à Paris du martyre de ce pauvre Fontan, à qui son drame n'eût certes pas rapporté autant de sympathies. Janin et Frédéric Soulié, ses amis et ses confrères, le vinrent voir un jour, autorisés par le ministre de l'intérieur, Martignac, et, après l'avoir embrassé, ils le supplièrent de signer une lettre d'excuses au roi, qu'ils avaient rédigée d'avance, laquelle aurait eu pour résultat de le faire mettre en liberté immédiatement. Fontan sourit, et, pour toute réponse, leur montra un épithalame qu'il venait de faire pour sa sœur qui allait se marier...

L'héroïsme de Fontan, refusant sa liberté au prix d'une humiliation, méritait d'être récompensé : il le fut. Deux mois après la visite de Janin et de Soulié à Poissy, le peuple parisien en faisait une — à main armée — aux

Tuileries, d'où partait aussitôt Charles X, « le mouton enragé. » La France était libre — et Fontan aussi.

La liberté mourut quelques mois après, lorsque le duc d'Orléans fut devenu le roi Louis-Philippe Ier, et Fontan, quelques années après, le 10 octobre 1839, sans avoir été ni duc ni roi, mais non sans avoir été lion, — ce qui est une façon de régner comme une autre.

P. S. N'est-ce pas de Fontan qu'on a dit qu'il avait plus de prison que de talent?

L'ABBÉ CHATEL.

Au mois d'août 1830, au moment où la cuve parisienne était en pleine ébullition, — soleil dessus, révolution dessous, — les journaux publiaient une note ainsi conçue :

« Un très-grand nombre de prêtres patriotes, réunis à Paris, ont l'honneur de prévenir leurs concitoyens qu'ils sont à la disposition des autorités des différentes communes qui manquent de curés. La conduite anti-nationale et despotique des évêques a déterminé cette société d'ecclésiastiques, amis de leur pays et jaloux de marcher avec les institutions constitutionnelles, à rompre avec leurs chefs et à n'écouter que la voix de leur conscience et l'intérêt des peuples qui les appellent.

« On les a mis dans la cruelle alternative d'opter entre l'obéissance aux lois de leur pays et l'obéissance passive, aveugle, fanatique, à un pouvoir éminemment ennemi de la patrie. Ils n'ont point hésité : ils ont rompu d'une manière éclatante avec des évêques en hostilité ouverte contre la France entière.

« Ces ecclésiastiques ne sont pas mûs par l'appât du gain ; ils offrent d'exercer *gratis* toutes les fonctions de leur ministère, selon les paroles de Jésus-Christ à ses apôtres : « *Vous avez reçu gratis, donnez gratis !* » Ils savent aussi que leur royaume n'est pas de ce monde. En conséquence, ils ne se mêleront jamais soit directement, soit indirectement, de choses étrangères à leur ministère tout spirituel.

« Les communes de France qui désireront se choisir des pasteurs parmi ces apôtres tolérants, sont priées de s'adresser à M. Chatel, délégué par la société pour la correspondance générale. »

D'abord, à cause du brouhaha général, suite et conséquence naturelle de la révolution des 27, 28 et 29 juillet, cet appel des « prêtres patriotes » avait passé inaperçu. Mais, à force d'être répété dans les journaux et sur les murs de Paris, les badauds finirent par le lire et par le commenter : *l'Église catholique française* était née ! le *primat des Gaules* était sacré !

Qu'était ce primat ? que signifiait cette Eglise française ?

Ce primat s'appelait Ferdinand-François Chatel. Il était le fils de parents honnêtes, mais pauvres, avait été d'abord apprenti tailleur, puis enfant de chœur, puis séminariste, puis curé, puis aumônier de régiment, et, la révolution arrivant, évêque-primat d'une Église qui rompait ouvertement avec les traditions de Rome.

« La loi naturelle, toute la loi naturelle, rien que la loi naturelle.» Tel était le résumé de sa doctrine. L'abbé Chatel ne niait pas le Christ, il n'était pas assez foncièrement révolutionnaire pour cela : il se contentait d'affirmer son humanité — au préjudice de sa divinité. « Je crois, disait-il, je crois que la morale de Jésus-Christ est si sage, que sa vie a été si pure, et son zèle si ardent pour le bonheur des hommes, que ce *grand personnage* doit être regardé comme un modèle de vertus et honoré comme un HOMME PRODIGIEUX. » Qu'a dit de plus—et de moins — M. Ernest Renan, en son fameux livre tant décrié, tant controversé, tant anathématisé?

Enseigner l'humanité de Jésus, c'était déjà neuf; l'abbé Chatel fit davantage : il l'enseigna en français,— dans une écurie. Car le temple improvisé par lui au numéro 59 de la rue du Faubourg-Saint-Martin, *au fond de la cour à droite*, n'était pas autre chose, de l'aveu des contemporains. Il était digne de son Vatican de la rue des Sept-Voies.

L'absurde aura toujours des chances de succès en France : la religion nouvelle s'implanta peu à peu dans les mœurs du peuple à qui le latin aura toujours le talent de déplaire,— comme l'élégance aux bossus et la beauté aux filles laides, — et qui ne connaîtra jamais les splendeurs des proses liturgiques telles que le *Dies iræ*, le *Veni Sancte Spiritus*, l'*O filii*, le *Stabat mater* et le *Lauda Sion*. L'abbé Chatel, évêque des Gaules, mérita, autant que le cardinal du Perron, évêque d'Évreux, le titre de *grand convertisseur*, — quoiqu'il n'eût encore converti aucun Henri IV, ni même aucun baron de Salignac : les ouvriers hantèrent son église et suivirent volontiers ses prêches. Beaucoup de Boirot firent faire par lui la première communion à leurs « petites. » Beaucoup ne jurèrent plus, désormais, que par l'*abbé* Chatel (ils s'obstinaient à ne pas le reconnaître pour évêque, et cependant il avait été bel et bien consacré, suivant le rite de saint Jean, par Fabre-Palaprat, maître des Templiers), et si les Parisiens de la Chaussée-d'Antin le gouaillèrent, les Parisiens du faubourg Saint-Marceau en firent leur saint, comme les Parisiens des Batignolles de l'abbé Auzou, le schismatique Auzou.

Cet engouement du populaire pour son *évêque-primat* dura assez longtemps, près d'une dizaine d'années, — mais en s'affaiblissant peu à peu chaque jour, parce que rien ne dure chez nous. Lorsque, en 1842, un arrêté du préfet de police ferma l'Église française et ses succursales, sous prétexte « d'outrages à la morale publique, » il leur rendit service, je crois, car elles eussent été forcées de fermer toutes seules — faute de fidèles.

L'évêque-primat des Gaules redevint l'abbé Chatel, comme devant, et les temples de l'Église française reçurent une destination mieux appropriée à leur architecture : on en fit des ateliers de serrurerie, comme de celui de la rue Censier, ou des magasins à fourrages, comme de celui de la route d'Orléans.

En 1855, je collaborais avec quelques amis à une encyclopédie fondée par M. Maurice de la Châtre avec l'approbation de M. Émile de Girardin. Les bureaux de la rédaction étaient dans la maison même du journal la *Presse*. Un jour, en rapportant ma part de travail au rédacteur en chef de cette encyclopédie, M. Benjamin Barbé, un lettré, je vis, assis, en habit noir, en cheveux blancs, modeste, humble, doux, un homme de petite taille que l'on me présenta et auquel je fus présenté : c'était l'abbé Chatel.....

Après la fermeture de son église cathédrale et de ses succursales, et la dispersion de son troupeau, de plus en plus raréfié, le pauvre abbé avait sollicité et obtenu un emploi dans l'administration des Postes. La révolution de 1848 avait réveillé ses vieilles chimères d'autrefois, et il avait mis son éloquence au service des opprimés,— des *opprimées* surtout, qui abondaient au club de madame Eugénie Niboyet, où il avait, à plusieurs reprises, plaidé le divorce, une des thèses favorites de ce club. Puis l'Empire était venu, qui avait fait envoler ses espérances — avec celles de bien d'autres, — et il avait dû lutter pour vivre : c'était ainsi qu'il était entré, en qualité de collaborateur, au *Dictionnaire universel*.

Nul n'avait lutté et ne luttait avec plus de courage, de stoïcisme même. Quelque temps qu'il fît, et quelque somme qu'il eût à remporter, il venait, le pauvre cher abbé, toujours vêtu de son habit noir, et le sourire de la bonté aux lèvres, présenter sa *copie* et recevoir son salaire. Lourde, l'une ; pas lourd, l'autre ! Il causait, affable, pendant quelques instants, écoutait d'un air soumis les observations qu'on lui adressait, et, saluant humblement, il s'en allait — en songeant peut-être au temps où il était primat des Gaules.

Le 13 février 1857, trois ou quatre personnes accompagnaient au cimetière Montparnasse un corbillard dessiné d'après celui de Vigneron : c'était le convoi de l'abbé Chatel.

ADÈLE BOURY.

Le trône du *roi-citoyen* — édifié sur les pavés de 1830 — n'était pas encore bien solide, malgré le ciment et la chaux dont on le crépissait. De temps en temps des mains audacieuses essayaient de l'ébranler ; de temps en temps le peuple parisien essayait de donner à Louis-Philippe, qui n'avait pu y assister, une petite représentation du spectacle des *trois jours*, en s'émeutant et en faisant des barricades. Il y avait eu, en 1830, l'année même de l'intronisation, les troubles du 22 décembre ; en 1831, les troubles du 14 février, la destruction de l'archevêché, le sac de Saint-Germain-l'Auxerrois, l'insurrection du 21 novembre à Lyon ; en 1832, le complot légitimiste du 2 février, les troubles du 30 avril à Marseille, l'insurrection du 23 mai dans l'ouest de la France, et, finalement, la funèbre insurrection des 5 et 6 juin, à Paris.

Le roi-citoyen devait se dire que tout n'est pas rose dans le métier de pasteur d'hommes, et peut-être, malgré les appointements attachés à l'emploi qu'il occupait, regrettait-il le temps où il n'était que maître d'école, comme Denis. Et ce n'était rien encore que ces insurrections-là : il devait en voir bien d'autres.

Ce fut dans ces circonstances défavorables à la royauté de juillet que Louis-Philippe résolut de faire en personne l'ouverture des Chambres, session de 1832-33.

Le 19 novembre, à deux heures, il sortait des Tuileries avec un cortége nombreux, se rendant au Palais-Bourbon, lorsqu'au moment où il arrivait à l'extrémité du Pont-Royal, une détonation se fit entendre.

— « Sire, lui dit aussitôt un de ses aides de camp, on vient de tirer un coup de fusil sur vous !...

— « Non, répondit tranquillement Louis-Philippe, c'est un coup de pistolet : je l'ai vu... »

C'était en effet un coup de pistolet. Qui l'avait tiré ? On ne savait. L'auteur de l'attentat, son coup fait, s'était perdu dans la foule, très-compacte en cet endroit, se dirigeant, sans être remarqué, tout le long des quais jusqu'à la Préfecture...

Cependant, quelqu'un l'avait vu, — une jeune fille de vingt ans, fort jolie et fort intéressante, qui, après la détonation, montrant du doigt la direction prise par l'assassin, criait à en perdre haleine : « Arrêtez-le ! Arrêtez-le !... »

On n'arrêta personne, — du moins sur le moment. On se contenta d'entourer la jeune fille, qui venait de s'évanouir et qui devenait ainsi doublement intéressante.

Quand elle eut repris ses sens, on l'interrogea, et elle répondit :

— « Je l'ai vu, j'étais derrière lui, je lui ai retenu le bras au moment où il tirait, ce qui a heureusement fait dévier la balle... Ah! le misérable!... »

On la félicita sur son courage, sur sa présence d'esprit, sur la protection dont elle avait couvert Sa Majesté, — et elle se laissa féliciter. On la conduisit d'abord chez le procureur du roi, qui l'interrogea aussi; on la conduisit ensuite chez M. Thiers, ministre, qui l'interrogea de même; on la conduisit enfin aux Tuileries, où on l'embrassa comme du bon pain.

— « Ah! mon enfant! s'écria la reine Marie-Amélie en l'étreignant tendrement. Ah! mon enfant! c'est donc vous qui avez sauvé les jours de mon mari!... »

Il y avait là, en grand nombre, des pairs, des députés, des ministres, des maréchaux, des magistrats, accourus pour féliciter le roi d'avoir échappé à la mort, et pour remercier l'*ange* qui avait détourné le bras de l'assassin. L'ange, pour qui tout ce monde officiel, l'entourant, la pressant, la dévorant des yeux, était un spectacle nouveau, fort émotionnant à ce qu'il paraît, eut une attaque de nerfs, — la première de sa vie, dit-elle, lorsqu'elle fut revenue à elle. On lui prodigua les soins et les caresses, et, comme elle était maintenant un personnage, le procureur du roi lui demanda la faveur de la reconduire chez elle, à son hôtel garni, où elle arriva « à 6 heures 1/2 du soir, » pas une minute avant, pas une minute après, — ainsi que le constatent les journaux de l'époque. Elle avait quitté les Tuileries au moment où le roi disait à M. Dupin, qui entrait : « Eh bien! mon cher Dupin, ils ont donc tiré sur moi! » et où M. Dupin répondait à Louis-Philippe : « Non, Sire, c'est sur eux qu'ils ont tiré... » Toujours le mot pour rire, M. Dupin!

Le nom de l'*ange* fut bientôt sur toutes les lèvres et dans tous les journaux. On ne s'entretint plus à Paris, en France et ailleurs, que de mademoiselle Adèle Boury, « la courageuse jeune fille du pont Royal. » Elle était jeune, elle était jolie, elle était spirituelle : triple raison pour qu'on retînt son nom et qu'on voulût avoir son portrait, que la presse multiplia à l'infini. Si elle avait voulu se marier, les partis les plus brillants ne lui eussent pas manqué. Mais les anges ne se marient pas, — et, d'ailleurs, mademoiselle Boury avait d'autres visées.

En attendant, il fallait un assassin, et personne ne se présentait pour jouer en cour d'assises ce rôle ingrat. Personne, je me trompe : un forçat libéré s'était présenté à la préfecture, s'annonçant au préfet comme « le jeune homme » du pont Royal. Malheureusement, ce forçat libéré, nommé Courtois, était un *cheval de retour*, et par conséquent trop vieux pour passer, même à distance, pour un jeune homme. Les journaux, qui avaient appris son arrestation au public, lui apprirent le lendemain qu'on l'avait conduit à Charenton comme fou de première classe. Mademoiselle Boury ne l'avait pas reconnu.

Les recherches de la police, guidée par l'ange, recommencèrent de plus belle et se fixèrent définitivement sur un véritable « jeune homme, » nommé Bergeron, compromis précédemment dans l'affaire du cloître Saint-Merry, républicain par conséquent. Un républicain ! c'était bien cela ! Tout républicain était à cette époque-là un régicide. On arrêta Bergeron et on le traduisit devant la cour d'assises de la Seine — qui le renvoya absous...

Le crédit d'Adèle Boury commença à baisser à la cour et à la ville. On cessa de l'appeler *ange* ; on ne daigna même plus dire, en parlant d'elle, la *courageuse jeune fille du pont Royal*. Les Tuileries lui battirent froid, et la foule, qui s'était engouée d'elle, s'en désengoua rapidement, surtout lorsqu'elle apprit qu'Adèle Boury, fille d'un maître de poste de Bergues (Nord), n'était venue à Paris que pour trouver 40,000 francs nécessaires à l'acquisition de l'hôtel Meurice, à Calais, son rêve.

Quand, le 27 décembre, les journaux annoncèrent le départ de mademoiselle Boury pour Dunkerque, cela n'émut absolument personne. Mademoiselle Boury était déjà oubliée.

Note pour les curieux. Mademoiselle Adèle Boury a publié ses *Mémoires* — qui ont été écrits par Maxime de Villemarest.

SIMON DEUTZ.

Le 6 novembre 1832, vers les six heures du soir, au premier étage d'une vieille maison portant le n° 3 de la rue Haute-du-Château, à Nantes, une demi-douzaine de personnes, parmi lesquelles deux hommes, se disposaient à prendre place autour d'une table pour dîner. Elles attendaient, pour s'asseoir, qu'une autre personne, qu'elles contemplaient silencieusement et respectueusement, voulût bien en donner le signal habituel. Mais celle-ci, soit qu'elle n'eût pas encore faim, soit que des préoccupations d'une nature particulière l'empêchassent de songer aux nécessités vulgaires de l'existence, se tenait toute songeuse dans un angle de l'appartement.

Elle avait raison d'être préoccupée, car elle s'appelait Marie-Caroline, fille, veuve et mère de roi, — duchesse de Berry pour les uns, régente de France pour les autres, une héroïne pour ceux-ci, une rebelle pour ceux-là.

Duchesse ou régente, Marie-Caroline était en effet une héroïne, et je comprends qu'Alexandre Dumas, toujours à l'affût des grandes aventures et des belles aventurières, se soit emparé de sa vie pour en faire un roman — tout fait d'avance.

Je ne veux pas, après ce maître-homme surtout, raconter ici, même sommairement, l'histoire du soulèvement de la Vendée, fanatisée par le nom et la présence de Madame, mère d'Henri de France, le roi légitime de ces braves paysans, habitués depuis des siècles à subir le joug de la royauté de droit divin — et à le trouver doux à porter. Je me contenterai d'insister sur une seule page de la vie de la duchesse de Berry, la plus intéressante peut-être, — celle qui concerne le *lion* dont j'ai inscrit le nom en vedette.

Après les combats du Chêne, du château de la Pénissière, de Maisdon, de la Caraterie, de Riaillé, où les royalistes avaient montré au moins autant de courage, d'héroïsme même, que leurs ennemis, Marie-Caroline s'était décidée à mettre un terme à cette guerre de buissons où son énergie avait reçu des atteintes qu'il fallait réparer par le repos. « Poursuivie comme elle l'était, — raconte le général Dermoncourt chargé de la poursuivre, — elle n'avait pas une nuit de sommeil sans alerte, et, le jour arrivé, le danger et la fatigue se réveillaient en même temps qu'elle. Toutes ces marches de nuit étaient horriblement fatigantes et dangereuses ; quelquefois à cheval, mais le plus souvent à pied, à travers des champs séparés par des haies, qu'il fallait traverser quand l'obscurité ne permettait pas de trouver l'échalier en bois ou en pierre qui servait au passage, à l'entrée et à la sortie de chaque champ ; dans ces vignes de l'Ouest dont les tiges rampantes s'étendent sur le terrain, enlacent les pieds et font trébucher à chaque pas; dans les chemins abîmés par les pieds des bœufs, et où les piétons enfonçaient jusqu'aux genoux et les chevaux jusqu'aux jarrets, et que la duchesse choisissait de préférence parce que les patrouilles n'osaient pas s'y aventurer. »

Mais ces fatigues, ces dangers de tous les jours, de toutes les heures, qui auraient usé une organisation de fer, elle les eût supportés jusqu'au bout avec la même intrépidité, avec le même stoïcisme, avec le même plaisir ; car elle éprouvait une sorte de volupté à mener ainsi, elle, sœur, femme et mère de roi, une existence vagabonde, accidentée, pittoresque, vêtue des habits grossiers du dernier des paysans, — homme par la tête et femme seulement par les pieds, qu'elle s'obstinait à chausser d'élégants brodequins de Londres ou de Paris, remarquablement petits, et qu'à cause de cela il eût été facile de reconnaître si les vaillants compagnons qui la suivaient n'eussent pris la précaution d'effacer leur empreinte significative. Ces périls sans cesse accrus, ces fatigues renaissantes, n'eussent rien été pour elle, s'ils eussent dû aboutir à la réalisation de son rêve de régente. Malheureusement, tout tournait contre elle ; le soulèvement de l'Ouest, au lieu d'être général, n'avait été que partiel ; les combats héroïques du Chêne, de la Pénissière, de Maisdon, de la Caraterie, de Riaillé, avaient été sans résultats ; le plus pur, le plus noble, le plus vaillant sang de la Vendée avait inutilement coulé : la situation était désormais changée, les royalistes devaient songer à interrompre cette Iliade où Troie ne pouvait être prise, et la duchesse son Odyssée au bout de laquelle elle ne pouvait plus entrevoir l'Ithaque des Tuileries.

La duchesse de Berry s'était donc réfugiée à Nantes

où elle supposait que les agents du roi Louis-Philippe ne viendraient pas la chercher, cette ville étant hostile, ou du moins peu favorable à la cause de la légitimité ; et depuis quelques jours elle habitait la maison des sœurs Duguigny, où nul ne pouvait soupçonner sa présence, et où, d'ailleurs, existait une cachette sûre, construite pendant les premières guerres de la Vendée pour servir d'asile aux prêtres et aux proscrits.

Le 6 novembre, donc, au moment où elle allait se mettre à table avec ses fidèles compagnons, mesdemoiselles Stylite et Céleste de Kersabiec, madame de Charette, les sœurs Duguigny et MM. de Mesnard et de Guibourg, — ce dernier, qui se trouvait près d'une fenêtre donnant sur la rue, vit briller des baïonnettes :

— « Sauvez-vous, madame, sauvez-vous ! » cria-t-il à la duchesse.

Fondée ou non, l'alarme méritait qu'on y prît garde : la régente se précipita vers l'escalier, suivie de ceux de ses amis aussi compromis qu'elle, et ne s'arrêta qu'au troisième étage de la maison, dans la mansarde où était située la cachette, — une cheminée à double fond. « Cette cheminée, placée à l'extrémité de la chambre, au lieu de tenir au mur de la maison, était appuyée contre un mur de refend élevé à peu de distance du gros mur. L'espace vide présentait en largeur environ quatre pieds, en profondeur quatorze pouces, en hauteur cinq pieds deux ou trois pouces. Une plaque de cheminée mobile, de douze pouces sur dix, et montée sur des gonds, en fermait l'entrée ; ce n'était qu'en se traînant qu'on pouvait y pénétrer ; elle avait été plusieurs fois

essayée, on ne pouvait s'y placer que par rang de taille. »
Ce fut dans ce trou qu'entra, *en rampant*, la duchesse de
Berry, après y avoir fait entrer avant elle mademoiselle Stylite de Kersabiec ét MM. de Guibourg et de
Mesnard. Ce fut dans cette *cache*, pour ainsi dire sans
air, qu'ils restèrent tous quatre, pendant seize heures,
debout et pressés les uns contre les autres.

M. de Guibourg ne s'était pas trompé : la maison
avait été cernée par des agents de police et par la force
armée, fouillée de haut en bas, de la cave au grenier,
sans résultat, et, finalement, démolie. Du moins la démolition en avait été commencée le lendemain matin,
de bonne heure, sur les ordres du préfet, Maurice Duval, que la capture de la duchesse de Berry intéressait
beaucoup — au point de vue de l'avancement. C'était
alors que les quatre prisonniers, entendant les coups de
pioche, et menacés d'ailleurs de mourir étouffés ou
grillés (on avait fait du feu dans la cheminée derrière
laquelle ils étaient), s'étaient décidés à se rendre.....

Comment et par qui la retraite de la duchesse de Berry
avait-elle été dénoncée et découverte? Elle répondait des
demoiselles Duguigny comme de ses amies les demoiselles de Kersabiec, et de madame de Charette comme de
MM. de Mesnard et Guibourg ; elle était sûre également de
la fidélité de sa femme de chambre, Charlotte Moreau, et
de la cuisinière, Marie Boissy, et elle avait d'autant
plus raison d'en être sûre que des tentatives de corruption avaient été faites auprès de ces honnêtes filles —
qui ne s'étaient pas laissé corrompre.

Comment? Par qui? Car, enfin, il y avait eu trahison,

et cette trahison monstrueuse ne pouvait venir que d'un familier de la régente. Quel était-il ?

Son nom ne tarda pas à lui être révélé, ainsi qu'à toute la France — qui le voua à l'exécration universelle, comme jadis celui de Judas Iscariote : ce traître s'appelait Simon Deutz, — un juif allemand qui avait abjuré pour se faire catholique romain, un ouvrier que la duchesse avait fait baron pour pouvoir le recevoir dans le même salon avec le maréchal de Bourmont et le comte de Choulot, avec le comte de Mesnard et le marquis de Kergorlay !

Trahir un ami, c'est déjà un crime abominable. Mais trahir une femme, une bienfaitrice ! Ah ! ce fut une explosion de mépris et d'indignation contre ce misérable renégat, dont le nom se mêla, dans toutes les bouches, à celui du fils de Siméon, pour les confondre tous deux dans le même anathème.

— « Le malheureux ! Il n'est pas Français ! » se contenta de dire la duchesse de Berry, qui ne savait pas haïr.

Ce que devint Judas Iscariote après la mort du Christ, vendu par lui aux prêtres juifs pour trente deniers d'argent, on le sait : il se pendit après avoir jeté sur le pavé du Temple le prix de sa trahison, qui lui brûlait les mains et la conscience, — le prix du sang de son divin maître. Mais ce qu'est devenu Judas-Deutz après avoir vendu sa bienfaitrice — pour un million, — on l'ignore. On n'ose pas espérer qu'il a imité son frère aîné Deutz-Iscariote : il faut trop de courage pour se tuer....

LE BARON DE SAINT-CRICQ.

Il est impossible que vous ne l'ayez pas rencontré au moins une fois dans votre vie, pour peu que vous ayez fréquenté le boulevard, — il y a une trentaine d'années.

J'étais un tout petit garçon alors, mais j'avais les oreilles grandes ouvertes, et je ne perdais rien des conversations qui avaient lieu chaque samedi chez ma grand'mère, où venaient quelques nouvellistes, jeunes et vieux, d'aimables vieillards et de spirituels jeunes gens, ceux-ci pour se souvenir avec celle-là, ceux-là pour écouter les récits de celle-ci. On me croyait couché lorsque jamais je n'avais été si éveillé. Ah! chère grand'maman, vous ne soupçonniez guère votre petit dormeur capable d'hypocrisie, et vous laissiez aller gaiement les claquettes de tous ces moulins à paroles! Il n'en perdait pas une bouchée : tout l'intéressait dans ces causeries-là, — même ce qu'il ne comprenait pas.

C'est ainsi qu'entre autres histoires j'ai entendu raconter celle du baron de Saint-Cricq, un original que quelques-uns traitaient de fou parce qu'il ne vivait pas précisément comme tout le monde. Histoire aussi amusante pour moi, quoique arrivée, que les histoires légendaires du *Petit Poucet*, de la *Belle au bois dormant*, du *Prince Charmant*, de tous les héros et héroïnes de Perrault et de madame d'Aulnoy.

Jugez donc si je devais être mis en gaieté — la gaieté silencieuse de Bas-de-Cuir, par exemple — lorsqu'on disait :

— Nouvelle excentricité de ce fou de Saint-Cricq ! Il assistait hier à la première représentation du *Verre d'eau*, comédie de M. Scribe, dans une loge de face, bien en vue de la scène et des spectateurs, les deux pieds posés sur le velours du rebord, à la place où l'on pose ordinairement les mains. On a murmuré, on a sifflé, on a crié à la porte... Saint-Cricq, sans s'émouvoir et gardant son indécente posture, a déclaré tout haut que la littérature de M. Scribe était bonne pour ses bottes...; que d'ailleurs il en avait assez des pièces à colonels de cet auteur qui n'était ni assez mauvais, ni assez bon pour être intéressant... On avait beau lui faire observer qu'il n'y avait pas le moindre colonel dans le *Verre d'eau*, il n'a pas voulu en démordre, et il n'a retiré ses pieds que pour s'en aller...

Jugez donc si je devais être tenu en joie lorsqu'on ajoutait :

— Le baron a fait mieux la semaine dernière... Il est entré au Café de Paris, il s'est assis, a demandé d'abord une tasse de café noir, puis une plume, de l'encre, des pains à cacheter, de la poudre à sécher, une feuille de papier blanc, et, au lieu d'écrire, ce qui du reste ne lui arrive jamais, il a jeté sa poudre, ses pains à cacheter et son encre dans son café, a remué délicatement le tout avec sa cuillière, et allait avaler cette invraisemblable mixture, lorsque madame Gué, prévenue par un garçon, est accourue s'interposer... Le plat qu'il voulait manger vaut la salade à laquelle on l'a laissé goûter, pour le punir, et dans laquelle il avait remplacé l'huile et le vinaigre par le contenu d'une tasse de chocolat, sans oublier pour cela le poivre et le sel...

— Et ses bottes à la glace ! reprenait quelqu'un. Cela vaut bien la salade au chocolat et le café à l'encre... Il descend de voiture, s'installe devant le perron de Tortoni, demande une glace à la vanille et une glace à la framboise, ôte tranquillement ses bottes, et verse dans l'une la glace vanillée, et dans l'autre la glace framboisée, en répétant comme une leçon apprise d'avance : « Glace à la vanille, botte droite! glace à la framboise, botte gauche!... »

— Et ses largesses au peuple, vous n'en parlez pas ! interrompait un autre. Le baron est gentilhomme comme pas un, et, en cette qualité, il trouve qu'il faut arroser quelquefois les manants avec une pluie d'or, à l'instar de Jupiter Danaé... « Ces drôles ont soif, dit-il plaisamment, il faut qu'ils boivent, mais debout, comme les chiens, en regardant d'où tombe la pluie... » Ce qu'il y a de plus plaisant, c'est avec l'argent des autres qu'il fait ces largesses-là... Il emprunte dix louis à celui-ci, dix louis à celui-là, et ne les rend jamais... On les rend pour lui, derrière lui, sans qu'il s'en doute... Il est convaincu qu'il a fait une bonne farce... Le pauvre homme ! on finira par l'enfermer...

En attendant, le baron de Saint-Cricq jouissait sur le boulevard d'une popularité acquise à coups d'excentricités. Tous les jours, paraît-il, il en inventait de nouvelles, les unes spirituelles, les autres burlesques, et il amusait fort la galerie, — à laquelle il manqua sérieusement lorsqu'un de ses parents eut jugé à propos de le faire enfermer dans une maison de santé, où il ne tarda pas à mourir d'ennui.

Ah ! chère grand'maman ! il y a des heures où je voudrais encore être petit garçon — pour ne plus être homme. C'est si agréable d'écouter des histoires, et si ennuyeux d'en faire !

COELINA BRIQUET.

Le vendredi 18 mai 1832, à la brune, c'est-à-dire vers huit heures du soir, une jeune fille, une *grisette*, sortait furtivement d'une maison de la rue de la Harpe, son domicile probablement, et, rasant les maisons d'un pied léger, se dirigeait vers les quais, encombrés à cette heure-là de promeneurs.

Sa démarche sautillante, son trottinement de souris effarouchée, ses airs de tête furtifs, un je ne sais quoi de mystérieux et d'agaçant, tout la signalait à l'attention des flâneurs spéciaux connus depuis longtemps sous le nom de *suiveurs*. Une jeune fille qui sent le mystère sent l'intrigue, — et, à dix-huit ans, l'intrigue, c'est l'amour.

Cette petite grisette du quartier Latin n'avait pas l'élégance, la désinvolture de costume, le *chic* impertinent qu'ont les petites dames d'aujourd'hui; mais elle avait quelque chose de mieux : elle avait la fraîcheur, la grâce, « le minois chiffonné » qu'on rencontre si souvent dans les romans de Paul de Kock, et qu'on ne rencontre presque plus maintenant sur les trottoirs battus des drôlesses maquillées.

Où allait-elle ainsi, ce soir-là ? Hélas ! où vont les jeunes filles à qui le travail manque ou qui manquent au travail, — ce devoir de l'humanité. Orpheline, elle n'avait eu personne pour veiller sur elle, pour la diriger dans les petits sentiers où il y a beaucoup de pierres — et aussi beaucoup d'honneur à marcher, — et cette petite cervelle sans boussole s'était égarée sur la route gazonnée, fleurie, où les chutes sont si faciles et si agréables ! Elle avait été séduite, puis abandonnée; elle avait pleuré, puis s'était consolée — comme savent se consoler les grisettes. Il n'y a que le premier amant qui coûte !

Ce soir-là, la jeune fille, n'ayant personne, voulait avoir quelqu'un. *Avoir quelqu'un !* quelle singulière physionomie ont certains mots accouplés ! *Avoir quelqu'un ! N'avoir personne !* Quelqu'un, c'est vous, c'est moi, c'est le premier venu qui passe, et qui a le moyen d'aimer — à la hâte — deux jolis yeux, une jolie bouche, une jolie taille.

Ce premier venu qu'elle cherchait, la grisette le rencontra au bout d'un quart d'heure. Il paraissait fier de sa *conquête*, et il était heureux de la suivre, lorsque *quelqu'un*, un autre quelqu'un que la grisette ne tenait pas à *avoir*, apparut subitement et s'opposa à cet em-

barquement pour Cythère. Au jeune homme, il dit :
« Filez, vous ! » A la jeune fille, il dit : « Vous, suivez-moi ! » Et celle qui se faisait suivre suivit à son tour.

Quel était ce monsieur Veto ? Vous l'avez deviné : un agent de police.

Où il conduisit sa proie ? Vous le devinez aussi : à la Préfecture de police.

À la Préfecture de police, on lui demanda ses nom, prénoms et demeure. Quant à sa qualité, on ne la lui demanda pas, on la lui imposa — en l'inscrivant sur cet inexorable livre rouge qui marque une femme comme jadis la fleur de lis marquait les hommes, celle-ci à l'épaule, celui-là à la réputation. Tant qu'une femme n'est pas inscrite, elle peut tomber presque impunément, sûre de se relever le jour où la fantaisie lui prendra de se marier. Mais une fois son nom couché tout au long sur ce fatal registre, la chute est complète — et le retour à l'honneur impossible. Les taches de boue s'enlèvent avec quelques coups de brosse : les taches d'infamie, jamais !

Cœlina Briquet, une fois enrôlée dans le régiment d'où l'on ne peut s'absenter sans permission, — une permission qui s'accorde rarement, — fut mise en liberté. On n'avait rien à lui reprocher, que de n'avoir pas fait régulariser sa position. Sa position régularisée, elle était libre.

Elle ne cessait pas pour cela d'être jeune, jolie, fraîche, accorte, appétissante ; seulement, de grisette, elle était devenue fille, et, de légère, méprisable. Le jeu de l'amour et du hasard a de ces vilains retours-là.

En sortant de la Préfecture, Cœlina ne rentra pas chez elle. Le déshonneur lui pesait, elle voulut s'en débarrasser — avec la vie. En chemin, elle acheta je ne sais quoi, chez un pharmacien ou chez un droguiste, du laudanum ou de l'acide sulfurique, et but cet élixir de longue mort. On la releva, s'agitant dans les convulsions suprêmes de l'agonie, et on s'empressa de la transporter à l'hospice Beaujon, où elle expira.

Une histoire bien simple, n'est-ce pas ? Je ne l'aurais pas racontée si je n'avais trouvé, dans les journaux du temps, traces du bruit fait par elle dans Paris, où abondent, comme on sait, les âmes sensibles. Pendant deux ou trois jours, malgré le choléra et malgré l'insurrection de la Vendée, on ne s'entretint que de Cœlina Briquet, de cette « pauvre fille du peuple, victime de la misère, forcée de demander à la débauche un salaire que ne pouvait lui donner le travail, et qui eût pu être sauvée » — si elle n'eût pas été perdue...

Cette grisette fut une lionne !

Pauvre lionne !

Je ne m'étonne plus, à présent, du succès persistant du roman de l'abbé Prévost. Les Parisiens ont les entrailles de Desgrieux pour toutes les Manon Lescaut....

LE DUC DE NORMANDIE.

L'histoire fourmille de faux Smerdis.

Il y a d'abord le faux Smerdis qui profita de sa ressemblance avec le fils de Cyrus, assassiné par son frère Cambyse, pour se faire proclamer roi de Perse, grâce à la connivence des mages mécontents.

Il y a ensuite Alexandre Balès, qui profita de sa ressemblance avec le fils d'Antiochus Épiphane pour se faire nommer roi de Syrie, grâce à la connivence des ministres mécontents de Démétrius Soter.

Puis Andriscus, plébéien qui profita de sa ressemblance avec le fils de Persée pour se faire nommer roi de Macédoine.

Puis je ne sais quel juif de Sidon, qui entreprit de régner en Judée après la mort d'Hérode, sous prétexte qu'il ressemblait à Alexandre, un des enfants d'Hérode.

Puis je ne sais quel esclave romain qui s'imagina de se faire passer pour Néron, après la mort de cet aimable empereur à laquelle ses admirateurs refusaient de croire.

Puis je ne sais quel soldat obscur qui essaya de se faire passer pour Léon, fils de l'empereur Romain IV, tué dans une bataille livrée aux Turcs dans les plaines d'Andrinople.

Puis je ne sais quel farceur qui essaya de jouer le

rôle du sultan Mustapha, et qui fut empalé pour cette fantaisie.

Puis je ne sais quel ermite champenois — et voyageur — qui essaya de jouer à son bénéfice le rôle de Baudouin, empereur d'Orient.

Puis Dolianus, un esclave byzantin, qui essaya de se donner aux Bulgares comme le fils du grand Samuel.

Puis les faux Smerdis d'Angleterre :

Le jeune Lambert Simnel, fils d'un boulanger, qui, habilement dirigé par Simondi, prêtre d'Oxford, essaya de se faire passer pour Édouard Plantagenet, comte de Warwick, neveu d'Edouard IV;

Le jeune Parkin Warbeck, fils d'un juif tournaisien, qui, avec l'aide de la duchesse douairière de Bourgogne, essaya de se faire passer pour Richard, duc d'York, deuxième fils d'Édouard IV.

Puis les faux Smerdis de Portugal, trois pseudo-Sébastien, un fils de tailleur, un fils de scieur de pierre, et un fils de je ne sais quoi.

Puis les faux Smerdis de Russie, je ne sais combien de pseudo-Démétrius, dont le plus remarquable fut un Cosaque du Don, l'audacieux Pugatschef.

Puis enfin les faux Smerdis de France...

Oui, en France aussi! Pourquoi pas? Les impostures y ont un sol tout préparé où elles peuvent pousser à leur aise, et de profondes racines : la naïveté universelle. Pays singulier, du reste, qui se révolutionne tous les vingt ans et s'émeute tous les ans, pour faire croire qu'il a horreur des despotes, et qu'il est républicain, mais qui, enfin de compte, prouve qu'il est essentiellement monarchique puisqu'il ouvre ses bras à tous les rois qui veulent s'y précipiter. Il chasse celui-ci, mais il rappelle celui-là. Il a guillotiné Louis XVI, mais il eût adoré Louis XVII si Louis XVII n'eût pas été, lys royal, arrosé avec de la chaux vive.

On sait le mystère qui enveloppe encore aujourd'hui la mort du Dauphin. Le conventionnel Sevestre avait dit : « Il ne sera jamais majeur. » Et le cordonnier Simon avait fait tous ses efforts pour empêcher cette majorité. Louis-Charles de Bourbon, né à Versailles, dans un palais, le 27 mars 1785, était mort au Temple, dans une prison, le 20 prairial an III, à un peu plus de dix ans.

Mort, du moins on l'affirmait, et le décès de l'enfant royal avait été constaté aussi officiellement qu'il était possible à cette époque troublée. Mais, précisément à cause de ce trouble, on pouvait supposer mille choses, les unes vraies, les autres fausses, les unes odieuses, les autres ridicules, — parmi lesquelles une substitution d'enfant. Il y a des gens habiles qui profitent de tout, même de l'invraisemblable. Il y a des gens qui croient à tout, surtout à l'absurde. Des royalistes, à leur retour de l'exil, persistant à croire à l'existence du Dauphin, des imposteurs imaginèrent de jouer ce rôle difficile.

Je ne veux parler ici ni des quatre premiers faux dauphins, ni des deux derniers.

Hervagault, le fils du tailleur de Saint-Lô, ne m'intéresse pas, et j'ose trouver qu'il n'avait pas volé le cabanon de Bicêtre où il mourut, le 8 mai 1812. Quand on renie le nom de son père et qu'on répudie le cœur de sa mère, on mérite d'être traité comme un fou ou d'être puni comme un scélérat.

Fontolive, maçon lyonnais, et Persat, ancien soldat, ne m'intéressent pas davantage.

Mathurin Bruneau, le fils du sabotier de Vézins, m'intéresserait un peu plus, — si j'en avais le temps. C'est une figure grotesque, un faux Smerdis bouffon, un faux dauphin canaille. Son Simondi, le sieur Branzon, un concussionnaire, avait eu beau le styler, il n'avait pu parvenir à l'ennoblir. Mathurin Bruneau avait beau prendre un bain tous les matins, il ne pouvait parvenir à se décrasser. Il avait beau se faire servir, le Vendredi-Saint, le plat de petits pois qui a toujours été en France un mets d'étiquette royale, il ne pouvait parvenir à oublier qu'il avait mangé toute sa vie des pommes de terre. Il avait beau signer : *Charles-Louis, Dauphin de France*, il n'en disait pas moins en pleine audience, au procureur du roi : « Tu oses appeler un roi vagabond ! *T'est* un f... gueux !... » Le gueux, c'était lui.

Je ne m'occuperai pas non plus des deux derniers pseudo-Louis XVII : Charles Naündorff, l'horloger juif, et Eléazar l'Iroquois, — moins iroquois que ceux qui croyaient à son berceau royal.

Sept prétendants, — une pléiade ! De tous ces poëtes de l'imposture, je ne choisirai, pour raconter sa vie, ni Pontus de Tyard, ni Dorat, ni Jodelle, ni Baïf, ni Du Bellay, ni Remy Belleau : je choisirai Ronsard, — c'est-à-dire le *Duc de Normandie*.

Assurément, celui-là, pas plus que les autres, n'était un petit-fils de saint Louis; mais, outre certains avantages physiques et intellectuels, il avait encore, sur ses compétiteurs, cet avantage immense qu'on ne savait pas de quelle lignée il était. Du moment qu'on ne pouvait pas lui prouver qu'il était d'extraction basse, rien ne l'empêchait de prouver qu'il était d'extraction noble.

D'où venait-il, ce duc de Normandie? En 1818, on avait arrêté à Mantoue un inconnu suspect qui se disait Français, voyageant pour apprendre à connaître les peuples, ces troupeaux, appelé qu'il était par sa naissance à devenir le pasteur de l'un d'eux. Pressé de questions par la police autrichienne, il se réfugia dans un silence dédaigneux, après avoir seulement laissé échapper ses nom, prénoms et qualités : *Louis-Charles de Bourbon, duc de Normandie, héritier légitime de Louis XVI* — et par conséquent de son trône.

En 1818, Louis XVIII était précisément assis sur ce trône, et comme il pesait fortement dessus de tout son poids de goutteux, il eût été assez difficile de l'en arracher, et d'ailleurs il n'y eût pas consenti. Ce siége était commode, il s'y plaisait et complaisait : il y resta, — et « l'héritier légitime de Louis XVI, » son neveu, fut jeté dans un cachot, à Sainte-Marguerite de Milan.

Ce sont les persécutions qui font les martyrs ; c'est le martyre qui fait les saints. En laissant librement circuler un fou inoffensif, il y a des chances pour que si ses divagations sont crues vérités par les imbéciles, elles ne le soient que par les imbéciles. En l'emprisonnant, en agissant de rigueur avec lui, il y a des chances pour que le noyau des imbéciles se renforce d'un certain nombre d'âmes compatissantes, disposées à la foi par la pitié.

C'est ce qui arriva pour le prisonnier de Sainte-Marguerite : si l'un de ses compagnons de captivité, Silvio Pellico, se refusa à l'admettre comme fils de Louis XVI, ses geôliers ne firent aucune difficulté à le croire Louis XVII, et plus tard, en France, lorsque le gouvernement autrichien eut jugé à propos de lâcher sa proie, beaucoup d'honnêtes gens partagèrent la croyance des *secondini* de Milan.

D'ailleurs, une fois qu'on s'est imposé un rôle, on s'identifie tellement avec lui, on se met si bien dans la peau du bonhomme que l'on veut représenter, qu'on finit par croire soi-même ce qu'on a voulu faire croire aux autres : on est de bonne foi dans le mensonge ! Mentir de bonne foi, quelle force on a pour imposer son mensonge !

Cette force, le duc de Normandie l'avait. D'où la liste civile que lui faisaient des gens convaincus de sa royauté, — des fanatiques qui espéraient bien rentrer un jour ou l'autre dans leurs déboursés, c'est-à-dire dans des emplois importants, le jour où leur prétendant remonterait sur le trône de ses pères ! Il y a toujours de ces petits calculs-là au fond des dévouements humains : il n'y a que le caniche qui aime son maître gratuitement.

En attendant le grand jour d'une troisième Restauration, — la véritable, la bonne, — le temps marchait, et les événements aussi. Le duc de Normandie n'avait pas réussi à s'affirmer comme fils des lys aux yeux de son oncle Louis XVIII ni de son oncle Charles X : il espéra être plus heureux en 1830, lorsque le trône du dernier Bourbon eut été brûlé par le peuple parisien. Mais il ne fut pas plus heureux! La police de Louis-Philippe fit pour lui ce qu'avait fait en 1818 la police du gouvernement autrichien : le 29 août 1833, le duc de Normandie, qui se faisait alors appeler le baron de Richemont, fut arrêté par les agents de M. Gisquet, et traduit en cour d'assises.

Ce procès fut curieux à plus d'un titre, et il fit grand bruit, Paris étant à ce moment, par extraordinaire, dans une espèce de calme plat, — précurseur de sinistres orages. Parmi les témoins il y en eut de grotesques, d'autres plus sérieux, dont les dépositions donnèrent à réfléchir et, sans rien prouver en faveur du faux Smerdis, ne prouvèrent du moins rien contre lui. Quand l'accusé eut demandé au duc de Choiseul s'il ne se rappelait pas cette phrase, adressée par la reine à M. de Romœuf, au moment de monter en voiture à Varennes : « Surtout, monsieur de Romœuf, qu'il ne soit pas fait de mal à MM. de Damas et Choiseul, » et que ce témoin eut répondu qu'en effet cette phrase avait été prononcée par Marie-Antoinette, on regarda avec plus d'attention l'accusé, — à qui on n'hésita pas à trouver le profil bourbonnien...

L'émotion de l'auditoire ne fut pas moindre lorsqu'après la plaidoirie de son défenseur, Mᵉ Piston, sortant enfin du mutisme dédaigneux dans lequel il s'était jusque-là tenu soigneusement boutonné, l'accusé dit avec beaucoup de calme et de dignité, — un calme et une dignité que n'eût assurément trouvés aucun des six autres faux Smerdis :

« M. l'avocat-général vous a dit que je ne puis être le

fils de Louis XVI ; mais vous dit-il qui je suis ? Je l'ai mis formellement en demeure de le déclarer : il a gardé le silence. Ce silence, Messieurs, vous l'apprécierez, ainsi que la cause qui nous a empêché de produire nos titres. Ce n'est ni le lieu, ni le moment. Les tribunaux compétents auront à statuer à cet égard. On vous a dit que des enquêtes ont été faites partout ; mais M. l'avocat-général se garde bien de vous en faire connaître le résultat ; il ne le pouvait pas ; sa puissance ne va pas jusque-là, une autre puissance s'y oppose... Si je suis dans l'erreur, c'est de la meilleure foi du monde ; malheureusement, il y a bientôt cinquante ans, et je vois bien que, cette erreur, je l'emporterai dans la tombe... »

Il n'y avait qu'une chose à répliquer à cela, elle fut répliquée : une condamnation à douze années de détention, — condamnation que le faux Smerdis entendit prononcer sans colère et même sans dédain. « Celui qui ne sait pas souffrir n'est pas digne des honneurs de la persécution ! » dit-il en se retirant avec les gendarmes qui l'avaient amené.

Ce procès eut du retentissement au dehors. Les Parisiens, gens révolutionnaires, comme on sait, se passionnèrent pour ce jeune Astyanax de quarante-huit ans qui donnait encore de l'inquiétude aux Grecs longtemps après la prise de Troie, et, pour un peu, ils l'eussent délivré de Sainte-Pélagie avec le même empressement qu'avaient mis leurs pères, les Parisiens de 1792, à l'écrouer au Temple en compagnie d'Hector et d'Andromaque.

Astyanax se délivra lui-même le 19 août 1835, en profitant des moyens d'évasion mis à sa disposition par deux condamnés politiques, Rossignol et Couder. Le séjour de Paris n'étant plus sain pour lui, il alla demander la santé à des lieux plus hospitaliers : il émigra de nouveau.

La révolution de février le ramena en France, mais ne lui ouvrit pas plus que celle de juillet les portes du palais des Tuileries, — cette Chanaan de ses rêves. Les Troyens ne voulant pas plus de lui que les Grecs, il dut se résigner et se résigna.

J'allais souvent en 1849 chez un relieur domicilié à l'angle de la rue de Jérusalem et du quai des Orfèvres, dans une maison aujourd'hui démolie, et j'y rencontrais de temps en temps un vieillard au chef argenté, aux yeux souriants et doux qui venait là causer de la pluie et du beau temps politiques, — de la pluie surtout. C'était Astyanax, le duc de Normandie, le fils de Louis XVI, Louis XVII enfin !

Ce vieillard m'intéressait, et il le voyait bien, car, chaque fois, il essayait de me convertir à sa religion personnelle, moi adolescent, fraîchement émoulu des conventicules républicains. Il tombait bien, n'est-ce pas ?

Il m'intéressait, non par ce qu'il me disait, mais par ce que je me disais à propos de lui, me rappelant toujours sa réponse à l'avocat général qui ne voulait pas qu'il fût Louis XVII :

— Si ce vieillard n'est pas Louis XVII, qu'est-il donc ? me demandais-je chaque fois, en le regardant sympathiquement. Ce qu'il est ? Rien ! Il n'a pas de nom dans la vie, pas d'assiette dans la société : il ne s'appelle pas !

il n'existe pas ! Ce n'est ni un plébéien ni un gentilhomme, ni un fils de rustre ni un fils de roi : c'est une ombre !...Destinée bizarre, mélancolique, hoffmanesque ! N'avoir aucune racine qui vous rattache à une patrie quelconque ! aucun cordon ombilical qui vous rattache à une famille quelconque ! Commencer à soi et finir à soi ! N'est-ce pas horrible et tragique ? Et comme, au lieu de sourire doucement ainsi qu'il fait, ce vieillard, je me rongerais les poings de rage de ne pouvoir les abattre sur la société comme sur une tête de turc, afin d'amener le mille de la terreur ! Être criminel, c'est être quelqu'un au moins !

Un jour, comme je me retirais après une longue causerie dont il avait fait tous les frais, il s'approcha de moi, et, me tendant un gros volume in-8° relié au lys :

— « Acceptez-le en souvenir de moi, » me dit-il.

C'étaient ses *Mémoires* — et son adieu, car, à quelque temps de là, j'appris par notre ami commun, le relieur Boutin, que le duc de Normandie était mort...

Pauvre homme ! Elles avaient menti, les sorcières qui t'avaient dit, comme les *Witches* à Macbeth : « All hail ! that shalt be king hereafter ! »

Roi ! non. Pas même roitelet !

MONSIEUR LACENAIRE.

Le 14 décembre 1834, un dimanche, vers une heure de l'après-midi, deux hommes entraient au n° 271 de la rue Saint-Martin, dans le *passage du Cheval-Rouge*, montaient d'un pas tranquille au premier étage de cette maison, et y frappaient à une porte connue d'eux ; mais, cette porte ne s'ouvrant pas, ils redescendaient aussitôt. Dans le passage, ils rencontraient un troisième individu, en pantalon et tenant une brosse à la main.

— Nous venons de chez toi, dit l'un des deux hommes à ce troisième.

— Eh bien ! remontons, répondit celui-ci.

Ils remontèrent l'escalier, la porte tout à l'heure fermée fut ouverte : les trois hommes entrèrent. Celui qui était devant était le locataire, ceux qui étaient derrière lui étaient ses amis. Un vilain monsieur, le premier ; de vilains messieurs, les autres ! Chardon, Avril et Lacenaire, trois copains de Poissy, trois filous qui ne demandaient qu'à devenir trois escarpes.

Chardon, non. C'était un homme-femme, incapable d'autre crime que d'attentats permanents à la pudeur, — un misérable digne du dégoût des honnêtes gens, mais indigne du panier de Sanson. Ses deux camarades, à la bonne heure ! C'étaient des gars à tout faire, — excepté le bien.

Comme Chardon avait le dos tourné, Avril s'élança

rapidement sur lui, l'empoigna au cou, et le maintint pendant que Lacenaire le frappait d'un tiers-point emmanché dans un bouchon. Chardon tomba, et, comme il poussait des cris inarticulés qui pouvaient donner l'alarme, Avril prit un merlin qui se trouvait là et l'acheva.

Pendant qu'Avril achevait Chardon si bien commencé par Lacenaire, celui-ci était entré dans la pièce voisine où reposait en ce moment une vieille femme, la mère de Chardon. Elle dormait, malade; elle se réveilla, guérie de la vie, sous les coups de tiers-point du meurtrier de son fils.

Ces deux meurtres accomplis en moins de temps que je n'en mets à vous les raconter, les deux meurtriers songèrent à se récompenser de la peine qu'ils venaient d'avoir : l'armoire de la veuve fut éventrée et pillée, et ils y prirent tout ce qui s'y trouvait de prenable, 500 francs, quelques couverts d'argent, une louche également en argent, un grand manteau et un bonnet de soie noire. A Lacenaire, le lion, la part léonine; à son aide Avril, les reliefs, c'est-à-dire les couverts et une petite vierge en ivoire.

Les meurtriers sortirent, non pas sombres, non pas épouvantés, avec les remords et l'effroi de la justice galopant déjà en croupe avec eux; ils sortirent calmes, — plus que calmes, riants, cachant leurs mains sanglantes, Avril dans les poches de son pantalon, Lacenaire sous les plis d'un manteau à fourrure volé chez Chardon. Ils n'allèrent pas se cacher, enfants des ténèbres, dans un repaire inaccessible au soleil et aux gendarmes, dans quelque forêt, lieu d'asile ordinaire des assassins :

ils se rendirent tranquillement, d'abord au fameux, trop fameux estaminet de l'*Épi-scié*, du boulevard du Temple, puis aux bains Turcs, de l'autre côté du boulevard. Leurs ablutions faites, le sang disparu de leurs mains et de leurs visages, ils s'en allèrent dîner, bien dîner, puis, après le dîner, au théâtre des Variétés, où il paraît qu'Odry jouait ce soir-là. Ils s'amusèrent beaucoup. Je ne raconterai pas ce qu'ils firent de leur nuit : elle dut être digne de leur journée.

Deux jours après, Paris apprenait le double assassinat du passage du Cheval-Rouge, mais sans apprendre le nom des assassins, que recherchait activement la police, sans pouvoir parvenir à mettre la main dessus. Ce furent deux misères — les petits bâtons que la Providence jette dans les roues des criminels en marche vers l'impunité — qui les perdirent. Le 20 décembre, Avril se faisait arrêter à Paris en cherchant à délivrer une fille publique, sa maîtresse, que l'on emmenait au poste. Le 2 février 1835, Lacenaire se faisait arrêter à Beaune en cherchant à faire escompter un faux billet à ordre.

Les deux assassins étaient sous la main de justice qui, dès lors, ne devait plus s'en dessaisir qu'en faveur du panier de Sanson. Avril et Lacenaire étaient arrêtés, mais sans qu'on sût exactement s'ils étaient ou non les auteurs de l'assassinat du passage du Cheval-Rouge. On ne tarda pas à le savoir. Les loups ne se mangent pas entre eux ; mais les meurtriers, ces autres carnassiers, sont moins dégoûtés ! Avril dénonça Lacenaire, en rejetant sur lui, naturellement, tout l'odieux du drame dans lequel il prétendait n'avoir joué qu'un innocent petit rôle, un rôlet. Lacenaire, indigné, avoua tout, en chargeant comme il convenait son complice.

Paris connut alors dans toute sa hideur le monstre que la police venait de prendre dans ses filets, et le nom de Lacenaire devint le sujet de toutes les conversations : on s'intéressa à lui, on se passionna pour lui, — il fut lion ! Lion, cette hyène !

Songez donc, ce n'était point un assassin vulgaire, c'était un *monsieur*, un *homme bien élevé*, un *poëte*, — puisqu'il était né d'une famille bourgeoise, puisqu'il avait été au collége, puisqu'il avait de l'esprit, puisqu'il savait faire des vers !

Son succès fut immense, et il dura plus que d'autres — de meilleur aloi. On voulut voir une victime de la Fatalité dans ce fainéant élégant, dans ce cynique poseur qui se drapait dans le manteau sanglant de Chardon comme un empereur dans sa pourpre. On en fit un personnage maudit comme les Atrides, un Lara, un Manfred, — le Manfred du ruisseau !

« …. Sans être argousin, bourreau, ni romancier,
Aux veilles du cachot on vint s'associer.
Les mains de ce lépreux, dégoûtant d'infamies,
Tombaient à son réveil entre des mains amies,
Et les journaux du temps, souillés de ses envois,
A nous dire sa gloire enrouaient leurs cent voix ! »

Cette faveur inouïe attachée au nom de *Monsieur Lacenaire* l'accompagna naturellement de la prison de la Force sur les bancs de la Cour d'assises, où le meurtrier et son complice vinrent s'asseoir le 12 novembre,

M. Dupuy, président, M. Partarrieu-Lafosse, procureur du roi.

La salle d'audience était trop petite pour contenir les curieux qui avaient voulu voir de près le héros de tant d'histoires ténébreuses, — car l'affaire du passage du Cheval-Rouge n'était pas la seule qu'il y eût dans son dossier. Ceux qui ne purent pas le voir de près se résignèrent à ne le voir que de loin; ceux qui ne purent même pas le voir de loin se résignèrent à attendre au bas du grand escalier la sortie des curieux assez heureux pour l'avoir vu.

Lacenaire était radieux de tant d'empressement et fier de tant de curiosité : il faisait la roue sur son banc, ce paon sinistre! Quand il s'entendit condamner à mort, il ne sourcilla pas : il sourit!

— « Je n'attache pas plus de prix à ma vie qu'à une pièce de cinq sous! » dit-il à ses voisins les gendarmes.

On le reconduisit en prison, ainsi que son complice, et il mangea avec appétit. Je n'ai pas besoin d'ajouter qu'il dormit cette nuit-là aussi tranquillement que les autres nuits. Cette scorie sociale, ce crachat immonde ignorait le remords.

Transféré d'abord de la Conciergerie à Bicêtre, il fut ramené de Bicêtre à la Conciergerie, d'où il put surveiller à son aise l'impression de ses *Mémoires* — si impatiemment attendus du public. Quoiqu'il se fût pourvu en cassation, comme Avril, il se savait destiné à mourir prochainement ; mais cela le préoccupait moins que la correction de ses épreuves, prose et vers. C'était son testament, ces *Mémoires*, à ce drôle sinistre!

C'est à la Conciergerie qu'il composa sa fameuse *Ode à la guillotine*, pièce fort médiocre que le public d'alors trouva superbe, et que je mets sous les yeux du public d'aujourd'hui, afin qu'il soit juge de sa valeur réelle :

Longtemps après le jour qui vit notre naissance,
Lorsque loin du berceau s'échappa notre enfance,
Lorsque sans être un homme on n'est plus un enfant,
De l'avenir, dit-on, se soulève le voile,
    Et nous pouvons dans notre étoile
    Lire le sort qui nous attend.

Alors la destinée à nos yeux se révèle,
Rêve affreux, que la mort apporte sur son aile,
Qui de l'homme endormi plisse le front d'effroi ;
Car ainsi qu'en Macbeth, on aperçoit trois femmes
Qui, par des cris affreux, épouvantant nos âmes,
Nous laissent pour adieux ces mots : Tu seras roi !

II

On dit qu'il sommeillait .. peut-être en une orgie
Où de vin répandu la table était rougie ;
Une femme parut, qui pressait dans sa main
Des roses et des fleurs, fumier du lendemain.
Cette femme riait d'une effrayante joie,
Comme un peuple qui rit près d'un trône qu'il broie.
Mais son front était beau, mais on y pouvait voir
Le passé sans remords, l'avenir sans espoir,
Et de haine et d'amour un horrible mélange,
Un regard de démon dans une larme d'ange ;

Et celui qui dormait tout à coup tressaillit :
L'amour lui vint au cœur ; l'insensé le lui dit.

— « Jeune homme, pour m'aimer ton âme est impuissante ;
« Mon amour doit tuer ceux dont je suis l'amante.
« Fuis, les autres amants ont, pour mourir, un lit !
« Les miens n'ont, à leur mort, qu'une foule qui rit.
« Les autres ont des fers qu'ils trouvent pleins de charmes,
« Et mes fers sont rouillés, mais rouillés par les larmes,
« Et mon mari jaloux siége sur l'échafaud ;
« C'est le soutien des rois : il se nomme bourreau !

« Fuis, car de mon amour tu serais la victime,
« Car je veux être aimée, et m'aimer est un crime ;
« Et, des mille fureurs qui viennent m'enflammer,
« Ma plus grande fureur est de me faire aimer. »

Cette femme, pourtant, avait touché son âme,
Cette femme était belle, il aimait cette femme !

— « Quoi ! t'aimer est un crime ! Et moi, si je t'aimais,
« Si je t'aime, faut-il te laisser pour jamais ?
« Ton regard est si beau, que e feu qui l'anime
« Me force à demander : Femme, qu'est-ce qu'un crime ? »

— « Un crime, c'est un mot qui s'élève bien haut ;
« La moitié touche au sol, et l'autre à l'échafaud ;
« Mais il descend plus bas, car la tête qui tombe
« Roule dans le linceul pour dormir dans la tombe. »

— « Ma vie est donc en jeu ? Soit ! mais j'ai ton amour.
« L'enfer est à Satan ; sois à moi sans retour ! »
Puis un baiser sanglant vint humecter sa bouche.
Comme un homme blessé qui s'éveille farouche,
Tout prêt à blasphémer il se leva soudain,

Car il se réveillait au sein d'une audience,
Quand une voix criait, au milieu du silence :
Mort à celui qui fut seize fois assassin !

III

Quelle était cette femme ?... Etait-ce la Vengeance,
Qui rit à sa victime, et pour qui l'existence
Bien souvent n'est qu'un dé qu'on retourne au hasard ?
La Vengeance qui met moins de foi, d'espérance
    Dans son Dieu que dans son poignard ?
C'était... on ne le sait... Mais c'était le génie
Qui conduisit cet homme à l'affreuse agonie
    Qui fait mourir avant le temps,
Mourir jeune !... Et pourtant, même avant la vieillesse,
L'homme qui dans le crime aspira tant d'ivresse,
    N'a respiré que trop longtemps.

IV

Hélas ! à ce malheur qui donc put le conduire ?
Quand on voit le mépris où brillait le sourire,
Quand ceux qui vous aimaient trouvent dans votre cœur
Le premier des forfaits, la honte du malheur ;
Quand la foule qui passe, à vous voir condamnée,
A votre aspect souffrant se détourne étonnée,
Froide comme un refus à quelque enfant jeté
Lorsqu'il vous tend la main après avoir chanté ;

Entre vivre et mourir on voit un mot livide
Se dresser, et ce mot : c'est crime ou suicide.
Devant ces deux forfaits amené pour choisir,
Brûlant de se venger plutôt que de mourir,

Il prit le crime, lui !... Le crime, quel partage !
Ecrire avec du sang sa vie à chaque page !
Se dire : je tûrai, je tûrai... c'est mon sort !
Attendre chaque jour que vienne la vengeance !
Etre martyr ainsi sans ciel pour récompense,
Et pour sa fiancée oser choisir la mort !
Défier le mépris et rechercher la haine,
N'avoir rien dans le cœur de la nature humaine ;
En face du trépas, hélas ! n'espérer rien,
Penser qu'on viendra voir, ainsi qu'à quelque fête,
Son souris infernal quand tombera sa tête !
  Quel sort !... et c'est le sien !

Pourtant il s'était dit : L'avenir me réclame !
Oui... pour mettre à ton nom une auréole infâme ;
Oui, tu vivras, tandis que l'homme qui n'aura
Jeté sur son chemin que des bienfaits mourra.

Car, si vous n'avez point fait pleurer sur la terre,
Si vous avez passé consolant, solitaire,
Si vous n'avez séché ni fait couler de pleurs,
Rien ne reste de vous ; lorsque l'orage gronde,
Du jour qui détruit tout la trace est plus profonde
  Que du jour qui mûrit les fleurs.

V

Alors que la jeunesse est une pure flamme,
Le premier sentiment du crime sur notre âme
C'est un désir subit de vengeance et de mort ;
La tristesse plus tard remplace la colère,
Puis vient l'indifférence, à la robe étrangère,
Passant, sans du coupable interroger le sort ;

Mais quand la passion, bouillonnant dans la tête,
Du jour le plus affreux vous fait un jour de fête,
Quand vers tout être étrange on élève les bras,
Alors il n'est pour nous rien de beau, rien d'infâme,
Alors on sent au cœur, où vient mourir le blâme,
Un respect calculé pour les grands scélérats !

Paris, janvier 1836.

Le 8 janvier 1836, Lacenaire dut quitter la Conciergerie, où il était si bien, où il recevait tant de visites aimables et tant de lettres sympathiques, pour être transféré à Bicêtre. C'était un avertissement qu'il comprit. Il était couché : il s'habilla. Une fois habillé, il s'approcha de la table sur laquelle il avait écrit ses fameux *Mémoires*, et, avec l'autorisation du directeur, écrivit ces lignes, les dernières que sa main dût tracer :

« 8 janvier 1836, à la Conciergerie,
10 heures du soir.

« On vient me chercher pour Bicêtre. Demain, sans doute, ma tête tombera. Je suis forcé, malgré moi, d'interrompre ces *Mémoires*, que je confie aux soins de mon éditeur. Le procès complète les révélations. Adieu à tous les êtres qui m'ont aimé, et même à ceux qui me maudissent : ils en ont le droit. Et vous qui lirez ces *Mémoires*, où le sang suinte à chaque page, vous qui ne les lirez que quand le bourreau aura essuyé son triangle de fer que j'aurai rougi, oh ! gardez-moi quelque place dans votre souvenir... Adieu ! »

Bon voyage, *monsieur* Lacenaire !

Le lendemain matin, 9 janvier, le panier-à-salade, avec son escorte habituelle, vint prendre les deux condamnés, Avril et Lacenaire, auxquels la « fatale toilette » avait été faite dans la nuit, et les conduisit, au galop de deux chevaux de poste, au rond-point de la barrière Saint-Jacques. Avril, comme moins criminel, fut exécuté le premier. Lorsque ce fut au tour de Lacenaire, il regarda la machine en souriant et alla placer sa tête dans la lunette sanglante. Quand elle tomba, il était huit heures trente-trois minutes du matin.

Monsieur Lacenaire avait vécu !

Ah ! Paris ! il te faudra couronner bien des rosières et donner bien des prix Montyon pour effacer de ton histoire cette page honteuse où tu t'es vautré dans l'admiration d'un assassin-poëte !

A ce propos, je ne saurais mieux finir cette rapide biographie du *lion* de 1835, qu'en empruntant à Hégésippe Moreau, un véritable poëte celui-là, l'énergique péroraison de sa pièce de vers consacrée à Lacenaire :

« ... Tuer sans combat, égorger qui sommeille,
Ramasser un écu dans le sang d'une vieille,
Et pouvoir dire après : Je suis poëte !... Non !
Car il ne suffit pas, pour mériter ce nom,
D'emprunter au public de banales pensées
Qu'on rejette au public en phrases cadencées :
Le poëte, amoureux du bien comme du beau,
Attend deux avenirs par delà le tombeau,
Et riche, en vieillissant, de candeur enfantine,
N'a rien à démêler avec la guillotine...
Interrogez Sanson : depuis qu'André Chénier

D'un sang si précieux parfuma son panier,
Jamais son doigt savant (Thémis en soit bénie!)
Sur un front condamné ne palpa le génie.
C'est un roi qu'un poëte, et la hache des lois
Tua Chénier du temps que l'on tuait les rois... »

NINA LASSAVE.

La barrière Saint-Jacques était destinée à avoir des illustrations de toutes sortes ; après Avril et Lacenaire, guillotinés le 9 janvier 1836, vint le tour de Fieschi, de Morey et de Pépin, décapités le 19 février suivant, à la même place, avec la même machine et par le même bourreau. Après les tueurs de vieilles les tueurs de rois!

L'un de ces trois derniers suppliciés, et le moins intéressant, parce que le plus lâche, Fieschi, ouvrier tanneur devenu artisan de meurtres, avait laissé une veuve — de la main gauche : une jeune fille d'environ dix-sept ans, Nina Lassave.

La veille de l'explosion de la machine infernale du boulevard du Temple, Nina Lassave n'était rien qu'une grisette obscure, jolie comme on l'est quand on a seize ans, et borgne par-dessus le marché : le lendemain de l'exécution de son amant, elle était célèbre. Je ne sais pas si, selon l'habitude des Anglais en pareil cas, quelques *eccentric men* franchirent le détroit et s'en vinrent faire des propositions de mariage à la veuve de Fieschi ; ce que je sais, c'est que le propriétaire du *Café de la Renaissance*, situé place de la Bourse, vint lui offrir une somme rondelette pour qu'elle consentît à trôner chez lui comme dame de comptoir, — et qu'elle accepta.

Elle accepta, et, pendant quelques semaines, — mettons deux mois, — le *Café de la Renaissance* n'eut pas assez de tables, pas assez de chaises, pas assez de demitasses pour les consommateurs amenés là par cette abominable soif de curiosité qu'on n'éteindra jamais en nous, je le crains. On voulait se repaître du spectacle de cette pauvre fille qui avait si intimement connu le grand criminel, le fameux auteur de la fameuse machine infernale dont avaient été victimes une quarantaine de personnes, parmi lesquelles dix-neuf morts. Pour beaucoup de gens, voir Nina Lassave c'était revoir Fieschi, et revoir Fieschi c'était assister de nouveau, pour ainsi dire, à l'épouvantable boucherie du 28 juillet 1835. « C'est la maîtresse de Fieschi ! » murmurait le bourgeois effaré à l'oreille de sa femme ou de son fils, aussi effarés que lui. Et, pendant qu'on la dévorait ainsi des yeux, scrutant chaque trait de son visage comme pour y trouver un reflet du drame lugubre où elle avait joué son rôle de comparse, elle souriait, comptant les morceaux de sucre et marquant les consommations sur le livre de caisse de son patron.

Peut-être même, parmi cette foule avide de spectacles, y avait-il quelques galantins, jeunes ou vieux, épris du monstrueux et désireux d'en savoir plus que le reste du monde sur l'histoire intime de Nina Lassave et de Fieschi. O misère ! ô tristesse ! Peut-être aussi Nina la borgne, malgré ses sourires, avait-elle envie de pleurer son guillotiné qui lui avait fait en mourant une si belle réclame et laissé un si bel héritage !

La curiosité s'émoussa vite, ainsi qu'il en devait être. Les consommateurs qui avaient appris momentanément le chemin de la place de la Bourse et du *Café de la Renaissance*, le désapprirent pour toujours, et, après avoir beaucoup parlé de Nina Lassave, on ne parla plus du tout d'elle, — à croire qu'elle n'avait jamais existé. Sortie de l'obscurité, elle rentra dans le néant et devint — ce que deviennent les jeunes lunes : une vieille lune.

Vingt ans après, s'ouvrait à l'extrémité de la rue Vavin, non bâtie alors, une bicoque destinée aux oisifs pauvres, aux rentiers de la haute et basse Bohême : le *Café Génin*, dont j'ai donné un léger fusain dans mon *Histoire des Cafés et Cabarets de Paris*, à laquelle les lecteurs m'excuseront de les renvoyer pour plus amples renseignements. Génin était marié à une femme borgne, d'environ trente-huit ans, pour laquelle il semblait avoir beaucoup d'affection, et qui avait l'air d'en avoir autant pour lui. Un jour, devant moi, je ne sais quel ivrogne fit à haute voix une allusion brutale au souvenir de Nina Lassave : madame Génin pâlit affreusement et son mari s'emporta jusqu'à la fureur envers l'indiscret, qu'on dut lui arracher, par prudence. Puis, il n'en fut plus jamais question. Madame Génin était redevenue comme devant, pour tout le monde, madame Génin — pas autre chose...

J'ai lu le mois dernier dans l'*Événement* un article de M. Vallès qui, en parlant de la mort de cette femme et de la folie de son mari, qui en a été la suite, révèle au public ce qui avait été si soigneusement tû pendant de si longues années : madame Génin était bien en effet l'ancienne Nina Lassave dont le Paris de 1836 s'était si singulièrement engoué.

Quels drames il y a souvent chez les créatures les plus insignifiantes en apparence !

DUFAVEL [1].

Le vendredi 2 septembre 1836, des ouvriers qui étaient en train de creuser un puits dans le champ d'un sieur Moulin, cultivateur au Champ-Vert, quartier de Saint-Just, près de Lyon, remontaient aussitôt, bien qu'il fût sept heures du matin et que leur journée commençât à peine, parce qu'il ne leur semblait pas prudent de rester plus longtemps à 62 pieds sous terre. A l'orifice du puits, s'apprêtant à descendre, était leur tâcheron, le sieur Dufavel. Ils lui annoncèrent qu'un éboulement se préparait et l'engagèrent à ne pas descendre. Mais ils

---

[1] J'écris comme tout le monde prononce. Il paraît cependant que ce n'est pas *Dufavel*, mais bien *Dufavet* qu'il faut dire. *Dufavet* sonne mal à mes souvenirs et à mon oreille : j'aime mieux conserver l'orthographe et la prononciation populaires.

s'adressaient à un homme qui avait vu plusieurs fois déjà la mort de très-près, et qui tenait en outre à ne pas perdre ses instruments de travail.

— « Bast ! dit-il, j'ai bien le temps d'aller chercher mon *benot !* »

Et il se fait descendre dans le puits.

Au milieu de la route, Dufavel entend tomber de grosses pierres : cela ne l'arrête pas. Une fois au fond du puits, il ramasse deux planches qui pouvaient lui être utiles, les place dans sa benne, se place à côté d'elles et s'apprête à remonter, lorsqu'un sourd craquement se fait entendre au-dessus de lui. Il lève la tête et voit cinq des tambours du puits se rompre en même temps. — « A moi ! » crie-t-il, effrayé. Un flot de sable arrive, l'envahit et étouffe sa voix : dans quelques secondes il sera enlizé, comme ces imprudents qui s'aventurent sur les grèves mouvantes du mont Saint-Michel. Ses compagnons restés en haut, jugeant de son péril sans avoir entendu son cri d'appel, tirent la corde de la benne, croyant le sauver par ce moyen ; la benne s'élève de quelques pieds, jusqu'aux planches qui retenaient l'éboulement, et ne peut aller plus loin, pressée qu'elle est contre ces planches entrecroisées : plus on tire en haut, plus on ébranle les parois mouvantes du puits qui bientôt se referment sur le malheureux Dufavel.

Tout n'était pas perdu, cependant, et si l'on avait renoncé en haut à poursuivre l'œuvre de délivrance, en bas le prisonnier n'avait pas renoncé à tout espoir de salut. Dufavel avait compris que ces ébranlements successifs donnés aux parois du puits par ses compagnons pouvaient se renouveler et aggraver sa position déjà si critique : il chercha son couteau et coupa la corde de la benne. Cette inspiration le sauva. Après le départ des ouvriers puisatiers, un jeune homme était venu, avait tourné la manivelle du treuil, et ayant remarqué qu'au bout de deux tours il n'éprouvait aucune résistance, il avait couru après eux et les avait engagés à revenir. Les ouvriers, quoique n'espérant plus rien, étaient revenus, avaient de nouveau tiré la corde du benot, et, la voyant coupée *franc*, avaient acquis la certitude qu'elle l'avait été par Dufavel et que, par conséquent, il vivait encore. Ils avaient alors repris l'œuvre de délivrance.

Œuvre délicate, pénible, à résultat douteux. Dufavel était enterré vivant à 62 pieds du sol, et son tombeau n'avait même pas les commodités d'un tombeau ordinaire : un trou de quelques pieds de hauteur, qu'un tassement incessant du sable sur les planches si miraculeusement entrecroisées qui en formaient le plafond menaçait de rétrécir encore, et, dans ce trou, impossibilité presque complète de se mouvoir. Pendant qu'on travaillait avec ardeur au-dessus de la tête du prisonnier au creusement de deux puits parallèles, l'un par le génie, l'autre par ses compagnons, il sentait d'heure en heure sa prison s'emplir de sable qu'il parvenait, après des efforts inouïs, à faire descendre entre ses jambes, sous lui, pour ne pas l'avoir sur lui. L'homme qui veut vivre dépense pour conserver sa vie des trésors d'ingéniosité. Malgré les menaces d'asphyxie qui l'entouraient, Dufavel se cramponnait à un fétu comme à une barre de fer et luttait de toute son énergie contre le découragement qui eût envahi une autre âme que la sienne. Pendant douze jours, — douze jours ! — il attendit patiemment sa sortie de son tombeau, sa résurrection, et dans la position incroyable que je vais dire :

Il avait la jambe droite pliée sous lui, la jambe gauche étendue à côté de la benne, le pied placé dans un trou entre deux planches, le genou droit sous le jarret gauche, le corps plié, l'épaule gauche appuyée contre deux débris du tambour près du cercle qui les retenait, et la tête baissée vers l'épaule droite. N'était ce pas horrible ?

Avec quelle solennelle lenteur marchaient les heures — et surtout les jours ! Car le malheureux enlizé pouvait les compter, grâce à une mouche surprise comme lui par l'éboulement et prisonnière comme lui dans cet épouvantable tombeau : quand elle bourdonnait, Dufavel devinait qu'il faisait jour ; quand elle se taisait, il comprenait qu'il était nuit, — et il attendait, anxieux, chaque nouvelle aurore.

Les puits de sauvetage terminés, on n'avait pas tardé à être en communication avec lui. On lui avait parlé, il avait répondu ; on savait qu'il n'était ni mort ni même blessé, mais qu'il souffrait de la faim, de la soif, du manque d'air, et, après mille difficultés et mille précautions, on avait pu lui faire parvenir successivement quelques bouteilles de bouillon dont il n'avait pas renvoyé les bouchons, — les trouvant sans doute mangeables. Enfin, le jeudi 15 septembre, à deux heures du matin, le génie parvenait à la paroi extérieure du tambour, brisait les planches qui la formaient, et, à trois heures et demie, Dufavel revoyait la lumière du jour.

La nouvelle de sa résurrection courut aussitôt par la ville de Lyon, et la France entière applaudit. Le nom de Dufavel était dans toutes les bouches ; les moindres détails, les plus insignifiants, qui le concernaient étaient recueillis avec avidité ; on organisait partout des quêtes et des représentations à son bénéfice ; le roi Louis-Philippe lui-même, pour prouver l'intérêt qu'il portait à l'humble puisatier, lui envoyait la somme de... deux cents francs.

Au bout de quelques semaines, il n'était plus question de Dufavel, dont le souvenir ne vivait plus que dans le boniment d'un montreur de figures de cire, — parmi lesquelles la sienne, que j'ai vue plus tard, avec une indescriptible émotion, dans le *Salon de Curtius* du boulevard du Temple.

LE VICOMTE DE LAUNAY.

Vers le milieu de l'année 1836, la *Presse* publiait un feuilleton intitulé *Courrier de Paris*, et signé *vicomte de Launay*.

C'était le premier Courrier de Paris qui eût paru à Paris. Il fit fortune, et même un peu scandale, car le vicomte en question, — comme s'il eût été à peu près sûr de l'impunité, soit pour une raison, soit pour une autre, soit qu'il se sentît abrité derrière la faiblesse féminine ou derrière la force masculine, — le vicomte n'y allait pas de plume morte. Il était spirituel, et même méchant. Il disait certaines choses qu'un autre n'eût pas osé dire, et cela avec une désinvolture, une grâce, un libre propos, qui sentaient leur gentilhomme d'une lieue.

« Quel est ce chroniqueur qui entre ainsi dans la vie parisienne, botté et éperonné, le fouet à la main, comme Louis XIV au Parlement ? » Voilà ce qu'on se demandait de tous côtés, sans pouvoir trouver une réponse satisfaisante. « C'est celui-ci ! » disait-on en désignant un écrivain très-connu. — « C'est celui-là ! » disait-on, en désignant un autre écrivain, non moins connu. On en désignait beaucoup ainsi, et l'on se trompait. Le vicomte de Launay avait l'air si homme qu'on ne songeait pas à chercher ailleurs que dans le camp masculin. Et ne trouvant pas, on se consolait en espérant qu'un jour ou l'autre, à force de casser les vitres et d'inventer des fenêtres pour avoir encore un plus grand nombre de carreaux à casser, l'impertinent vicomte s'attirerait une fort vilaine affaire, un duel en bonne et due forme, qui le forcerait à relever son masque et à laisser voir son visage.

Cette espérance, ce souhait charitable que formaient tous les gens inquiets des allures cavalières du vicomte de Launay, qui ne ménageait personne — excepté ses amis, — cette espérance n'était pas si sotte ; car si le masque dont se couvrait le hardi chroniqueur était un masque désagréable, le visage qu'il cachait si bien était un adorable visage de femme, celui de madame Emile de Girardin.

Ce petit secret, qui n'en était pas un pour les familiers du petit hôtel de la rue de Provence, fut cependant gardé, non-seulement pendant tout le temps que madame de Girardin courriérisa, c'est-à-dire de 1836 à 1848, mais encore au-delà de ce temps et de la mort de l'écrivain distingué qui avait imaginé ce déguisement; à ce point que, aujourd'hui encore, beaucoup de personnes fort honorables sont convaincues que le vicomte de Launay était un homme, — comme Claude Vignon.

Madame de Girardin était, du reste, si bien assurée de la discrétion de son entourage, et de l'imperméabilité du masque qu'elle portait avec tant d'aisance, qu'elle ne craignait pas, dans ses *Lettres parisiennes*, de dire un bien énorme de ses amis les plus intimes, comme Théophile Gautier, dont elle annonçait, avec éloges, les romans et les poésies chaque fois que Gautier *commettait* (c'est un de ses mots) un roman ou un volume de vers. Elle faisait davantage : elle osait prendre la défense de son mari qui, comme tous les gens en vue, était le point de mire de beaucoup d'attaques, les unes légitimes, les autres envieuses, méchantes et bêtes. Elle faisait davantage encore : elle ne craignait pas elle, madame de Girardin, de dire du bien de madame de Girardin !

« On n'est jamais si bien loué que par soi-même. »

Rien, au fond, de plus naturel — et de plus choquant. J'aurais préféré, pour ma part, que madame de Girardin laissât faire son éloge par tout autre que par le vicomte de Launay.

Quoi qu'il en soit, l'idée de ce courrier hebdomadaire, signé d'un pseudonyme, était une bonne idée, une idée excellente, puisqu'elle trouva des imitateurs, non-seulement en France, mais encore à l'étranger. Le *Siècle* eut sa *Revue de Paris;* le *Temps,* son *Courrier de la ville;* la *Quotidienne,* ses *Causeries;* le *Constitutionnel,* son *Courrier de la Cour et de la Ville;* le *Journal de Rouen,* son *Echo de Paris,* etc., etc., etc., — et il ne se fonde pas un journal politique ou littéraire, depuis vingt ans, qui n'ait sa chronique parisienne, sous un titre ou sous un autre. Le métier de chroniqueur est même devenu un métier à part dans les lettres, une *spécialité,* comme celle d'auteur dramatique ou de critique d'art, et l'on a compté ceux qui, depuis madame de Girardin, y avaient excellé jusque dans ces derniers temps, Eugène Guinot, Louis Desnoyers, Méry, Henri de Pène, Auguste Villemot et Charles Bataille.

Madame de Girardin est morte sans postérité. Mais le vicomte de Launay a fait des petits — qui s'appellent aujourd'hui Henri Rochefort, Aurélien Scholl, Jules Noriac, Timothée Trimm, etc., etc., etc. Des petits qui gagnent gros !

LES BAYADÈRES.

Dans les premiers jours du mois d'août 1838 on s'entretenait beaucoup, au foyer de l'Opéra et ailleurs, des hôtes mystérieux d'une mystérieuse maison de l'Allée des Veuves, qui alors ne ressemblait guère à l'Allée des Veuves d'aujourd'hui : un nid plutôt qu'une maison,— un nid bordé de chèvrefeuilles et gardé par un invalide.

Que renfermait cette maisonnette? Que gardait cet invalide?

Des bayadères! des prêtresses du dieu Brahma! de vraies bayadères — n'ayant aucun rapport avec celles de l'Opéra et d'ailleurs! Il y avait là, certes, de quoi faire travailler les imaginations les plus paresseuses et réveiller les sens les plus endormis. Des bayadères! On avait les visions adorables que procure le haschich; on se sentait transporté d'un coup d'aile dans l'Orient des *Mille et une nuits*, dans le pays du bleu et des « almées à l'œil noir » vêtues seulement de la fumée des cassolettes... Des bayadères!

On racontait d'elles des choses bien faites pour exciter au plus haut point l'intérêt. Le Barnum intelligent qui les avait amenées des bords du Gange sur les bords de la Seine, un **M.** Tardivel, je crois, avait dû déployer toutes les ressources d'une diplomatie de première classe pour les décider à quitter leurs bungalows parfumés, leurs pagodes sacrées, leurs brahmes amoureux. Enfin, elles s'étaient décidées ; elles s'étaient embarquées à Pondichéry pour la France, au nombre de cinq, avec trois compagnons, — trois *bayaders*, aurait dit Sainville. Les bayadères se nommaient, la première *Amani*, âgée de 18 ans ; la seconde, *Saoundiroun*, âgée de 14 ans ; la troisième, *Rangoun*, âgée de 13 ans ; la quatrième *Veydoun*, âgée de six ans, et la cinquième, *Tillé*, âgée de trente ans, — l'âge des duègnes dans ces pays où les femmes mûrissent aussi vite que les fruits sous les baisers ardents du soleil. Quant aux bayaders, ils s'appelaient *Ramalingam*, *Savaranim* et *Deveneyagorn*, et ils étaient chargés d'accompagner de leurs chants et de leurs instruments — une flûte, des cymbales, un tamtam — les danses de leurs camarades les bayadères.

Quelles étaient ces danses ? Je ne les ai pas vues, et je le regrette, car il est trop tard maintenant pour que j'aille les voir danser sur place, devant la grande pagode de Tendiwa-Puzam ; mais au dire des gens qui s'y connaissent, c'était une merveilleuse chose, bien faite pour faire rêver du paradis de Mahomet. Théophile Gautier seul aurait été digne de chanter, et Eugène Delacroix seul digne de peindre ces belles filles lascives, dont la chair de bronze florentin ressortait si bien sous la soie bariolée de leur accoutrement. Ces cheveux noirs coiffés d'une calotte d'or, ces anneaux dans le nez, ces pieds nus, ces reins découverts, ces yeux pâmés, ces torsions provocantes de la croupe, ces verroteries, ces diamants, ces bracelets, qui se mettaient en branle à chacun de leurs mouvements : tout cela, assurément, avait une saveur originale, un accent nouveau, une séduction irrésistible pour les Parisiens, habitués depuis trop longtemps aux demoiselles chlorotiques, maigres et blondes de leurs bals. Les bayadères devaient réussir, et elles réussirent en effet, non-seulement aux Tuileries, non-seulement dans la petite maison de l'Allée des Veuves, mais encore sur la scène du théâtre des Variétés — où *tout Paris* alla les voir pendant près d'un mois.

Elles avaient débuté le 22 août 1838 sur la scène où l'on jouait en même temps le *Père de la débutante :* le 18 septembre suivant elles donnaient leur représentation d'adieu. Soit que de si belles danseuses inspirassent des sentiments de jalousie trop violents aux danseuses ordinaires — qui ne brillent pas toujours par la beauté ; soit que l'étrangeté de leurs allures fatiguât un peu les yeux et l'esprit de leurs admirateurs bourgeois, elles disparurent de l'affiche du théâtre des Variétés sans que personne osât réclamer, et, après avoir disparu de l'affiche, elles disparurent aussi de la circulation. On avait beaucoup parlé d'elles avant de les voir ; on en parla encore beaucoup après les avoir vues, — et quelque temps après on n'en parla plus du tout.

Que devinrent-elles, ces enivrantes dévadasis?

Tillé, la duègne de 30 ans, qui s'était solennellement engagée envers les brahmes amoureux à leur ramener — vierges de tout amour chrétien — les quatre belles prêtresses de Brahma ; Tillé dut être fort embarrassée. Sur quatre bayadères, deux manquèrent à l'appel du soir, la moins vieille et la plus jeune, Amani et Rangoun, — l'une fruit savoureux, l'autre fleur parfumée. On m'a assuré qu'elles tenaient une table d'hôte aux Batignolles.

Étrange ! étrange ! étrange !

RACHEL.

Le 10 septembre 1838, à la suite de son feuilleton du lundi sur *le Jeune Ménage* de M. Empis, Jules Janin disait :

« Si mademoiselle Plessy veut comprendre combien elle joue mal la comédie, et comment pour réussir au théâtre, la beauté n'est pas une condition absolue, que mademoiselle Plessy étudie avec une attention sincère la plus étonnante petite fille que la génération présente ait vue monter sur un théâtre. Cette enfant, c'est mademoiselle Rachel. Il y a tantôt un an elle débutait au Gymnase, et moi, à peu près seul, je disais que c'était là un talent sérieux, naturel, profond, un avenir sans bornes ; on ne voulut pas me croire cette fois, on me dit que j'exagérais. A moi seul je ne pus soutenir cette petite fille sur ce petit théâtre. Quelques jours après son début, l'enfant disparut du Gymnase, et moi seul peut-être j'y pensais, quand tout d'un coup, il y a un mois, elle a reparu au Théâtre-Français dans les tragédies de Corneille, de Racine, de Voltaire. Cette fois, l'enfant fut écoutée, encouragée, applaudie, admirée. Elle était entrée dans le seul drame qui fût à la taille de son précoce génie.

« Et, en effet, quelle chose étrange ! une petite fille ignorante, sans art, sans apprêt, qui tombe tout d'un coup au milieu de la vieille tragédie, qui souffle vigoureusement sur ses augustes cendres et qui en fait jaillir la flamme ! Oui, cela est admirable ! Et notez bien que cette enfant est petite, assez laide, point de poitrine, l'air vulgaire, la parole triviale ! Je la rencontre l'autre jour, et elle me dit : *c'est moi que j'étai t'au Gymnase.* A quoi j'ai dû répondre : *je le savions !* Ne lui demandez pas ce que c'est que Tancrède, ce que c'est que le vieil Horace, ce que c'est que Hermione, la guerre de Troie, Pyrrhus, Hélène, elle n'en sait rien, elle ne sait rien. Mais elle a mieux que la science : elle a le souffle inspirateur, elle a la passion, elle a cette lueur soudaine qu'elle jette autour d'elle. A peine sur le théâtre, elle grandit de dix coudées : elle a la taille des héros d'Homère, sa tête se hausse, sa poitrine s'étend, son œil s'anime, son pied tient à la terre en souverain ; son geste, c'est comme un son venu de l'âme, sa parole vibre au loin toute remplie des passions de son cœur. Et elle marche ainsi dans le drame de Corneille sans hésiter, semant autour d'elle l'épouvante et l'effroi ! Et elle aborde sans hésiter la pompe de Voltaire ! Et elle s'abandonne corps et âme à la tendre passion de Racine, et rien ne l'étonne ! Elle est née dans ces domaines à part de la poésie ; elle en sait déjà tous les détours, elle en dévoile tous les mystères. Les comédiens qui jouent avec elle s'étonnent de cette audace; la vieille tragédie espère; le parterre, ému et charmé, prête une oreille ravie à ce divin langage des beaux vers dont nous sommes privés depuis la mort de Talma, et il s'abandonne loyalement à la toute-puissance de ces grands poètes, l'honneur de la France, l'orgueil de l'esprit humain....» etc., etc., etc.

Il n'en fallait pas tant pour consacrer cette jeune réputation et sacrer reine de l'art tragique cette « petite fille laide et sans poitrine : » du feuilleton de Janin, en effet, date la renommée glorieuse d'Elisa-Rachel Félix, née à Munf, en Suisse, le 28 février 1820, d'un père colporteur et d'une mère brocanteuse, — tous deux juifs comme la tribu d'Israël entière. On oublia ses piteux débuts dans la *Vendéenne*, au Gymnase, pour ne se souvenir que de son triomphe dans le rôle de Camille, des *Horaces*, — une création, par la manière nouvelle, inattendue, dont elle le joua. Puis, après Camille et ce triomphe, d'autres créations et d'autres triomphes : Emilie, Hermione, Eriphyle, Monime, Aménaïde, Roxane, Pauline, Agrippine, Athalie, Phèdre. Jamais, avant elle, aucune actrice n'avait dit de cette façon tragique les fameuses *imprécations* de Camille, qui faisaient frissonner la salle de terreur; jamais aucune actrice n'avait rendu avec cette quasi-sauvagerie les emportements de la jalouse Hermione; jamais avec cette chaste ardeur de la foi les élans de la chrétienne Pauline; jamais non plus avec cette furie des sens les aveux de l'incestueuse Phèdre, qui était bien, grâce à elle,

« Vénus tout entière à sa proie attachée. »

Les comédiens ordinaires du Roi, qui avaient été tentés de repousser cette petite transfuge du Gymnase, et, qui l'eussent certainement refusée sans l'intercession de mademoiselle Mars, — une comédienne qui n'était pas ordinaire,— durent comprendre alors qu'ils eussent fait une « fière bêtise, » et Célimène dut recevoir d'eux de chaudes actions de grâce pour le « flair » qu'elle avait montré en répondant de l'avenir de cette « cabotine. »

Le public ratifia le jugement de mademoiselle Mars et celui de Jules Janin par un engouement qui alla crescendo, sans se démentir un seul instant, malgré les caprices et les fugues de son idole. Je me souviens d'avoir vu sur les épaules de ma première maîtresse, le jour de notre première sortie extra-muros, une robe en *crêpe Rachel :* ainsi, jugez !

Je ne parlerai pas de ses autres rôles, des créations dans le sens ordinaire du mot, Judith, Catherine II, Cléopâtre, lady Tartufe, Lesbie, Lydie (car elle s'était essayée dans la comédie et y avait réussi) : je ne veux me souvenir en ce moment que de la façon grandiose dont elle interpréta la *Marseillaise,* quelques jours après la révolution de février. Cet hymne farouche m'avait fait tressaillir une fois déjà en pleine rue, alors que les balles sifflaient et que le canon tonnait : quand Rachel l'entonna de sa voix hybride où les fiertés de l'homme se mêlaient aux douceurs de la femme, je fus remué comme jamais plus je ne devais l'être par aucune voix ni par aucun chant. N'eût-il écrit que *La Vache*, Victor Hugo serait un grand poète : n'eût-elle chanté que la *Marseil-*

laise, mademoiselle Rachel serait une artiste de génie.

Aussi, à cause de cela, ai-je répugnance à entrer dans les détails d'argent qui ont un instant rapetissé l'illustre tragédienne, et ne soufflerai mot des 80,000 francs qui formaient le produit annuel de sa gloire. Cela importe peu d'ailleurs : les artistes comme les jolies femmes ont le droit, presque le devoir de se vendre le plus qu'ils peuvent. Saurions-nous gré à Delacroix de nous avoir *donné* ses tableaux? Pas plus que les Thébains n'auraient su gré à Phryné d'avoir donné sa beauté. Il faut que les choses rares, que les choses exceptionnelles se paient au-dessus de leur valeur même.

En 1855, Rachel avait quitté la France pour l'Amérique, — où elle comptait moissonner les lauriers par tombereaux et les dollars par sacs, et où, paraît-il, elle ne récolta qu'un immense désenchantement. Elle revint en France, sa véritable patrie; quoique jeune, elle était épuisée par la vie fiévreuse qu'elle avait menée pendant une quinzaine d'années. Le 3 janvier 1858, elle mourait au Cannet, près de Lyon, et, quelques mois après, le 11 août, Paris, où elle avait voulu revenir morte ne pouvant y revenir vivante, lui faisait de splendides funérailles. Les bourgeois du Marais durent être bien étonnés, ce jour-là, en voyant cette foule d'élite qui encombrait la place Royale pourtant si vaste. Ils eussent été plus étonnés encore d'apprendre que ces funérailles étaient celles d'une ancienne petite guitariste, d'une pauvre petite chanteuse des rues...

EUGÈNE DE PRADEL.

L'Italie fut toujours la terre de l'improvisation, chacun sait cela. Allez à Naples, ou à Palerme, ou à Florence, ou à Rome, et interrogez là-dessus le premier passant venu, il vous citera Filippo Pistrucci qui improvisait des tragédies (des tragédies, monsieur!). Il vous citera l'actrice Rosa Taddei et l'espion Antonio Natali, deux phénomènes, — l'espion surtout. Natali n'improvisait jamais qu'en pleine ivresse, sur la place du Peuple à Rome, et les choses qu'il improvisait dans cet état charmant qui centuple en effet les forces de l'imagination, ces choses étaient si fortes et si belles, que lorsqu'après avoir improvisé il tendait son feutre à la foule, les pièces de monnaie y tombaient abondantes. Lors, il replaçait son chapeau sur sa tête sans s'occuper des baïoques ou des pauls qui lui coulaient le long des joues et qu'il abandonnait généreusement aux mendiants ses frères, habitués fidèles de ses improvisations, — à cause de leur terminaison, toujours la même ; avec ce qui lui restait au fond de son chapeau, Natali retournait *s'achever* au cabaret. Ce phénomène fut fusillé comme espion par les Autrichiens, qui n'ont jamais eu le respect des improvisateurs — patriotiques.

Après ces illustrations qui, quoique déjà vieilles, ne sont pas oubliées de l'autre côté des Alpes, venait Luigi

Cicconi, de Rome aussi, comme Antonio Natali. En 1836, Cicconi passa les monts et vint à Paris pour lutter « avec notre premier improvisateur, » Eugène de Pradel, et la lutte — courtoise — eut lieu en effet le 10 mai dans la grande salle de l'Hôtel-de-Ville. En doutez-vous ? Lisez :

« CESARE BORGIA, *tragedia in un atto, improvvisata da Luigi Cicconi, nella gran sala dell' Hôtel-de-Ville, in Parigi, la sera del* 10 *maggio* 1836, *in occasione della disfida letteraria avuta col signor Pradel, improvvisatore francese.* »

Luigi Cicconi obtint de nombreux applaudissements avec son *Cesare Borgia* en un acte, — de la part des auditeurs italiens parce qu'il improvisait en italien, et, de la part des auditeurs français, parce qu'improvisant une tragédie, il avait la galanterie de la faire tenir en un acte.

Et M. Eugène de Pradel, qu'improvisa-t-il ce soir-là ? Ma foi ! s'il m'en souvient, il ne m'en souvient guère. Lui aussi eut du succès, puisque les journaux du temps s'enrouèrent à proclamer son triomphe. Nous avions un improvisateur, tout comme l'Italie, — un Monsieur qui, sur un sujet donné, déclamait sans hésitation, à croire qu'il les avait appris d'avance, des centaines et des centaines de vers. C'était merveilleux — et puéril.

M. Eugène de Pradel est peut-être encore vivant, mais il y a longtemps que sa gloire est morte et enterrée, malgré les tentatives de résurrection faites par lui à différentes reprises. Je comprends que ce gentleman ait regimbé contre l'oubli après avoir eu tant de fanfares, et qu'il ait essayé de sortir des ténèbres après avoir été accablé de rayons ; mais je comprends bien mieux encore que le public se soit vite fatigué de ces tours de force littéraires, — de la même force que les tours de force arithmétiques de Mangiamèle ou d'Henri Mondeux. Cela étonne, mais cela n'intéresse pas, et cela ravit encore moins. M. Eugène de Pradel, en faisant ses alexandrins, n'était pas plus un poète — dans la noble acception du mot — qu'Henri Mondeux n'était mathématicien en résolvant en un rien de temps les problèmes les plus compliqués. Et encore, si j'avais à faire un choix, je préférerais Henri Mondeux : il était plus extraordinaire, plus étonnant.

Je vais relire une page d'André Chénier.

LE PAUVRE A CHEVAL

C'était en 1838, sur le boulevard Montmartre, par un beau soleil de décembre. Je me promenais avec mon oncle, chargé de ma conduite à travers Paris, — la grande ville où les petits garçons, sur le point de devenir grands garçons, se perdent si facilement quand ils sont seuls.

Il y avait du monde, beaucoup de monde arrêté sur

la chaussée et sur le trottoir, à la hauteur du restaurant Bonnefoy, en face de la maison de *Monsieur* Simon, *modiste*, dont toutes les ouvrières garnissaient en ce moment les fenêtres de leurs jolies petites frimousses roses et blanches. La foule regardait et elles regardaient regarder la foule qui, de minute en minute, faisait boule de neige et menaçait d'obstruer le boulevard.

Que regardait la foule ? Un homme à cheval, arrêté comme elle. Nous n'aurions pas été Parisiens, mon oncle et moi, si nous ne nous étions pas arrêtés comme tout le monde ; seulement, mon oncle regardait les fenêtres *du* modiste, et moi je regardais l'homme à cheval.

— Qu'est-ce donc ? demandai-je en écarquillant les yeux d'une façon démesurée, ne comprenant pas beaucoup ce que signifiaient les mouvements du monsieur à cheval, qui avait l'air de saluer la foule qui, de son côté, avait l'air de lui jeter des sous à chaque salut.

J'ai vu depuis bien des messieurs à cheval saluant la foule, — sans compter M. Mélingue dans je ne sais plus quel rôle de je ne sais plus quelle pièce. Mais à aucun d'eux je n'ai vu la foule jeter des sous.

Celui-là se tenait campé sur un petit bidet aux crins roux, avec une crânerie d'hidalgo dessiné par Callot ; d'autant plus hidalgo, fierté à part, qu'il portait un manteau couleur de muraille, troué en quelques endroits, en d'autres rapiécé, et que le chapeau avec lequel il nous saluait était un feutre noir auquel il ne manquait qu'une plume pour être tout à fait espagnol. Je ne pouvais apercevoir ses jambes, mais elles eussent été chaussées de grandes bottes molles et armées d'éperons d'acier que cela ne m'eût pas étonné. Il était très-beau ainsi, et très-imposant pour moi, avec son poing sur sa hanche, sa moustache grise retroussée, et sa tête presque chauve. Les enfants sont très-grandes personnes : ils se laissent facilement imposer par les manières hautaines et par des allures dédaigneuses. Cet hidalgo du boulevard Montmartre me paraissait grand comme le monde, juché sur son petit bidet.

— Qu'est-ce donc, mon oncle? répétai-je.

L'attention de mon oncle était de plus en plus sollicitée par les grappes de jolies filles qui pendaient aux fenêtres du deuxième étage, et ma question restait toujours sans réponse. Cependant, en sentant les basques de son habit tiraillées avec obstination et ne voulant pas rentrer chez lui avec une veste, il se décida à se retourner vers moi, pour me faire lâcher prise, et il me répondit avec une sorte de mauvaise humeur — que j'aurais eue à sa place si j'avais été mon oncle au lieu d'être son neveu :

— Eh! c'est le mendiant à cheval! On ne voit que lui partout!...

Et, quoique mécontent d'avoir été arraché à son agréable contemplation, il daigna m'expliquer alors que ce cavalier était un pauvre diable à qui ses moyens interdisaient d'aller à pied, et qui demandait l'aumône comme un autre aurait demandé son chemin, avec la même politesse et la même certitude d'avoir une réponse satisfaisante — en billon ou en argent...

Ce mendiant d'un nouveau genre, avec son petit

bidet aux crins sauvages, au poil bourru comme celui d'un âne campagnard, me resta longtemps dans l'esprit et devant les yeux. Je m'enquis de lui, plus tard, auprès de gens qui devaient l'avoir rencontré comme moi : on se rappela l'avoir vu ainsi pendant un an, peut-être deux, toujours drapé dans son manteau « et dans son arrogance, » toujours saluant la foule amassée autour de lui et toujours recevant d'elle dans son feutre noir, avec la même majesté, des sous de toutes les couleurs et de toutes les grandeurs, — excepté les monnerons, les *demoiselles* et les monacos. *Il avait eu beaucoup de succès* auprès des Parisiens, gens aussi faciles à étonner que les enfants, qui avaient trouvé original, eux qui vont à pied, de faire l'aumône à un pauvre qui allait à cheval.

Il avait eu beaucoup de succès ! On s'était entretenu de lui çà et là, dans les parlottes parisiennes. On avait fait sa lithographie, Traviès ou Devéria. Il avait été célèbre — pendant un an ! N'est-ce pas à dégoûter de la célébrité !...

C'est égal, avouez que si Homère s'était avisé de mendier à cheval, il y eût gagné davantage, — et nous aussi, car à propos de n'importe quel poétaillon guenilleux, on ne citerait plus, comme on le fait, la misère épique de ce chantre supposé de l'*Iliade*.

Qu'est devenu le mendiant équestre du boulevard Montmartre ? Vous l'avez deviné : il est mort — rentier.

DAGUERRE.

Au commencement de l'année 1839, on s'entretenait beaucoup, dans les salons aussi bien que dans les ateliers d'artistes, d'une découverte étrange destinée à bouleverser l'art et les ménages, et à laquelle on n'osait pas encore donner d'autre nom que celui de — *diabolique.*

Un homme de science et de talent, à qui l'on devait les tableaux les plus pittoresques du *Diorama*, M. Daguerre, avait imaginé de demander sa collaboration au soleil pour la reproduction, instantanée, sur une plaque de métal sensibilisée, de la figure humaine, des paysages, des monuments, etc. On s'asseyait, on se tenait immobile durant une minute ou deux, le temps de dire *ouf;* et, en se levant, on avait devant soi, comme devant un miroir, un exemplaire de son propre visage. C'était effrayant !

Mieux encore : on passait sur le Pont-Neuf avec la femme d'un ami — établi en province — et, se croyant assuré d'être parfaitement perdu dans cette foule immense, on ne craignait pas de se pencher amoureusement sur sa voisine et de lui sourire ; puis, crac ! on se retrouvait dans la même posture, avec la même compagne, sur une plaque de métal révélatrice, qui pouvait devenir une cause de brouille entre vous et votre ami de province, et entre votre ami et sa femme, — votre maîtresse. C'était scandaleux !

Il est certain qu'au moyen âge, Daguerre eût été brûlé vif comme sorcier. Au dix-neuvième siècle, en plein scepticisme, on fut émerveillé, et on s'engoua de la découverte, — qui rapporta à son Christophe Colomb la croix de la Légion d'honneur et une pension de 6,000 francs. L'héliographie daguerrienne tombant aussitôt dans le domaine public, la France fut inondée de portraits hideux qui durent faire accoucher de terreur et avant terme beaucoup de femmes enceintes. Nous n'avions pas assez de mauvais goût : le daguerréotype le développa monstrueusement, et la preuve en est dans la laideur physique des jeunes gens nés à cette époque. Autrefois, chez les Grecs, ces amants de la forme et de la grâce, les femmes enceintes n'avaient devant les yeux, durant tout le temps de leur parturition, que des statues de dieux et de héros, toutes plus remarquables les unes que les autres : maintenant, elles n'avaient plus, pour s'inspirer, que des portraits de marchands de vins ou d'épiciers, odieux de laideur et de bêtise. « Vive Daguerre ! » s'écriait-on, enthousiasmé.

Daguerre, chimiste distingué, venait de commettre là un crime de lèse-beauté. Il en fut puni vite : on continua à s'engouer de sa découverte, dont il ne pouvait plus profiter puisqu'il en avait vendu le secret au gouvernement qui l'avait mis dans la circulation publique ; mais on oublia vite son nom. La daguerréotypie devint la photographie.

Heureusement, comme la lance d'Achille, le soleil

guérit les blessures qu'il fait. C'est lui qui reproduit les faces idiotes de nos contemporains : c'est lui aussi qui les efface.

MADEMOISELLE D'ANGEVILLE.

C'est là un nom fort connu, direz-vous, le nom d'une fort spirituelle et fort légère personne du dernier siècle : ce n'est pas par l'excès de sa vertu, comme la marquise de Pescaire, qu'elle a fait parler d'elle, celle-là !

Sans doute. Aussi n'est-ce pas de la belle d'Angeville, la maîtresse de — tant d'aimables hommes, que j'entends vous entretenir. Celle-là est morte et, depuis longtemps, en train de manger des fraises par la racine. Il s'agit d'une autre d'Angeville, belle aussi, mais vertueuse, qui occupa d'elle, vers la fin de l'année 1839, les salons et les cercles parisiens : une voyageuse célèbre, — dont on ne se souvient plus.

Jusqu'à elle, le Mont-Blanc avait paru inaccessible à tout le monde, même aux Anglais. On avait reculé avec effroi devant cette formidable ascension, qui coûtait, à ceux qui l'entreprenaient, plus cher que celle des frères Godard, puisqu'elle coûtait la vie. Les plus hardis ne s'étaient pas risqués au-delà des premiers échelons de cette fantastique échelle de 300 marches taillées dans la glace, où il fallait se colleter, non pas avec l'ange comme Jacob, mais avec le froid, comme un ours blanc. Mademoiselle d'Angeville, imagination aventureuse, qui était persuadée que les colonnes d'Hercule n'existent nulle part — que dans le dictionnaire de M. de Chompré — et que les obstacles, plus galants que les hommes, devaient s'abaisser devant les femmes, mademoiselle d'Angeville résolut d'escalader cette muraille de glace et d'y planter son mouchoir de poche en guise de drapeau.

La voilà donc partie, avec des guides piqués d'honneur. Elle monte, elle monte, elle monte ; puis la fatigue la prend, le froid la gagne, et elle comprend alors pourquoi on ne tente pas plus souvent cette ascension. Pour un peu, elle redescendrait, car elle n'est encore qu'au tiers de sa route, et c'est déjà très-beau, pour une femme, d'avoir fait cela. Mais quoi ! son entreprise a fait du bruit, de nombreux curieux la regardent de Chamouny, de nombreuses lunettes d'approche sont braquées sur elle pour épier son triomphe ou pour guetter sa chute. Elle allait s'endormir du dernier sommeil : elle se relève, se secoue, encourage ses guides, et monte, monte, monte toujours, traversant des précipices de deux cents pieds sur des ponts de glace de quelques pouces, escaladant les *dents*, les *aiguilles*, les *dômes*, les pics de toutes sortes, les yeux brûlés par l'implacable blancheur de la neige, l'esprit halluciné par mille visions douloureuses. Enfin, grâce à ses efforts surhumains, à son courage centuplé par l'orgueil, elle met le pied sur le dernier échelon de cet escalier de géants, elle arrive au sommet du « Caucase savoyard, » immaculé jusque-là, et elle y plante son drapeau qu'applaudissent d'en bas ceux-là mêmes qui avaient sifflé son entreprise comme folle.

Le bruit de cette miraculeuse ascension avait précédé l'arrivée à Paris de mademoiselle d'Angeville. Aussi devint-elle aisément, d'après le dire des journaux de cette époque, « le lion du monde fashionable et intelligent. » Les salons se la disputèrent, et on ne trouva pas d'hyperboles assez riches pour parler de son « héroïsme. »

J'admire comme il convient l'*héroïsme* de mademoiselle d'Angeville, et je ne trouve pas mauvais que le monde « fashionable et intelligent » se soit engoué, se soit entretenu d'elle avec enthousiasme pendant une semaine ou deux : mademoiselle d'Angeville, certes, valait mieux tout ce brouhaha fait autour de sa courageuse personne, que beaucoup de drôlesses et de drôles dont le même monde « fashionable et intelligent » s'était précédemment épris ; mais...

Mais je me permettrai de faire remarquer qu'il y a, pour les femmes vraiment courageuses, mille autres occasions meilleures de dépenser leur courage qu'une ascension du Mont-Blanc. On me permettra de croire plus vaillante la fille qui, par exemple, pauvre et belle, jeune et passionnée, résiste aux avances intéressées que lui fait le Vice sous le masque d'une vieille femme, au nom d'un vieil homme riche. La lutte, ici, est cent fois plus dramatique, plus poignante, plus grandiose, — parce que plus humble et plus obscure. Personne n'est là pour encourager cette enfant dans son héroïque résistance, ni père, ni mère, ni frère, ni tuteur, ni ami ; personne n'est là pour la relever affectueusement, chaque fois que, sur cette route plus froide que les glaciers du Mont-Blanc, elle tombe accablée de fatigue ou de désespoir ; personne, non plus, n'est là pour la regarder lutter contre les ennemis de sa vertu et pour applaudir à son triomphe, — lorsqu'elle triomphe, hélas !

Je ne veux pas accabler mademoiselle d'Angeville sous le poids des exemples : cela me serait trop facile. Et d'ailleurs, à quoi bon ? L'admiration que son audacieuse entreprise a causée est évanouie depuis longtemps : son *héroïsme* n'est pas de ceux que l'histoire enregistre et transmet d'âge en âge aux générations émerveillées. Les héros ne se sculptent pas dans la neige, mais dans le marbre.

L'ARMÉNIEN DE LA BIBLIOTHÈQUE IMPÉRIALE.

Il s'appelle Kasangian, porte la *batta*, les pantalons turcs, et une petite calotte de velours vert qui n'a rien d'arménien.

Voilà vingt-cinq ou trente ans qu'il traverse le boulevard pour se rendre à la Bibliothèque impériale où, sous prétexte de travailler à un grand Dictionnaire qui n'en est encore qu'à la lettre B, il fait chaque jour, de dix heures à quatre, son *kief* que protégent des barricades d'in-folios et que respectent les garçons de service et les conservateurs.

Lui aussi a été lion — pendant un jour ou deux. Des Parisiens avaient déjà vu Jean-Jacques Rousseau habillé en Arménien ; mais le costume de l'auteur des *Confessions* était moins étrange que celui de Kasangian, la figure de l'amant de madame de Warens moins singulière que celle de ce pauvre vieux savant dont Charles Monselet et Charles Yriarte ont raconté l'histoire burlesque — et mélancolique. Les Parisiens furent étonnés à l'aspect de cet homme en lévite, à cou nu, à calotte verte, à pantalons turcs, qui trottinait allègrement en ouvrant de temps en temps, en forme de sourire, une bouche énorme comme un four de campagne, et ils lui firent cortége à plusieurs reprises, le prenant pour une bête curieuse, — curieuses bêtes qu'ils sont. Puis, comme l'honnête Kasangian ne se livrait à aucune excentricité, et qu'il n'avait pas l'air d'ailleurs de s'effaroucher des regards gouailleurs de la foule, on le laissa tranquille, et les journaux cessèrent de parler de lui.

Il ne se doute guère, cet Arménien, qu'il a été lion de Paris pendant quarante-huit heures, et je suis sûr qu'il n'a pas vu son portrait, très-ressemblant, qui fait partie de l'intéressante galerie des *Célébrités de la rue*.

N. B. L'abbé Kasangian vient de mourir.

M. MULOT.

Vers 1832, Paris, cette ville si riche qui a l'air d'avoir tout ce qu'il lui faut, manquait cependant d'une chose précieuse, sans laquelle les marchands de vins ne sauraient faire leur fortune et les bourgeois leur barbe : Paris manquait d'eau — purement et simplement. Aussi, son Conseil municipal, effrayé, décida que trois puits artésiens seraient simultanément creusés, l'un au Gros-Caillou, l'autre au carrefour de Rueilly, le troisième à la Madeleine, et, dans son effroi, toujours prudent comme Harpagon, il ne vota que la misérable somme de 6,000 francs pour chacun de ces sondages.

6,000 francs! quand deux zéros de plus eussent été à peine suffisants! Cette inconcevable lésinerie eut pour effet de faire immédiatement avorter le projet, — et Paris, cette ville qui ne manque de rien, continua à manquer d'eau.

Mais l'un des ingénieurs chargés du forage de ces trois puits était un homme d'une rare énergie et d'un rare dévouement; au lieu d'abandonner son trou, il persista à vouloir le creuser : il s'appelait Mulot.

C'était un homme de rien que cet homme, un modeste serrurier de campagne qui avait, assez péniblement, amassé une petite fortune destinée à sa petite famille. Un jour, en se promenant aux environs d'Épinay, qu'il habitait alors, il avait été témoin des premières opérations de sondage du puits artésien qui se voit aujourd'hui dans le grand jardin des bains d'Enghien, et, comme cela l'avait vivement intéressé, il était revenu là chaque jour pour assister à l'enfantement laborieux de cette œuvre importante. *E anchio son pittore!* « Et moi aussi je suis sondeur ! » s'écria-t-il, parodiant le Corrége, sans le savoir. Et, pour se le prouver et le prouver aux autres, il entreprit sur-le-champ et exécuta avec un succès complet le second sondage de la contrée, à Epinay, chez la marquise de Groslier.

C'est ainsi qu'il était arrivé à être chargé, en même temps que MM. Flachat et Degousée, du creusement d'un puits artésien à Paris, à la Madeleine.

MM. Flachat et Degousée avaient renoncé, trouvant les 6,000 francs du Conseil municipal peu encourageants. Mais M. Mulot, je l'ai dit, avait le noble entêtement des grandes âmes, et il essaya de démontrer à M. Emmery, alors ingénieur en chef des eaux de Paris, que l'on devait descendre jusqu'au-dessous de la craie du terrain secondaire, si l'on voulait obtenir une source jaillissante de quelque abondance. M. Emmery, convaincu, essaya à son tour de convaincre le préfet de la Seine, qui s'appelait alors M. de Bondy. Le préfet s'adressa à M. Héricart de Thury, un savant spécial, qui conclut exactement comme le serrurier d'Épinay, à savoir, qu'on ne trouverait d'eau jaillissante dans le bassin géologique de Paris qu'entre 500 et 550 mètres. Le Conseil municipal, appelé de nouveau à voter des fonds pour une nouvelle expérience, éleva les modestes

6,000 premiers francs au chiffre plus respectable, mais encore insuffisant, de 100,000 francs pour un percement de 400 mètres : et, le 30 novembre 1833, dans un bassin existant au milieu de la cour de l'abattoir de Grenelle, le premier coup de sonde fut donné par M. Mulot, qui avait soumissionné et obtenu cette colossale entreprise, malgré l'insuffisance des fonds votés.

Paris se préoccupa du travail mystérieux et souterrain de l'abattoir de Grenelle, et, comme toujours, il s'en gaussa, surtout lorsqu'il vit que les mois succédaient aux semaines, et les années aux mois, sans apporter le moindre résultat.

M. Mulot eut le sort de tous les dénicheurs d'absolu, qui font buisson creux avant de mettre la main sur le merle blanc de leurs rêves : il fut bafoué, chansonné, ridiculisé. Les Parisiens, semblables en cela comme en toutes choses au commun des mortels, qui n'y voient pas plus loin que leur nez, ne comprenaient pas qu'on pût rester si longtemps à creuser « un méchant trou. »

> « Depuis sept ans l'on travaille
> A ce trou de l'abattoir,
> Jusqu'à présent sans pouvoir
> En retirer rien qui vaille;
> Car du sable et du caillou,
> Ce n'est jamais le Pérou. »

Ils ne savaient pas que, pour arriver à l'eau jaillissante, indispensable à leur consommation, la sonde de M. Mulot avait à traverser :

41 mètres de terrain tertiaire ou supercrétacé, formé

de terre d'alluvion, de sables, de lignites pyriteux, de marnes, d'argiles bleues, jaunes, etc.;

99 mètres de grande masse de craie blanche, alternant avec des bancs de silex pyromaques très-durs;

25 mètres de tuffeau, ou craie grise, sans silex, très-dure par places et très-difficile à percer;

341 mètres de craie bleuâtre à pyrites ferrugineuses, et de craie verdâtre argileuse;

Et, enfin, 42 mètres d'argile weldienne, de sable du Gault, d'argile sableuse avec corps organisés fossiles, tels que vénéricardes, ammonites, gryphées, dents de squales, etc., etc.

En tout, 548 mètres de profondeur, c'est-à-dire trois ou quatre fois la hauteur de Notre-Dame ! Aussi, je ne parle que pour mémoire des outils de toutes sortes brisés dans cette laborieuse opération : tarières, équarrissoirs, tarauds, trépans, bouchardes, alésoirs, pointes de diamants, et cinquante autres aussi difficiles à manier que coûteux à fabriquer. On ne traverse pas comme une motte de beurre 1,700 pieds de terrain pareil à celui qui forme l'écorce du globe.

Devant ces gigantesques efforts d'un homme obscur, entêté à son œuvre comme un poète à son livre, le public ricanait donc, — et il faut avouer qu'il y avait de quoi ! Une ville entière va manquer d'eau, et, pour lui en donner, cet homme obscur engloutit dans ce « méchant trou de l'abattoir » son patrimoine et celui de ses enfants, il risque sa fortune pour sauver ses concitoyens sur le point de mourir de la pépie, et ses concitoyens se moquent de lui, — histoire de le remercier à leur façon. Ah! nul ne pouvait soupçonner, en effet, les angoisses inouïes de cet honnête homme, puisqu'il cachait, sous une sérénité rassurante pour les autres, les doutes qui l'accablaient et les tourments qui lui rongeaient l'esprit. Songez ! aux obstacles naturels venaient se joindre des accidents impossibles à prévoir et qui suspendaient forcément le travail ; un jour, la cuillère de la sonde, surmontée d'une tige de 320 mètres, tombait au fond du puits, et tout était brisé, et il fallait neuf mois pour réparer le désastre ; un autre jour, un alésoir à lames tombait et s'enfonçait si profondément dans la craie compacte, qu'on mettait plusieurs mois pour faire un vide autour et le retirer. J'en passe, et des plus désespérants.

Heureusement, s'il y a un Dieu pour les ivrognes, il y en a un aussi pour les hommes de cœur : le 26 février 1841, malgré les rires des sceptiques et les quolibets des imbéciles, la sonde tomba tout à coup de quatre à cinq mètres, et le fils de M. Mulot, qui avait partagé les fatigues de son père et qui allait bientôt partager son triomphe, s'écria, avec un frémissement qui agita tout le monde : « Ou la sonde est cassée, ou l'eau va jaillir ! » La sonde cassée, pour la seconde fois, c'était la ruine ; l'eau jaillissante, c'était la gloire. On vit aussitôt sortir du puits une énorme colonne d'eau froide d'abord, chaude ensuite, qui donnait *quatre millions de litres* d'eau par 24 heures ! Le père et le fils s'embrassèrent, — et les rieurs cessèrent de rire.

Le nom de M. Mulot fut dans toutes les bouches, et l'on ne craignit pas de le traiter de grand homme —

maintenant qu'il avait réussi. Le souvenir de Moïse fut même évoqué à ce propos, et Moïse fut trouvé bien petit avec sa baguette, à côté de Mulot avec sa sonde. Pendant quelques mois la foule se pressa avidement aux portes de l'abattoir de Grenelle pour voir ce miraculeux jet d'eau qui venait d'une profondeur de 548 mètres, c'est-à-dire de 517 mètres au-dessous de la mer.

> « Les gazettes étaient pleines
> D'articles officieux.
> Les badauds, jeunes et vieux,
> S'abandonnaient par centaines
> Au spectacle bien nouveau
> De regarder couler l'eau.
>
> « Mais, ô chose singulière !
> Et pour Mulot quel bonheur !
> Il trouve la croix d'honneur
> A dix-sept cents pieds sous terre.
> Bien des gens n'ont pas besoin
> D'aller la chercher si loin. »

Oui, mais ils ne l'ont pas aussi bien gagnée que cet obscur serrurier d'Épinay, désormais célèbre !

Je voudrais que l'histoire de tous les lions de Paris ressemblât à celle-là.

MADAME LAFARGE.

Le vicomte de Launay, à la date du 27 septembre 1840, écrivait ce qui suit :

« La condamnation de madame Lafarge a produit ici un effet étourdissant. Le jour où la nouvelle est arrivée, le directeur du Vaudeville avait eu la présence d'esprit de défendre que l'on vendît dans la salle les journaux du soir : on a pu entendre et applaudir la pièce de M. Ancelot. Mais au théâtre du Palais-Royal, où l'on n'avait pas eu ce soin, la rentrée de mademoiselle Déjazet a été singulièrement troublée par les exclamations et les conversations du public ; mademoiselle Déjazet, si aimée, si adorée, pour la première fois de sa vie a joué devant un parterre distrait.

« Mais aussi comment lutter contre un semblable événement ? Nous venons de voir un arrivant de Tulle ; l'infortuné ! on ne lui laisse pas depuis son retour un seul moment de repos ; on l'accable de questions, on lui en fait tant à la fois qu'il est bien forcé d'être bref dans ses réponses. — Comment va madame Lafarge ? — Très-malade ! — Sérieusement ? — Sincèrement. — Est-elle jolie ? — De beaux yeux noirs expressifs. — Qui rappelle-t-elle ? — Mademoiselle Falcon, mais moins belle que mademoiselle Falcon, les traits moins réguliers. — Et ses portraits ? — Affreux, pas du tout ressemblants. — Emma Pouthier ? — Gentille, une voix charmante, la voix de mademoiselle Mars. — Et madame Lafarge, la mère? — Très-grasse, petits yeux, grosses joues, sourire gracieux. — Quel effet a produit le plaidoyer de Paillet? — Admirable! Oh! vous n'en pouvez juger; tous les sténographes pleuraient, ils en ont passé la moitié. — Y avait-il beaucoup de monde à Tulle? — Oui. — Beaucoup d'Anglais? — Pas un. — Est-il vrai qu'on ait acheté cinq cents flacons le jour de l'opération des chimistes? — Cinq cents flacons! on n'en a acheté que trois, il n'y avait que cela dans toute la ville; d'ailleurs la salle du tribunal ne contenait que deux cents personnes, cela ferait deux flacons et demi par personne : c'est beaucoup. — Mais le jugement... Mais le jury... Mais le pourvoi? — De grâce, permettez-moi d'aller dormir; j'ai voyagé sans m'arrêter nuit et jour; je n'en puis plus. — Encore un mot : M. de Chauvron est-il... — Ah! vous êtes sans pitié. Bonsoir. »

Voilà une héroïne bien intéressante, n'est-ce pas? Le vicomte de Launay n'exagérait rien, il ne disait même pas assez : madame Lafarge faisait encore plus de bruit que cela.

Qu'était donc cette madame Lafarge? Qu'avait-elle fait pour accaparer ainsi l'attention de Paris — et même de la France?

Ce qu'elle avait fait, beaucoup ne l'ont pas oublié; mais beaucoup aussi ne l'ont jamais su. C'est pour ces derniers que je vais parler.

M. Charles-Joseph Pouch Lafarge, propriétaire d'un haut-fourneau du Limousin, ayant perdu sa femme et voulant cesser d'être veuf, ramenait de Paris, vers le commencement de l'année 1839, une jeune fille à qui sa famille avait voulu faire un sort, — une Parisienne dans l'acception dangereuse du mot.

Marie Cappelle, habituée à la vie délicate, raffinée, exquise de la haute bourgeoisie, n'avait pas accepté avec grand empressement cet époux qui lui tombait du ciel — par l'intermédiaire d'une agence matrimoniale bien connue. Cet époux était jeune, il est vrai, mais il n'était pas beau, il était même laid, et ses allures un peu lourdes, un peu massives, ne rachetaient en rien les imperfections de son visage. Quant aux imperfections de son caractère, il n'avait pas encore eu le temps de les révéler à sa jeune épouse. Marie Cappelle ne l'avait pas accepté avec empressement, — mais elle l'avait accepté, vaincue par les raisonnements de sa famille et par les éloges hyperboliques que n'avait pas craint de se décerner lui-même à lui-même l'honnête industriel en quête d'une compagne. C'est bien triste de renoncer à ses rêves de pensionnaire auxquels est toujours mêlé un prince Charmant quelconque ! Mais c'est bien séduisant aussi d'être la femme d'un gros propriétaire à qui son haut-fourneau rapporte annuellement 35 ou 40,000 bonnes livres, et qui a en outre 200,000 fr. en biens-fonds à l'abri de toutes les éventualités et de toutes les spéculations !

M. Lafarge avait donc emmené sa jeune femme, l'élégante Parisienne, au fond du Limousin, dans le château du Glandier, — un pseudo-château. Marie Cappelle tomba de son haut à l'aspect de cette demeure indigne d'elle, elle regretta amèrement son cher Paris. M. Lafarge lui fit regretter plus amèrement encore les jeunes gens spirituels, bien élevés et tendres, avec lesquels elle s'était trouvée en relation. Quel château! quel mari!

Le désespoir de la jeune femme fut si grand que, le lendemain de son arrivée au Glandier, le 15 août 1839, elle écrivait à son mari la lettre que voici :

« Charles,

« Je viens vous demander pardon à genoux! Je vous ai indignement trompé ; je ne vous aime pas, j'en aime un autre. Mon Dieu! j'ai tant souffert! Laissez-moi mourir, vous que j'estime de tout mon cœur. Dites-moi : « Meurs, et je te pardonnerai, » et je n'existerai plus demain. Ma tête se brise. Viendrez-vous à mon aide? Écoutez-moi, par pitié, écoutez-moi. Il s'appelle Charles aussi ; il est beau, il est noble, il a été élevé près de moi ; nous nous sommes aimés depuis que nous pouvons nous aimer. Il y a un an, une autre femme m'enleva son cœur ; je crus que j'allais en mourir. Par dépit, je voulus me marier. Hélas! je vous vis, j'ignorais les mystères du mariage, j'avais tressailli de bonheur en serrant ta main. Malheureuse! je crus qu'un baiser sur le front seul te serait dû, que vous seriez bon comme un bon père. Comprenez-vous ce que j'ai souffert dans ces trois jours? Comprenez-vous que si vous ne me sauvez pas, il faut que je meure? Tenez, je vais vous avouer tout : Je vous estime de toute mon âme, je vous vénère ; mais les habitudes, l'éducation, ont mis entre nous une barrière immense. A la place de ces doux mots d'amour, de triviales douceurs; à la place de ces doux épanchements d'esprit, rien que les sens qui parlent en vous, qui se révoltent en moi. Et puis, il se repent; je l'ai vu à Orléans, vous dîniez; il était sur un balcon vis à vis du mien. Ici même, il est caché à Uzerches; mais je serai adultère malgré moi, malgré vous, si vous ne me sauvez pas. Charles, que j'offense si terriblement, arrachez-moi à vous et à lui. Ce soir, dites-moi que vous y consentez; ayez-moi deux chevaux, dites le chemin de Brives; je prendrai le courrier de Bordeaux, je m'embarquerai pour Smyrne. Je vous laisserai ma fortune; Dieu permettra qu'elle vous prospère, vous le méritez; moi, je vivrai du produit de mon travail ou de mes leçons. Je vous prie de ne laisser jamais soupçonner que j'existe; si vous le voulez, je jetterai mon manteau dans l'un de vos précipices, et tout sera fini; si vous voulez, je prendrai de l'arsenic, j'en ai : tout sera dit. Vous avez été si bon que je puis, en vous refusant mon affection, vous donner ma vie; mais recevoir vos caresses, jamais! Au nom de l'honneur de votre mère, ne me refusez pas. Au nom de Dieu, pardonnez-moi. J'attends votre réponse comme un criminel attend son arrêt. Oh! hélas! si je ne l'aimais pas plus que la vie, j'aurais pu vous aimer à force de vous estimer; comme cela, vos caresses me dégoûtent. Tuez-moi, je le mérite; et, cependant, j'espère en vous : faites passer un papier sous ma porte ce soir; sinon, demain, je serai morte. Ne vous occupez pas de moi; j'irai à pied jusqu'à Brives, s'il le faut. Restez ici à jamais. Votre mère si tendre, votre sœur si douce, tout cela m'accable; je me fais horreur à moi-même! Oh! soyez généreux. Sauvez-moi de me donner la mort!

« A qui me confier, si ce n'est à vous? M'adresserai-je à lui? Jamais! Je ne serai pas à vous, je ne serai pas à lui, je suis morte pour les affections. Soyez homme; vous ne m'aimez pas encore, pardonnez-moi. Des chevaux feraient découvrir nos traces, ayez-moi deux sales costumes de vos paysannes. Pardon! que Dieu vous récompense du mal que je vous fais!

« Je n'emporterai que quelques bijoux de mes amies, comme souvenir du reste de ce que j'ai; vous m'enverrez à Smyrne ce que vous daignez permettre que je conserve de votre main. Tout est à vous.

« Ne m'accusez pas de fausseté : depuis lundi, depuis l'heure où je sus que je serais autre chose qu'une sœur, que mes tantes m'apprirent ce que c'était que de se donner à un homme, je jurai de mourir; je pris du poison en trop petite dose; encore, à Orléans, je le vomis hier; le pistolet armé, c'est moi qui le gardai sur ma tempe pendant les cahots, et j'eus peur. Aujourd'hui, tout dépend de vous; je ne reculerai plus.

« Sauvez-moi, soyez le bon ange de la pauvre orpheline, ou bien tuez-la, ou dites-lui de se tuer. Écrivez-moi; car, sans votre parole d'honneur, et je crois en vous, sans elle écrite, je n'ouvrirai pas ma porte.

« MARIE. »

Vous imaginez-vous d'ici la figure que dut faire, en recevant cette étrange épistole, M. Lafarge, honnête bourgeois du Limousin, habitué à considérer la femme comme une femme et non comme un ange? Il dut faire la grimace et regretter son voyage à Paris. Il y eut une scène orageuse entre les deux époux, vous n'en doutez pas ; et, après la scène, réconciliation, grâce à l'intervention de la mère et de la sœur de M. Lafarge, de braves cœurs.

Marie Cappelle consentit à vaincre ses répugnances et à abdiquer ses rêves pour entrer dans l'alcôve conjugale... Elle acceptait son devoir, — quelques larmes qu'il dût lui coûter. Et puis, après tout, si M. Lafarge n'était pas précisément un prince Charmant, ce n'était pas non plus Barbe-Bleue ; il n'était pas beau, mais il était bon, il aimait sa femme : elle se résigna à l'aimer.

Tout en aimant sa femme, M. Lafarge songeait à utiliser la fortune qu'elle lui avait apportée si à propos ; car, s'il n'était pas aussi riche qu'il l'avait annoncé, elle était un peu moins pauvre qu'il ne l'avait cru, et cette dot de cent mille francs pouvait arranger bien des choses et parer à bien des embarras financiers. Quand deux époux s'estiment mutuellement, ils n'ont aucune raison de se refuser des marques d'estime : M. Lafarge fit un testament en faveur de sa femme ; madame Lafarge fit un testament en faveur de son mari.

Les choses en étaient là, lorsque, le 5 janvier 1840, M. Lafarge revint chez lui, à la suite d'un voyage à Paris, malade, empoisonné, sans savoir par qui ni comment. Sa femme lui avait envoyé des gâteaux faits par sa mère, et c'était un de ces gâteaux-là qui l'avait rendu malade. Son retour au Glandier n'avait pas amélioré son état, — si peu amélioré que, le 14 janvier, il rendait le dernier soupir.

On l'enterra. Mais aussitôt coururent des rumeurs sinistres et la justice intervint pour demander à la veuve compte sévère de la fin singulière de son mari, que l'on déterra et que l'on fit bouillir pour extraire de cette bouillie humaine quelques centièmes de milligrammes d'acide arsénieux. Marie Cappelle, arrêtée, fut accusée d'avoir empoisonné M. Lafarge avec de la mort-aux-rats.

Était-ce vrai? Était-ce faux? Les jurés de Tulle dirent *oui* en condamnant Marie Cappelle aux travaux forcés à perpétuité. Les Parisiens dirent *non* en se passionnant pour madame Lafarge et en en faisant une victime.

Qui eut raison, des Parisiens ou des jurés? Dieu seul le sait. Je n'ai pas à me prononcer là-dessus. Je veux seulement constater l'immense retentissement de cette tragédie domestique du Grandier. Ainsi qu'on l'a vu en commençant, madame Lafarge devint la préoccupation du jour. On négligea de s'intéresser aux choses intéressantes, — au *Traité de la quadruple alliance* d'où était exclue la France, une honte nationale, — au *Débarquement du prince Louis-Napoléon à Boulogne,* un danger pour les Tuileries, — à *l'Ordonnance relative aux fortifications de Paris*, une menace contre les Parisiens, — au *Bombardement de Beyrouth,* — à la *Déchéance de Méhémet-Ali,* — et à je ne sais plus quoi encore : madame Lafarge emplissait tous les esprits et passionnait tous les cœurs. On la plaignait, on l'admirait, on la canonisait martyre. C'était une fièvre d'enthousiasme à nulle autre pareille !

Le quinquina de l'indifférence coupa bientôt cette fièvre chaude, — aidé en cela par l'attentat de Darmès contre le roi Louis-Philippe et par l'arrivée des cendres du proscrit de Sainte-Hélène.

On oublia madame Lafarge, malgré ses *Mémoires* et ses *Heures de prison*, deux livres dans lesquels elle essaya de prouver son innocence et qui ne prouvèrent rien, — sinon qu'elle était une femme d'esprit et de style. Quand, le 1er juin 1852, Marie Cappelle fut graciée, personne ne s'en émut que ses amis, et quand, cinq mois après, elle mourut, personne ne la pleura que sa famille.

PONSARD.

Un soir du mois de mars 1843, Auguste Lireux qui, avant d'habiter Bougival et d'être homme de bourse, était homme de lettres et habitait le théâtre de l'Odéon, Auguste Lireux rêvait à la fenêtre de son cabinet de directeur, malgré le froid. Lireux était en ce moment-là un peu mélancolisé par le voisinage du désert où de braves artistes des deux sexes ne craignaient pas de débiter les solennelles tirades du répertoire classique, — vieil Eson dans les veines duquel il lui semblait grandement temps d'infuser un sang nouveau, pour l'honneur des lettres et la joie du caissier.

Auguste Lireux rêvait donc, songeant aux obstacles qu'apportait sans cesse à cette transfusion de sang jeune son comité de lecture, — qu'il appelait irrévérencieusement sa *bourriche*. Des clameurs soudaines et exorbitantes vinrent frapper son oreille et donner un autre tour à ses idées.

— « Vive *Lucrèce!* » criaient des voix enrouées par l'enthousiasme, — un enthousiasme panaché de punch à la romaine.

Ces voix et cet enthousiasme s'échappaient par bouffées ardentes du fumoir du café Tabourey, situé, comme on sait, au coin de la rue de Vaugirard et de la rue Molière. Avant que Lireux eût pu revenir de l'étonnement que lui causait cette intempestive gaieté, son cabinet directorial était envahi par deux hommes qui sortaient du café Tabourey. L'un, qu'il ne connaissait pas, s'appelait Charles Reynaud, l'autre, qu'il connaissait beaucoup, s'appelait Achille Ricourt, un original qui, de son avis, aurait été homme de lettres s'il n'eût été peintre, peintre s'il n'eût été journaliste, journaliste s'il n'eût été comédien, comédien s'il n'eût été compositeur et chanteur, — une sorte de maître Jacques artistique et littéraire, chargé de mener les autres à la célébrité et ne pouvant s'y conduire lui-même, aimant mieux être sur le siége que dans la voiture, — ce qui lui permettait de faire claquer son fouet.

— « Un chef-d'œuvre, Lireux, un chef-d'œuvre ! » criait Ricourt.

Lireux, qui flairait une déconvenue dans l'annonce de ce chef-d'œuvre, cherchait à gagner la porte sous un prétexte quelconque : Ricourt le rattrapa comme madame Putiphar, Joseph, — par un pan de son paletot, et lui dit, de cette voix qui sent le prophète :

— Frappe-moi, mais écoute-le !

Il désignait Charles Reynaud, un peu interdit de la présentation.

— Donnez-moi le manuscrit, je le lirai, dit Lireux en faisant un nouvel effort pour s'échapper.

— Le manuscrit? ricana l'enthousiaste Ricourt. Le manuscrit? Il est là ! ajouta-t-il en frappant, d'un geste noble, le front de son compagnon.

Lireux alla s'asseoir dans un fauteuil, — résigné.

— Parlez, monsieur, dit-il à Charles Reynaud en s'arrangeant de son mieux sur son siége pour y subir, en somnolant décemment, la pièce annoncée.

Charles Reynaud récita *Lucrèce*. A mesure qu'il avançait dans sa lecture, le visage de Lireux, tout à l'heure assombri par l'ennui, s'éclaircissait et s'épanouissait : de la surprise il passait à l'admiration.

— Mais c'est un chef-d'œuvre que vous avez fait là, jeune homme ! s'écria-t-il en sautant presque au cou du narrateur.

— Quand je te le disais ! exclama Ricourt, plus enthousiasmé que jamais.

— Monsieur, répondit Reynaud, heureux de ce succès comme s'il lui eût été personnel ; monsieur, la pièce que je viens d'avoir l'honneur de vous lire est d'un de mes amis d'enfance, François Ponsard, avocat à Vienne, en Dauphiné...

— Oui! oui! connu! connu! reprit Ricourt, voilà quinze jours qu'il me la fait, celle-là!... Excès de modestie! Il rougit d'avoir fait un chef-d'œuvre!... Il redoute la célébrité! C'est une vierge, ce n'est pas un poète... Ah! ça, voyons : quand jouons-nous *Lucrèce?*

— Demain!... Après-demain! aussitôt qu'elle sera sue des acteurs! répondit Lireux, qui avait besoin d'un succès quelconque pour galvaniser son théâtre, d'où que vînt ce succès, de Vienne ou de Paris, de Reynaud ou de Ponsard.

On s'embrassa là-dessus, et Ricourt redescendit *avec son auteur* au café Tabourey, où les attendait impatiemment une phalange de fanatiques.

— *Lucrèce* est reçue, mes enfants! cria-t-il sur le seuil, en faisant de grands gestes télégraphiques pour témoigner sa joie et consacrer le triomphe de son ami.

— Vive *Lucrèce!* exclamèrent les fanatiques.

Le lendemain et les jours suivants, grâce à Lireux d'un côté, et, de l'autre, à l'infatigable Ricourt, le bruit courait dans Paris qu'un nouveau Racine nous était né et qu'une nouvelle *Phèdre* allait voir le feu de la rampe. La nouvelle *Phèdre*, on savait qu'elle s'appelait *Lucrèce;* quant au nouveau Racine, on flottait entre Ponsard et Reynaud. Depuis *Hernani* on n'avait pas vu une pareille agitation autour d'une œuvre littéraire. Les romantiques tremblèrent!

Charles Reynaud, que l'amitié seule avait guidé, une amitié fraternelle, rare à toutes les époques, — Charles Reynaud s'était empressé d'écrire à son ami, l'avocat viennois, pour l'appeler sans délai à Paris. Pendant ce temps, la pièce était distribuée, madame Dorval apprenait le rôle de Lucrèce, Bocage celui de Brute, etc., etc.

Tout à coup, au moment même où l'auteur débarquait, plein d'émotion, dans la capitale de ses rêves, Lireux se rappelait qu'il avait reçu la pièce sans consulter sa *bourriche*, et il en convoquait immédiatement les membres — qui la refusaient à l'unanimité... Désespoir de Ricourt, de Reynaud et de l'avocat viennois! Mais Lireux, qui tenait son succès et ne voulait pas le lâcher, Lireux se remua tant et si bien, qu'une seconde lecture fut *ordonnée*. La bourriche s'exécuta, et, adorant ce qu'elle avait brûlé, elle reçut *Lucrèce* — à l'unanimité. Quelques jours après, le 22 avril 1843, — date à jamais mémorable! — avait lieu la première représentation du chef-d'œuvre tant prôné par les journaux et par les amis de l'auteur.

Ce fut un véritable succès. Les applaudissements retentirent, frénétiques, sous le lustre de l'Odéon qui n'avait pas assisté depuis longtemps à pareille fête. On se gourma même quelque peu à droite et à gauche, entre néo-classiques et néo-romantiques, entre Hugolâtres et Ponsardiens. Emile Augier se posa comme le tenant du nouveau poète et de sa poétique, et, avec lui, Latour de Saint-Ybars, Ducuing, Arthur Ponroy, Jules Barbier et le critique Dufaï, proclamèrent Ponsard chef de l'*École du Bon Sens*...

Pourquoi ce succès d'une pièce, estimable assurément, et « où la sévérité est discrètement mariée à l'élégance, » — comme devait dire plus tard l'éditeur Sartorius à propos de Prévost-Paradol, — mais dans laquelle on ne trouvait pas, même en cherchant bien, une originalité réelle? Pourquoi cette exaltation de *Lucrèce?*

Hélas! je n'en sais rien. Je n'en sais rien, mais je ne m'en étonne pas, — ayant pris de bonne heure la louable habitude de ne m'étonner de rien. *Lucrèce* a eu ses frères et sœurs dans le passé; on fit, en 1748, un plus chaud accueil encore au *Denys le Tyran*, de Marmontel, si j'en crois les correspondances et les mémoires du temps. On applaudit *Denys* avec fureur; on rappela à grands cris l'auteur, pâmé d'aise dans sa loge; on le força de paraître sur la scène à côté de mademoiselle Clairon, — honneur que jusque-là le public n'avait accordé qu'à Voltaire, à propos de *Mérope;* on lui jeta des couronnes en le proclamant le plus grand des auteurs tragiques, etc., etc. Qu'en conclure? Rien, — sinon que le public de 1843 valait celui de 1748. Cent années n'apportent pas de bien grandes modifications dans le goût littéraire d'une nation!

En attendant, *Lucrèce* fit son chemin — et son auteur aussi. On ne jura bientôt plus que par Ponsard, et l'engouement pour cet estimable poète fut tel, qu'*Agnès de Méranie* ne put parvenir à l'affaiblir.

Ponsard est toujours un de nos grands hommes les plus vivants.

LA REINE POMARÉ.

Les frères Mabille venaient de créer, au milieu des Champs-Élysées, un bal destiné à laisser loin derrière lui tous les *Ermitages* et toutes les *Chaumières* de Paris et de la banlieue. Louis-Philippe régnait, M. Guizot était ministre, l'amiral Dupetit-Thouars venait d'être désavoué, et Paris — qui ne se réjouit jamais si volontiers que lorsque la France a des occasions d'être triste, — Paris dansait : les jambes n'ont pas de patriotisme.

Donc, un soir du mois de mai 1844, une jeune femme aux allures cavalières apparut dans le jardin de l'Allée des Veuves, au milieu d'un quadrille qu'elle dérangea sans plus de façon en dansant la polka, alors dans toute sa nouveauté, et en la dansant avec un brio, une désinvolture, une grâce particulière. Immédiatement on fit cercle autour d'elle, on trépigna, on applaudit de la voix, des mains, des pieds, des chaises, de tout ce qui sert à prouver l'enthousiasme — et à faire du bruit,—et les étoiles du bal Mabille, *Mousqueton*, *Louise la Blonde*, *Carabine*, pâlirent comme des quinquets devant un phare : une rivale leur était née !

D'où venait-elle, cette inconnue qu'on acclamait ainsi? D'où viennent, au printemps, les vertes demoiselles qu'on voit courir sur les étangs? On ne savait, quoique l'on tînt beaucoup à savoir.

Sa mère était une portière
Qui l'avait eue, un soir d'été,
Entre deux brocs, à la barrière,
Avec un *cab* de la *Gaîté* ;

disaient les uns — et surtout les unes.

Sa mère était une princesse,
Et son père un prince — Charmant,
Partis sans laisser leur adresse,
Comme deux héros de roman ;

disaient les autres, — ceux qui n'exigent d'une femme d'autre passeport que de beaux yeux, de belles lèvres, de beaux cheveux, de belles épaules et de belles jambes.

La jeune inconnue avait tout cela, et elle connaissait à merveille la manière de s'en servir, puisqu'elle dansait la polka comme jamais, jusque-là, aucune femme ne l'avait dansée. Aussi fut-elle saluée reine et portée en triomphe comme telle. Entrée au bal Mabille, ce soir-là, sous le nom plébéien d'Élise Sergent, elle en sortit sous le nom de *Reine Pomaré*, qu'on lui donna par pure fantaisie, parce qu'on s'occupait à ce moment-là de Taïti. *Sic itur ad astra.*

Aussitôt reine, Lise se choisit un roi, et comme deux majestés — même d'occasion — ne peuvent pas plus se passer de courtisans qu'un rosier de pucerons, le roi et la reine Pomaré eurent leur cour composée des meilleurs danseurs et des meilleures danseuses de Mabille. Les danseurs, je ne les nommerai pas, la plupart étant aujourd'hui trop graves et trop connus. Les danseuses, je ne vois aucune raison de ne pas les nommer, la plupart, femmes légères emportées par le vent, étant aujourd'hui oubliées : c'était Louise Guipure, Pauline Fleury, Sophie la Bavarde, Clara Fontaine, la grande Salomé, la petite Lucile, et une douzaine d'autres illustrations chorégraphiques.

Mais ce n'était pas tout. Il y a eu un roi d'Yvetot, c'est-à-dire un homme assez peu ambitieux pour se trouver heureux d'avoir à régner sur une centaine de villageois doublés d'autant de villageoises : il n'y a jamais eu de reine d'Yvetot. Pomaré, peu satisfaite de sa royauté circonscrite entre les quatre bosquets du Jardin Mabille, aspira à l'étendre et à se faire admirer par ce qu'on est convenu d'appeler *tout Paris*. En conséquence, dès le lendemain de son triomphe, elle commença à se répandre partout, dans les cabarets où l'on soupe cher, sur les boulevards, aux avant-scènes des petits théâtres, au foyer de l'Opéra, dans tous les endroits enfin où elle pouvait se faire remarquer.

On la remarqua, en effet, et l'on parla d'elle en prose et en vers. Un journaliste, Charles de Boigne, que devait imiter plus tard un chroniqueur belge, Mané, à propos d'une autre ballerine, consacra un feuilleton du *Constitutionnel* à l'éloge de la reine Pomaré, non pas celle de la *Nouvelle Cythère*, mais celle de la Cythère nouvelle. Romieu lui consacra une chanson, Privat d'Anglemont un sonnet, Théodore de Banville un dithyrambe, et, les petits journaux embouchant à leur tour leur petit turlututu de fer-blanc, la réputation de mademoiselle Lise devint européenne. Les boyards s'en émurent au fond de la Russie, les hospodars au fond de la Valachie, les vizirs au fond de la Turquie, les nababs au fond de l'Inde, les lords au fond de l'Angleterre, et, pour la troisième fois, les Étrangers envahirent la France,—heureuse cette fois d'être envahie, à cause des roubles, des sequins, des souverains, des roupies et autres napoléons de tous formats qu'elle récolta.

Pendant quelques mois, à Paris, on ne s'entretint que de la Reine Pomaré, née Lise Sergent. Le moindre de ses faits et gestes, soigneusement épié, fut soigneusement consigné dans les petits journaux et dans les petites brochures, qui lui promirent une immortalité sur laquelle ils comptaient bien aussi pour eux-mêmes, ignorant que les petites dames, comme les petits livres, ont leur destinée — qui est d'être oubliées. Et puis, il semble que le public rougisse par moments de ses engouements, et qu'il aime à se venger sur ses jouets de l'admiration puérile qu'ils lui ont causée: la Reine Pomaré, ayant eu la fâcheuse inspiration de monter sur les planches du théâtre du Palais-Royal pour y danser la polka, dans je ne sais plus quel vaudeville, fut abominablement sifflée. Ce fut le commencement de sa fin. Après avoir brillé avec éclat pendant quelques minutes sur le ciel parisien, cette pauvre fusée amoureuse alla s'éteindre dans l'obscurité la plus profonde et dans la misère la plus poignante, sur un grabat de la rue d'Amsterdam, le 8 décembre 1846, à l'âge de 21 ans !

LA DAME AUX CAMELLIAS.

C'était en l'année... — ma foi! cherchez, ami lecteur, — le soir de la première représentation des *Pommes de terre malades*, une très-amusante folie du Palais-Royal. La salle était pleine ; les musiciens étaient à leurs pupitres, les journalistes dans leurs stalles : la toile se leva lentement, avec ce froufrou que vous connaissez comme moi et qui cause toujours à l'auteur un involontaire tressaillement d'âme.

Vers la scène III du Ier acte, au moment où Sainville (*Sa Majesté Pomme de Terre Ier*) entre comme une trombe en disant à *Topinambour* (Leménil) stupéfait : — « C'est affreux ! c'est épouvantable ! c'est hideux ! — Calmez-vous. — Que je me calme quand je suis poursuivi par un fantôme, un farfadet, un cauchemar !... — Eh ! quoi, sire, une funeste apparition... — Elle ne m'a pas quitté de la nuit... *Lisez l'Epoque ! Lisez l'Epoque ! Lisez l'Epoque !...* » — en ce moment entra dans une loge d'avant-scène, à la porte de laquelle venaient de la déposer deux laquais galonnés des pieds à la tête, une femme — ou plutôt l'ombre d'une femme, quelque chose de diaphane et de blanc, chair et vêtements.

Quelle était cette ombre que signalaient à l'attention générale une pâleur de phthisique et un gros bouquet de camellias blancs ? C'était « une de ces femmes savantes à tirer bon parti de la vie, à mettre à l'encan leur jeunesse, à porter dans un sillon lumineux les tissus de Sidon, l'or de l'Inde, la myrrhe de l'Oronte, et l'odorant cinnamome d'Arabie » ; mais, ajoute Jules Janin, « sa faiblesse même et sa pâleur lui donnaient on ne sait quel honnête reflet de chasteté difficile à rencontrer dans ce monde licencieux des aventures compromettantes; elle était un contraste ; on se rappelait en la voyant un mot de Platon à Glycère : *Ma pauvre Hélène !* De très-honnêtes gens lui donnaient le bras et l'accompagnaient, la tête haute, sans être obligés de *se couvrir des sentences d'Aristippe.* »

Cette courtisane distinguée qui faisait ce soir-là retourner toutes les têtes, et qui, avant ce soir-là, avait fait tourner tant de têtes, c'était la belle Marie Duplessis, qui prétendait descendre du *Pape des Huguenots,* — et qui descendait tout simplement d'une honnête famille de paysans normands. Elle était venue à Paris en souillon, jupon crotté et jambes sales ; puis elle s'était décrassée peu à peu dans des bains d'or, dans beaucoup de bains et dans beaucoup d'or. Elle aimait l'or, cette fille du fumier ; tout, chez elle, était en or, — même le traditionnel vase de porcelaine ; et, pour fabriquer tout cet or, il fallait beaucoup de batteurs. Aussi j'imagine que, plus d'une fois, dans son boudoir illustré de pampines de Boucher, de terres-cuites lascives de Clodion et de nudités de Klindstadt, on dut entendre entre elle et quelque amant *vidé* ce dialogue adorable et cruel que Lucien met sur les lèvres de Myrtalé et de Dorion :
« Dorion. Tu me chasses, Myrtalé, maintenant que j'ai

mangé mon bien avec toi ; mais lorsque j'étais riche, j'étais ton tout et ton favori. Depuis que ce marchand de Bithynie est venu, l'on me ferme la porte et l'on ne me considère plus. — Myrtalé. O les grands présents que tu m'as faits ! Veux-tu que nous comptions tout ce que tu m'as donné? Premièrement des escarpins de Sicyone, qui valent environ deux drachmes, ce qui te valut deux nuits ; puis une boîte de parfums lorsque tu revins de Syrie. Que veux-tu que nous mettions pour cela? — Dorion. Elle coûtait, par mes grands dieux, autant que les escarpins. — Myrtalé. Mais lorsque tu partis, je te donnai aussi une petite casaque de forçat qu'un espalier de galère avait laissée chez moi. — Dorion. Il est vrai, mais il la reprit en Samos, après m'avoir bien frotté, croyant que je la lui avais dérobée. Outre cela, je t'ai rapporté des oignons de Chypre, avec un cabas de figues et un fromage de Gythie ; sans parler de huit pains de navire que je t'ai donnés et des pantoufles de Patare, ingrate ! — Myrtalé. Tout cela ne vaut pas plus de cinq drachmes. — Dorion. C'est toujours beaucoup pour un pauvre homme comme moi, qui en ma vie n'ai donné à ma propre mère la valeur de la tête d'un oignon. Après, j'ai mis pour toi une drachme d'argent aux pieds de Vénus, au jour de sa fête ; et j'en ai donné deux autres à ta mère pour avoir des souliers, et, de temps en temps, quelques drachmes à ta servante. Tout cela ensemble fait la fortune d'un matelot. — Myrtalé. Quoi ! tes oignons et tes figues ! — Dorion. Je ne serais pas matelot si j'étais encore riche. Mais je voudrais bien savoir ce que ton usurier t'a donné? — Myrtalé. Premièrement la jupe et le collier que tu vois. — Dorion. Ah! je t'ai vu le collier, ne ments point. — Myrtalé. Celui que tu m'as vu était plus petit et n'avait point d'émeraudes. Il m'a donné aussi des pendants d'oreilles, avec un tapis, et m'a payé la location de ma maison. Ce ne sont pas là des bagatelles comme toi. — Dorion. Mais tu ne dis pas que c'est un vieux pelé tout jaune et qui n'a plus de dents, quoiqu'il veuille faire le beau; mais cela lui sied comme à un âne de chanter. Les Dieux te conservent un si beau galant et te fassent la grâce d'avoir de sa graine! Pour moi je trouverai une fille de ma condition qui m'aimera. Tout le monde ne peut pas donner des pendants d'oreilles et des colliers de pierreries. — Myrtalé. Ah! que celle qui te possédera sera heureuse quand tu lui rapporteras tes beaux présents! Adieu mes pantoufles de Patare, mes oignons de Chypre et mes escarpins de Sicyone!... »

Marie Duplessis avait eu quelques Dorion et beaucoup de marchands de Bithynie. Son « vieux pelé tout jaune » actuel était un diplomate russe, le comte de S***, un des rédacteurs du traité du 7 juillet 1807, — date qui ne le rajeunissait pas.

Une légende planait sur leur liaison ébauchée à Ems, ou dans je ne sais plus quelle ville d'eaux. Le vieux comte, en rencontrant Marie Duplessis, avait été frappé de la ressemblance *fatale* qu'il y avait entre elle et une fille adorée, morte phthisique : même pâleur de cire vierge, mêmes yeux noirs agrandis et alanguis par le mal, même sourire, même taille, mêmes mains, mêmes pieds. C'était à croire que sa fille n'était pas morte ou qu'elle était ressuscitée. Le dedans seul différait un peu — probablement; car, jamais, je pense, la fille du comte de S..., quoique fille de diplomate, n'aurait érigé le mensonge en principe, sous prétexte qu'il blanchit les dents !

Donc, rencontrant sur son chemin cette jeune femme qui ressemblait tant à sa jeune fille, le vieillard s'était épris d'elle — paternellement : « Montrez-vous digne d'être ma fille, lui avait-il dit, et je me montrerai digne d'être votre père. C'est un rôle à jouer qui ne vous coûtera pas beaucoup, car je suis vieux, très-vieux, trop vieux, et... après ma mort, vous ferez ce que vous voudrez, étant mon unique héritière. »

Malheureusement, le père devait survivre une seconde fois à sa fille : le 20 décembre 1845, jour de la première représentation des *Pommes de terre malades*, Marie Duplessis allait pour la dernière fois au théâtre, pour la dernière fois se donnait en spectacle, elle et ses camellias blancs, — auxquels elle substituait, trois ou quatre jours par mois, des camellias rouges. Les deux laquais galonnés qui l'avaient apportée dans leurs bras de sa voiture à sa loge, la rapportèrent de même de sa loge à sa voiture au moment où les acteurs entamaient le vaudeville final sur l'air de la *Tirelire*...

Marie Duplessis se mourait, Marie Duplessis était morte. Son pseudo-père, absent de Paris, fut prévenu de l'état désespéré de sa pseudo-fille : il accourut pour la voir *passer*. Il paraît que cette fille de paysanne était idéale alors comme une fille de duchesse, dans son lit blanc de dentelles et de camellias : on en serait devenu plus amoureux encore que lorsqu'elle vivait. Elle avait été beaucoup aimée des hommes, mais elle l'était davantage des dieux, puisqu'elle mourait jeune.

Le cadavre de cette éphémère beauté enlevé, son pseudo-père parti, on ouvrit à deux battants les fenêtres de son appartement, donnant sur le boulevard de la Madeleine, afin que le jour pût y entrer à flots et éclairer les merveilleuses fanfreluches artistiques qui y étaient entassées et qu'on allait vendre. On allait vendre tout ce qui avait appartenu à Marie Duplessis ! « On fit chez elle, dit Jules Janin, avant la vente une exposition publique ; la ville entière s'y rendit comme en pèlerinage, et l'on entendit les plus grandes dames et les plus habiles coquettes de Paris s'étonner de l'art et de la recherche de ses moindres instruments de toilette ! Son peigne à peigner ses beaux cheveux, une duchesse le paya très-cher. On a vendu des gants qui lui avaient servi, tant sa main était belle ! On a vendu des bottines qu'elle avait portées, et les honnêtes femmes ont lutté entre elles à qui mettrait ce soulier de Cendrillon. Tout s'est vendu, même un vieux châle qui l'enveloppait mourante... un linceul ! Tertullien appelait le temple de Vénus *Arx omnium turpitudinum*, la citadelle de tous les vices... »

Ah ! j'allais oublier, — et toute cette foule goulue de curiosité me le rappelle : deux hommes seuls furent assez courageux pour suivre jusqu'au cimetière, à travers Paris, le cercueil de cette chère prostituée. Ceux qui ont vécu du bruit meurent toujours dans le silence,

— la leçon des reines de la rue bien plus que celle des rois des Tuileries.

P. S. — Ai-je besoin d'ajouter que la Marie Duplessis de la vie réelle est la Marguerite Gauthier du roman qui a assis la jeune renommée d'Alexandre Dumas fils, comme la *Vie de Bohême* celle d'Henry Murger?

Sans sa rencontre avec les Buveurs d'eau, ces francs-maçons de la gaie misère, Murger n'eût jamais songé à écrire son premier roman, et, s'il n'eût pas écrit son premier roman, qui sait s'il eût pu écrire les autres!

Sans l'histoire de Marie Duplessis, Dumas fils n'eût jamais songé à écrire sa *Dame aux Camélias*, et, s'il n'eût pas écrit sa *Dame aux Camélias*, peut-être le succès, la gloire même — car il a eu la gloire, de son vivant, — la gloire et l'argent eussent-ils mis moins d'empressement à venir frapper à sa porte.

O mystères de la destinée littéraire!

LES IOWAYS.

La Civilisation diffère trop de la Sauvagerie pour que celle-ci ne tente pas la curiosité de celle-là toutes les fois qu'elle se produit dans les livres ou dans les rues. Nous ne sommes pas fâchés de savoir comment nous serions si des siècles policés n'avaient enlevé la poussière de barbarie que nous avions sur le corps et sur l'esprit; nous ne sommes pas fâchés non plus de savoir comment nous serons quand d'autres siècles, — peut-être moins nombreux que ceux qui nous ont précédés, — nous auront rendus à l'état primitif d'où nous sommes sortis.

De là le succès européen des romans de Fenimore Cooper, puis de Gabriel Ferry, puis du capitaine Mayne Reid, puis, finalement, de Gustave Aimard et d'Emile Chevalier. De là aussi l'empressement que mirent les Parisiens de 1845 à envahir au mois d'avril la salle Valentino, rue Saint-Honoré, pour y *admirer* les douze Indiens Ioways présentés là par M. Catlin, voyageur.

Les Parisiens de 1827 avaient eu déjà les Osages, ceux de 1833 les Charruas; mais, quoique bon teint, ni Osages, ni Charruas ne valaient les Ioways, les plus beaux Indiens qui eussent jamais paru en Europe.

Ces douze sauvages venaient des plaines du Haut-Missouri, près des Montagnes-Rocheuses (Amérique du Nord). Il avait fallu la croix et la bannière pour les décider à quitter leur sol natal, leurs amis de la tribu et leurs ennemis des tribus voisines. Leurs cornacs, sir G. H. C. Melody, esquire, et sir Jeffrey Doraway, leur interprète favori, aidés de M. Catlin, avaient eu toutes les peines du monde à déraciner ces plantes sauvages et à les *empoter*. Voir d'autres cieux que le ciel dont leurs yeux avaient pris la douce habitude, c'était tentant pour ces grands enfants curieux; mais ces cieux étrangers étaient loin, à deux mille lieues de la patrie, et qui pouvait dire s'ils reviendraient jamais, s'ils reverraient jamais leurs grands lacs bleus, leurs grandes forêts vierges, leurs vertes prairies où bondissaient les buffles ? Et puis, le Manitou, qu'allait-il penser de ce départ ? N'allait-il pas s'offenser de tant d'audace et retirer aux voyageurs les grands territoires de chasse qui les attendaient au-delà du tombeau ? Les dieux des Blancs ne sont pas les dieux des Rouges, et notre paradis ne les tentait pas aussi fortement que le leur.

Enfin ils se décidèrent, les pauvres diables, alléchés par je ne sais quelles promesses ; et, pour que le crève-cœur du départ fût moins rude, pour qu'ils emportassent avec eux l'illusion de la patrie qu'ils allaient quitter pour un si long temps, on plaça dans leurs bagages quatre de leurs wigwams et une garde-robe complète composée des costumes particuliers à la tribu et brodés avec le plus grand soin, de manière à pouvoir établir au centre du monde civilisé, à plus de deux mille lieues du sol natal, un village indien complet. Leurs squaws les accompagnaient, cela va sans dire.

Ils partirent, et ils arrivèrent, étonnés d'une si longue traversée, plus étonnés encore — et même un peu mélancolisés — des spectacles que leur avait offerts la civilisation, depuis le Havre jusqu'à Paris. Ah ! les Normands ne ressemblent guère à des hommes, il faut en convenir, — et les Normandes encore moins à des femmes...

Aussitôt arrivés à Paris, le premier soin de MM. Melody, Doraway et Catlin, en cornacs bien élevés, avait été de conduire leur troupe aux Tuileries, où l'un des

Ioways, le *Petit-Loup*, — qui avait beaucoup de pawnies sur la conscience,— enterra solennellement le tomahawk de guerre entre les mains du roi Louis-Philippe.

Du moment que le tomahawk était enterré, les Parisiens n'avaient plus rien à craindre de ces terribles *Peaux-Rouges* dont ils connaissaient les exploits cannibalesques, et, n'ayant plus rien à craindre, ils se précipitèrent en foule dans la salle Valentino, où campait la petite tribu.

Elle se composait de douze personnes, dont voici les noms, surnoms et qualités :

Mew-hu-she-kaw ou le *Nuage blanc*, premier chef de la nation ioway, âgé de trente-deux ans. Il avait cinq pieds et demi, et on le reconnaissait facilement, au milieu de ses guerriers, à sa magnifique coiffure de plumes d'aigle, à son collier de griffes d'ours et à la peau de loup blanc qui couvrait ses épaules. Air majestueux, profil romain, regard plein de douceur, un peu embarrassé par suite d'une taie qui couvrait l'un de ses yeux.

Neu-mon-ya, ou la *Pluie qui marche*, chef de guerre, âgé de 56 ans, et haut de six pieds, — un géant ! Quoique venant hiérarchiquement après le *Nuage blanc*, il était en quelque sorte plus estimé de sa nation que lui, parce que plus guerrier, — si guerrier, qu'il avait voulu apporter avec lui une quinzaine de chevelures enlevées sur des têtes d'ennemis à la pointe du scalp.

Se-non-ty-yah ou les *Pieds ampoulés*, grand médecin et obi, âgé de 60 ans et haut de cinq pieds six pouces, — une assez belle taille.

Ces trois Ioways étaient les trois chefs de la tribu.

Après eux venaient les guerriers et les braves : *Wask-ka-mon-ya,* ou le *Grand-Marcheur ; Shon-ta-yi-ga,* ou le *Petit-Loup ; Wa-tan-ye,* ou *Celui qui va toujours en avant ; Wa-ta-we-bu-ka-na,* ou le *Général commandant,* fils de la *Pluie qui marche.*

Après les guerriers venaient les squaws, au nombre de quatre, dont trois mariées :

Ruton-ye-we-ma, ou le *Pigeon qui se rengorge,* femme du *Nuage blanc,* et la plus jolie des quatre ; — *Ruton-we-me,* ou le *Pigeon qui vole ; Oke-we-me,* ou *l'Ours femelle qui marche sur le dos d'une autre ; Koon-za-ya-me,* ou *l'Aigle femelle de guerre qui plane.*

Enfin, la douzième personne était une toute petite personne de deux ans et demi, mademoiselle *Ta-pa-ta-me,* ou *Sagesse,* fille du *Nuage blanc* et du *Pigeon qui se rengorge.*

J'ai dit le costume du grand chef : je le complète en disant que tous les Ioways avaient la tête rasée, à l'exception du sommet où se voyait la *touffe du scalp,* à laquelle était attachée une superbe crête faite de poils de la queue du daim ou du cheval et teinte en rouge. Du centre de cette crête, en forme de casque grec, s'élançait la plume d'aigle de guerre. La partie rasée de la tête était couverte d'une couche épaisse de vermillon. Les ornements de leurs costumes les plus en faveur étaient les colliers de griffes d'ours (pour le grand chef), les chevelures humaines cousues en différentes parties de leur équipement, les plumes d'aigle de guerre, les peaux d'hermine, les médailles, les wampum (coquillages enfilés, leur unique monnaie), et je ne sais plus quoi encore de sauvage, de bizarre — et de charmant. Les femmes portaient des habits de peaux de daim et d'élan, curieusement et soigneusement en jolivées et ornées de dessins faits avec des dards de porc-épic et des graines de leur pays; comme colliers, elles avaient des wampum, des dents d'élan, etc.

Les Parisiens n'en avaient jamais tant vu à la fois, et ils écarquillaient les yeux pour mieux voir encore. Quelques-uns, plus indiscrets, ne craignaient pas de s'approcher et de toucher aux vêtements de ces braves Ioways, qui se laissaient faire avec une bénévolence affligeante, et qui souriaient même lorsqu'on maniait leur touffe du scalp. Mais ils faisaient reculer les plus hardis lorsqu'après avoir poussé un rauquement précurseur de l'orage, ils entamaient une de leurs danses favorites, la *danse du Mocassin* ou la *danse du Scalp; la danse du Scalp*, surtout, était terrible, et je crois qu'il ne s'en serait pas fallu de beaucoup qu'oubliant où ils étaient et ce qu'ils étaient venus faire en Europe, ils ne se précipitassent sur les spectateurs et n'en scalpassent un quarteron ou deux. Il y a danger à réveiller le tigre qui dort sous une peau de mouton. Heureusement, quelques instants après, la *danse du Scalp* cessait et la *danse de l'Ours* commençait, à la grande joie du public qui se vengeait alors de ses précédentes terreurs, en riant ironiquement des poses grotesques que prenaient les guerriers ioways pour exécuter ce chahut sauvage.

Combien de temps dura l'exhibition indienne de la salle. Valentino? je l'ignore, ayant oublié de m'en informer.

Je sais seulement que *tout Paris* y courut et que madame Sand consacra à ces douze sauvages un article éloquent, — qu'ils ne purent malheureusement pas lire. L'un d'eux mourut, un autre fut malade, — malgré *Se-non-ty-yah*. Ils devinrent tristes, le mal du pays les prit : il fallut plier les wigwams et partir.

Qui se souvient d'eux aujourd'hui ? que reste-t-il de leur passage ? Pauvre *Nuage blanc !* Pauvre *Pigeon qui se rengorge !* S'ils n'avaient pas eu la mauvaise idée de quitter leurs forêts natales, peut-être leur chère petite *papoose* ne les eût-elle pas quittés pour aller dans le pays des âmes ! Le grand Manitou les avait punis : on ne doit jamais abandonner sa patrie, — parce que c'est la terre des pères et que cela doit être aussi la terre des enfants.

Pauvre chère petite *Ta-pa-ta-me !*

MADEMOISELLE VANDERMERSH.

Vous avez lu dans un roman de George Sand, *Teverino* je crois, l'histoire de cette jeune fille sauvage qui se faisait suivre et obéir par un petit peuple d'oiseaux, et qui marchait ainsi dans un nuage ailé ? Vous avez lu cela, et vous n'y avez pas cru, sceptiques que vous êtes.

Pourtant, en février 1850, il vous eût été facile de vous convaincre, *de visu*, que la jeune fille aux oiseaux n'était pas une pure imagination de madame Sand, puisqu'elle existait, en chair et en os, à Paris, et qu'elle s'appelait mademoiselle Vandermersh.

Une belle et chaste jeune fille, mademoiselle Vandermersh ! Elle n'avait pas à son service, comme l'héroïne de George Sand, une population de moineaux; sa troupe d'artistes emplumés se composait tout simplement de quatre sujets, — les meilleurs sujets du monde : un pinson, un chardonneret, un malgache, un verdier. Mais ce verdier, ce malgache, ce chardonneret et ce pinson valaient une troupe d'opéra, un Institut, une école des Beaux-Arts, — à eux quatre. Tous quatre chantaient merveilleusement, d'abord, et sans prétexter de laryngite pour ne pas chanter, et sans exiger d'appointements fabuleux pour se faire entendre. Mais ce n'était pas tout, quoique ce fût déjà beaucoup : ces quatre petits musiciens avaient encore d'autres talents de société.

Le malgache était poète ; il tournait un madrigal aussi galamment que l'abbé de Bernis, et s'il n'en avait fait qu'un dans toute sa vie au lieu d'en faire un tous les jours, il serait devenu aussi célèbre et aussi académicien que M. de Saint-Aulaire dont tous les titres à l'Académie et à la célébrité tiennent dans ces quatre vers :

> La divinité qui s'amuse
> A me demander mon secret,
> Si j'étais Apollon, ne serait pas ma muse :
> Elle serait Thétys, — et le jour finirait.

Le pinson, non moins ingénieux que le malgache, construisait très-habilement un alphabet, depuis l'alpha jusqu'à l'oméga, sans se tromper, sans intervertir l'ordre des lettres, — qu'il attrapait au vol et qu'il classait lui-même, sans qu'on lui soufflât son rôle.

Le verdier, non moins ingénieux que le pinson, avait la spécialité des fleurs, qu'il désignait par leurs noms, comme eût fait Jean-Jacques, et comme lui, il avait le même battement d'ailes et de cœur en apercevant une pervenche. Et par leurs noms, je n'entends pas leurs noms grecs ou latins, mais leurs noms français, — sachant très-bien qu'il n'avait pas affaire à un public de savants, mais bien à un public de dames. Il se fût bien gardé d'appeler la bruyère *erica*, l'orpin *sedum*, la glycine *wisteria sinensis*, la giroflée *cheirantus*, la pâquerette *bellis*, le souci *calendula*, le glayeul *gladiolus*, le safran *crocus*, etc., etc.

Enfin, le chardonneret peignait le portrait aussi bien que M. Dubuffe, et même que M. Hippolyte Flandrin, — sans avoir été à Rome, et sans avoir pris des leçons de M. Ingres, de Montauban.

N'était-ce pas merveilleux ? et n'y avait-il pas là de quoi battre des mains ? La nature avait excellemment doué ces quatre artistes emplumés, et l'éducation avait fait le reste. En applaudissant les exercices surprenants du malgache, du verdier, du chardonneret et du pinson, on applaudissait aussi la patience et l'intelligence de mademoiselle Vandermersh, leur institutrice.

Mademoiselle Vandermersh n'était pas, comme M. Joseph-Joachim Da Gama Machado, conseiller de légation, gentilhomme de la maison royale de S. M. très-fidèle le roi de Portugal, commandeur de l'ordre du Christ, membre de l'Académie des sciences de Lisbonne et d'un grand nombre de sociétés savantes, mais, comme lui, elle aimait les oiseaux et leur reconnaissait des aptitudes capables de faire rougir bien des hommes — et bien des femmes. Comme l'original Portugais du quai Voltaire, elle les avait instruits de façon à émerveiller le public parisien. On parla d'elle en parlant d'eux, et elle recueillit des éloges — qui ne durent pas beaucoup l'enrichir. Après qu'il eut été de mode d'aller admirer les jolis pensionnaires emplumés de mademoiselle Vandermersh, il fut de mode aussi de les laisser chanter dans le désert : le monde parisien a de ces revirements.

Et puis, peut-être que ces quatre artistes microscopiques humiliaient leurs visiteurs et leurs visiteuses. A Paris, on admire volontiers les imbéciles ; quant aux supériorités, on les fuit comme la peste : c'est d'un mauvais exemple.

Où sont ces jolis petits oiseaux et leur charmante institutrice ?

« Mais où sont les neiges d'antan ! »

LE PRINCE COLIBRI.

Il venait après le général Tom Pouce et après l'amiral Trump, et n'était pas plus prince que le premier n'était général et le second amiral ; mais ces créatures-là, dont la taille est au-dessous du niveau ordinaire, ne sont pas assujetties au respect des lois qui nous régissent ; et lorsqu'on condamne un homme pour port illégal du ruban de la Légion d'honneur et de titres de noblesse, on absout volontiers un nain pour le même délit. Crime au-delà de cinq pieds, peccadille en deçà : le mot de Pascal est toujours vrai.

Ainsi donc, cet *homunculus* que son cornac exhibait, moyennant finance, au mois de mars 1850, dans les salons mauresques de l'hôtel des Princes — où, rapprochement singulier, était mort, cent ans auparavant, le prince d'Hénin, — et, au mois de juin de la même année, sur le théâtre des Variétés ; cet *homunculus*, né d'une cuisse plébéienne, comme la plupart de ces petits monstres, se faisait appeler prince, et ne craignait pas de parader, sur son poney, dans le costume impérial, redingote grise et petit chapeau, avec le grand cordon de la Légion d'honneur.

La foule encombrait les salons de l'hôtel des Princes et la salle du théâtre des Variétés, et elle applaudissait ce prince Colibri comme elle avait applaudi le général Tom Pouce et l'amiral Trump. Cela grandit de voir des nains! cela enorgueillit de voir des humbles! cela vous embellit de voir des monstres!

Et il était véritablement hideux, cet *homuncio!* Il avait beau s'évertuer dans sa défroque impériale ; il avait beau se livrer à toutes sortes d'exercices admirables, comme de danser le menuet, de tirer l'épée, de causer en plusieurs langues, de jouer aux échecs, de fumer un cigare, de chanter des airs groënlandais ; il avait beau faire tout cela, il n'en n'était pas moins laid, avec sa figure rabougrie et ratatinée comme une pomme malade. Les femmes enceintes qui avaient l'imprudence d'aller le visiter, subissaient sa fâcheuse influence, et j'ai rencontré depuis des marmots qui, quoiqu'un peu plus grands que ce prince des nains, avaient la même physionomie de vieille pomme, — à croire que ce libertin avait eu avec leurs mères des conversations criminelles.

Cependant, comme c'était le troisième monstre du même sexe et de la même famille qu'ils voyaient là, les Parisiens de 1850 ne tardèrent pas à témoigner quelque froideur à monseigneur Colibri, qui dut quitter le théâtre des Variétés comme il avait quitté l'hôtel des Princes. Il alla rejoindre dans l'oubli les vieilles lunes et les vieux dadas du public, — principalement les dadas de sa taille et de son espèce, le général Tom Pouce et l'amiral Trump dans le présent, et dans le passé, Bébé, le nain de Stanislas, Johannot, le nain du grand Crécy, Corneille, le nain de Charles-Quint, et Jeffry Hudson, le nain de je ne sais plus qui, que Davenant célébra en vers et Walter Scott en prose.

Il y a des jours où je regrette de n'avoir pas vingt-huit pouces de hauteur, comme le prince Colibri : on parlerait de moi pendant deux mois. Deux mois de renommée ! le beau rêve pour un homme de lettres !

M. CARLIER.

A quel titre cet ex-préfet de police figure-t-il dans cette galerie, — où figurerait bien plus justement M. Gisquet avec ses fameux fusils ? A-t-il donc fait assez de bruit pour mériter sa place ici ?

Hélas ! oui. En 1848, en février et en mars, on avait planté des *mais* partout, en signe d'espérance et de souvenir. M. Thiers lui-même, assistant à la plantation d'un de ces arbres sur la place Saint-Georges, devant son hôtel, s'était permis cette équivoque patriotique, justifiée par le latin : « *Peuple*, tu grandiras ! »

Les *peuples* plantés à cette époque avaient en effet grandi, et on pouvait croire qu'ils grandiraient encore, à la grande joie des enfants, des amoureux et des vieillards, — qui aiment les arbres, les premiers à cause des moineaux francs qui s'y nichent, les seconds à cause de leur feuillage poétique, les derniers à cause de leur ombre protectrice. Mais, un beau matin, le préfet de police, obsédé probablement par la signification révolutionnaire de ces pauvres peupliers, en ordonna brutalement la destruction.

Le premier peuplier avait été planté le 26 février : le premier peuplier fut *scié* le 5 février 1850, — deux ans après.

L'émotion des Parisiens fut grande, et leur irritation aussi, car cette expédition policière dura quelques jours, et elle n'eut pas même pour elle le courage de certaines expéditions politiques. Elle se fit sous des prétextes puérils et s'accomplit sournoisement — comme rougissant d'elle-même.

Les arbres de la liberté coupés, déracinés, sciés, et changés en bûches, les bourgeois respirèrent et votèrent des actions de grâces à M. Carlier, qui avait fait ainsi les arbres à leur image. Pendant huit jours, le nom de M. Carlier fut dans toutes les bouches, — j'allais écrire dans toutes les bûches ! Le repos de la cité était désormais assuré.

Pauvres peupliers ! Chers arbres verdoyants que nous espérions tous voir grandir, non comme emblèmes séditieux, mais seulement comme végétaux agréables à l'œil ! Vous proscrire et vous mutiler, sous prétexte de sécurité publique, était aussi bête que de proscrire les violettes, sous prétexte de bonapartisme.

Les hommes, êtres pourvus de raison, — paraît-il, — comme les limaçons de cornes, pour se conduire, me font l'effet d'abominables fous qui, lorsqu'ils sont las de se faire du mal entre eux, cherchent à en faire au reste de la création.

Oui, fous — et bêtes. Oui, bêtes — et fous.

THOMAS COUTURE.

On s'étonnera de voir ce nom de peintre dans cette alerie de célébrités parisiennes — et de n'y pas voir d'autres noms plus fameux, tels que ceux d'Eugène Delacroix, de Barye, de Millet, de Préault, de Corot et de quelques autres véritables artistes.

J'ai ma réponse : je ne fais pas ici la biographie des gens illustres en art, en littérature, en science, en industrie, mais celle des gens qui se sont illustrés, pendant un jour, ou seulement pendant une heure, par quelque excentricité de bon ou de mauvais goût, par quelque fantaisie de haute ou de basse graisse, par quelque farce de bon ou mauvais aloi, — et c'est le cas de M. Thomas Couture.

Je ne sais pas si M. Thomas Couture aura son nom buriné dans l'histoire, mais je sais qu'il a eu son nom imprimé dans les petits journaux, — et ce n'est pas précisément de la gloire que distribuent les petits journaux.

Au commencement de l'année 1857, on ne s'abordait, dans les ateliers, dans les cafés, dans les parlottes artistiques et littéraires, qu'en se demandant, avant le traditionnel « comment vous portez-vous ? »

— Avez-vous lu la lettre de Couture ?...

—Parbleu ! si je l'ai lue ! Et vous?

—Un chef-d'œuvre.

Et pourquoi faisait-elle l'objet des conversations du Paris artiste et littérateur, toutes autres conversations cessantes?

C'était une lettre adressée au *Figaro,* dans laquelle M. Thomas Couture éprouvait le besoin de faire savoir à la France étonnée qu'il était LE SEUL ARTISTE SÉRIEUX de l'époque.

Vous en doutez? Alors je vous condamne à lire ce chef-d'œuvre épistolaire, —qui eut plus de succès, et d'un autre genre, que n'en avaient eu le *Fauconnier* et les *Romains de la Décadence.*

« Jeudi, 28 janvier 1857.

« Monsieur de Villemessant,

« Si j'ai réclamé avec vivacité sur un passage de votre spirituel journal, c'est que ce n'est seulement pas moi seul qui l'ai vu; tous mes amis et élèves me l'ont signalé. Sans doute, je ne suis pas le seul artiste dont le nom commence par un C, mais, à moins qu'on ait voulu désigner M. Court, ce dont je doute, de qui donc aurait-on voulu parler? Certes, ce passage est malveillant, mais du moment que *Figaro* déclare qu'il n'a pas voulu parler de moi, j'aurais mauvaise grâce à insister ; *Figaro* aurait dû ne mettre aucune initiale ou avoir le courage de ses opinions, même en peinture.

« Je suis le seul artiste à qui on ait demandé officiellement le portrait en pied de M. de Lamartine, et le seul capable de le bien faire, et s'il n'est pas encore fait, cela tient à des causes que je n'ai pas à décliner ici. J'ai l'amour-propre de me croire le seul artiste véritablement sérieux de notre époque (vous voyez que j'ai le courage de mes opinions), et c'est aussi l'avis de l'Empereur, qui vient de me commander le plus beau travail de ce temps-ci, la décoration de l'immense salle des États-Généraux du nouveau Louvre, que j'attaquerai aussitôt que j'aurai terminé le *Baptême du Prince Impérial*, également commandé par l'Empereur.

« Permettez-moi de terminer par un conseil, car au fond je l'aime, votre satané journal : vous faites trop de personnalités. Déjà deux de vos meilleurs jouteurs se sont retirés de la lutte que vous avez engagée avec l'actualité militante ; on use vite les hommes à ce métier. J'approuve fort le choix que vous avez fait d'une femme d'esprit pour les remplacer ; à ce jeu une femme vaut deux hommes, — que dis-je ! elle en vaut bien davantage !... Les inimitiés qu'elle peut soulever s'apaisent vite, le soufflet d'une jolie femme ne déshonore pas, et l'on serait plutôt tenté de l'embrasser pour se venger.

« Mais d'autres voies sont ouvertes à *Figaro*, il y a mille aperçus nouveaux à tenter à notre époque ; un peu de Juvénal, de Machiavel, de La Bruyère, etc., accommodés au goût du jour, paraîtrait du renouveau ; du reste, vous avez de l'initiative, de l'expérience et de l'esprit : avec cela et quelques réformes heureuses, vous fonderez une feuille qui durera ; mais soyez prudent, car quelques erreurs pourraient vous briser et ce serait dommage.

« Recevez, je vous prie, toutes mes salutations.

« TH. COUTURE. »

Ainsi, c'était convenu, la France, qui jusque-là avait eu la bonhomie de croire que Delacroix était un artiste sérieux, Ingres un artiste sérieux, Daubigny un artiste sérieux, Millet un artiste sérieux, Corot un artiste sérieux, — la France s'était « fourré le doigt dans l'œil » : Delacroix était un farceur, Daubigny un autre farceur, Corot un autre farceur, Ingres (un sénateur!) un autre farceur, Millet un autre farceur. Après la stupéfaction que lui causait une pareille révélation, la France se mit à rire du révélateur; on chansonna M. Thomas Couture, on le siffla, on le persiffla, — et il dut regretter d'avoir abandonné les brosses pour la plume, car on lui prouvait trop qu'il maniait celle-ci avec moins d'habileté que celles-là.

Je retrouve dans les *Odes funambulesques*, de Théodore de Banville, une *occidentale* qui enregistre ce *fiasco* du peintre des *Romains de la Décadence:* je me garderais bien de laisser échapper cette magnifique occasion que j'ai de la citer.

« NOMMONS COUTURE!

« Puisque, hormis Couture,
 Les professeurs
Qui font de la peinture
 Sont des farceurs ;

« Puisque ce dogmatiste
 Mystérieux
Reste le seul artiste
 Bien sérieux ;

« Puisque seuls les gens pingres
 Ont le dessein
D'admirer encore Ingres
 Et son dessin ;

« Puisque tout ce qui cause
 Dit que la croix
Fut offerte sans cause
 A Delacroix ;

« Puisque toute la Souabe
 Sait que Decamps
N'a jamais vu d'Arabe
 Ni peint de camps ;

« Puisque, même au Bosphore,
 Chacun saura
Que Fromentin ignore
 Le Sahara ;

« Puisque sous les étoiles
 L'univers n'est
Pas encombré des toiles
 Que fait Vernet ;

« Puisque l'homme féroce
  Nommé Troyon
Ne connaît ni la brosse
  Ni le crayon ;

« Puisque dans nul ouvrage,
  Rosa Bonheur
Ne rend le labourage
  Avec bonheur ;

« Puisqu'on doit, sans alarme,
  Croiser le fer
Contre tous ceux que charme
  Ary Scheffer ;

« Puisqu'en vain les Osages
  Ont, par lazzi,
Loué les paysages
  De Palizzi ;

« Puisque, sans argutie,
  On peut nier
L'exacte minutie
  De Meissonnier ;

« Puisqu'à moins qu'on soit ivre
  De très-bon vin,
On ne saurait pas vivre
  Près d'un Bonvin ;

« Puisque l'on ne réserve
  Ni Daumier, ni
L'étincelante verve
  De Gavarni ;

« Puisqu'il faut les astuces
  D'un Esclavon

Pour célébrer les Russes
   D'Adolphe Yvon ;

« Foin des gens qui travaillent
   Pour nous berner !
Que tous les peintres aillent
   Se promener !

« Puisque seul il s'excepte
   Avec grand sens,
Ah ! que Couture accepte
   Tout notre encens !

« Que lui seul soit Apelle !
   Que Camoëns
Ressuscité, l'appelle
   Aussi Rubens !

« Qu'il parle à ses apôtres !
   En Iroquois ?
On ira dire aux autres
   De rester cois !

« Pose ton manteau sombre
   Sur ce qu'ils font ;
Couvre-les de ton ombre,
   Oubli profond !

« Et poursuis comme Oreste,
   Fatalité,
Ce chœur dont rien ne reste,
   Couture ôté ! »

Heureusement, malgré ce qu'on en a prétendu, le ridicule ne tue point, en France : M. Thomas Couture serait mort depuis le 28 janvier 1857 ; ce qui, assurément, serait fâcheux — pour lui.

HENRI DE PÈNE.

Henri de Pène, plus connu sous le pseudonyme latin trop modeste de *Nemo*, — qui était aussi celui d'Ulysse, en grec, — rédigeait en 1858 au *Figaro*. Il venait du *Nord*, après avoir passé par la *Chronique de France*, et succédait là, dans l'emploi de ténor léger, c'est-à-dire de chroniqueur, à Edmond About, qui avait succédé à René de Rovigo, qui avait succédé à beaucoup d'autres et à qui beaucoup d'autres devaient succéder.

La qualité-mère d'Henri de Pène est la distinction; il n'écrit ni avec négligence, ni avec emportement, de peur de recevoir le reproche d'homme mal élevé : il aime mieux se passer d'originalité que de savoir-vivre, et je le crois plus fier de sa réputation d'homme du monde que de celle de journaliste. Il y a de quoi.

Aussi fut-on étonné, à Paris, vers le commencement du mois de mai 1858, lorsqu'on apprit que des sous-lieutenants, trop susceptibles peut-être, l'accusaient de les avoir insultés, non pas personnellement, mais en corps, — ce qui était la même chose, — en leur reprochant, dans un de ses *courriers* du *Figaro*, de n'être pas des Brummels. *Inde iræ!* De là aussi une avalanche de lettres provocatrices auxquelles Nemo répondit d'abord avec la plume, puis avec l'épée : un seul article, fort anodin, lui valait une douzaine de duels dont le premier devait être funeste.

Le vendredi 14 mai, vers trois heures du soir, Henri de Pène, assisté de MM. René de Rovigo et Peyra, ses témoins, se rencontrait dans le bois du Vésinet avec M. Courtiel, officier au 9ᵉ régiment de chasseurs en garnison à Amiens, assisté lui-même de deux autres officiers, dont l'un était M. Hyenne. L'arme choisie était l'épée. A la première reprise, l'adversaire de Nemo était atteint d'une manière assez grave à l'avant-bras, et le combat cessait tout naturellement, lorsque M. Hyenne de témoin voulut devenir adversaire, sans désemparer, quoique cela fût tout à fait contraire aux lois ordinaires qui régissent le duel. MM. René de Rovigo et Peyra s'opposant à ce qu'il en fût ainsi, ce jour-là du moins, une provocation directe de M. Hyenne rendit le combat immédiat inévitable, et au bout de quelques instants, Nemo tombait, mortellement blessé par l'épée de son adversaire improvisé.

Quand la nouvelle de cet événement fut arrivée à Paris, elle y causa une émotion générale. M. de Pène était très-estimé, et le dénouement brutal du drame dans lequel il avait été forcé de jouer le même rôle deux fois ajoutait encore à l'intérêt qu'on lui témoignait. On le plaignait, et on s'indignait, car on ne connaissait que l'issue du double combat, et on ignorait encore que la première parole du blessé au commissaire de police, la seule qu'il eût pu prononcer malgré d'atroces souffrances, avait été celle-ci : « Le combat a été loyal. » De nombreux visiteurs, appartenant au monde des lettres, au monde des arts et au monde du monde, vinrent s'inscrire sur un registre *ad hoc* déposé au bureau du *Fi-*

garo; beaucoup aussi accoururent au Pecq, chez Malfilâtre, aubergiste, où les témoins d'Henri de Pène, aidés d'ouvriers terrassiers de la forêt, l'avaient transporté après saignée faite sur place par le docteur Guérin qui avait assisté à la double rencontre.

L'état du blessé était des plus alarmants ; de l'avis des médecins, les docteurs Le Piez et Laplanche réunis au docteur Guérin, il était blessé à mort et ne pouvait être sauvé que par un miracle. Le miracle se fit, à la grande joie de tout le monde, — des adversaires du blessé comme de ses amis et confrères ; car, dès le soir même de l'événement; MM. Comminges et Grangier, officiers aux guides, qui devaient se rencontrer le lendemain à quatre heures avec M. de Pène, avaient écrit aux témoins de celui-ci « qu'en présence du malheur qui venait d'arriver ils déclaraient se retirer, et qu'ils faisaient des vœux pour que l'événement n'eût pas de suites fâcheuses. » Après quelques mois de soins vigilants, Nemo était rendu à la vie, à sa femme, à ses amis et à ses lecteurs, — sans se douter que, pendant tout ce temps-là, passé par lui chez Malfilâtre (1), au pont du Pecq, il avait été le sujet de toutes les conversations à Paris.

Il avait été lion — malade.

---

(1) Bizarre destinée des noms : Malfilâtre *restaurateur !* Peut-être un parent de celui à propos duquel un poëte a fait ce vers :

« La faim mit au tombeau Malfilâtre ignoré ! »

LÉOTARD.

Dans les premiers jours du joli mois de mai de l'année 1860, le Cirque de l'Impératrice faisait sa réouverture, et un jeune clown ses débuts.

Ce clown, ce gymnaste *enfonçait* tous les clowns passés et tous les gymnastes présents. Il faisait sur le trapèze des tours de force et d'adresse inconnus jusqu'à lui. Il s'élançait à travers l'espace comme un homme qui va décrocher les étoiles et retombait sur ses mains avec la grâce du chat sur ses pattes. C'était vertigineux et miraculeux — pour les braves gens qui n'avaient pas assisté aux exercices du gymnase Amoros ou du gymnase Triat. La foule applaudissait en frémissant et frémissait en applaudissant. « Vive Léotard! » criait-elle enivrée.

Ce clown s'appelait Léotard.

Les journalistes, qui subissent parfois les opinions de la foule au lieu de lui imposer les leurs, les journalistes firent un très-élogieux compte-rendu de cette séance de réouverture du Cirque et par conséquent de l'artiste débutant, qui avait eu ce soir-là, dans cette salle-là, l'ébouriffant succès que devait y avoir, quatre ans plus tard, presque jour pour jour, l'*écuyer quadrumane*.

Le nom de Léotard fit son tour de Paris. Les dames, surtout, se portèrent avec empressement au Cirque de l'Impératrice, enchantées de voir un homme jeune, bien fait, vigoureux et adroit comme peu d'hommes le sont

— malheureusement ; elles revinrent chez elles enthousiasmées, et la réputation du gymnaste s'en accrut. Les maris et les amants s'émurent de cette rivalité, et ils n'eurent pas assez de termes méprisants — *acrobate, histrion, funambule, saltimbanque* — pour démolir, dans le cœur de leurs femmes et de leurs maîtresses, l'image sans cesse grandissante du « beau Léotard ; » mais plus ils le méprisaient et plus elles raffolaient de lui. — « Vous avez Rigolboche, messieurs, disaient-elles ; nous avons Léotard. Nous vous avons passé votre baladine, passez-nous notre baladin !... »

C'était un engouement scandaleux. Les petits journaux, qui s'occupent beaucoup des petites dames, racontèrent cinquante histoires plus ou moins véridiques, plus ou moins amusantes, plus ou moins morales, dans lesquelles le clown à la mode jouait un rôle — herculéen. Mais, comme tous les engouements excessifs, celui dont Léotard était l'objet tomba bientôt — par la faute même de Léotard, grisé par le succès et devenu ambitieux. Quand on a eu l'honneur de jouer à huis clos un rôle flatteur, on oublie volontiers la sujétion désagréable de celui qu'on est appelé à jouer devant deux mille personnes ; on se croyait homme, et le directeur vous rappelle que vous êtes clown. C'est dur !

Après une moisson de myrtes et de lauriers, satisfaisante pour une vanité humaine ordinaire, « le beau Léotard » disparut de l'affiche et de Paris, pour aller à l'étranger cueillir de nouvelles couronnes et faire de nouvelles victimes. Il était à peine débarqué à Londres que déjà Paris ne se souvenait plus de lui.

Il est revenu il y a quelques mois, sans que son retour ait causé la moindre émotion et fait naître la moindre curiosité : le public parisien avait d'autres joujoux.

P. S. L'ai-je lu ou rêvé? en faisant ses exercices, l'autre soir, Léotard se serait cassé la jambe. Un gymnaste qui se casse la jambe, c'est un chanteur qui perd sa voix, c'est une courtisane qui perd sa beauté, c'est un journaliste qui perd son esprit!

RIGOLBOCHE.

Je croyais bien, j'espérais bien n'avoir plus jamais à parler de cette dame qui a tant fait parler d'elle de l'été de 1859 à l'hiver de 1860. Une fois déjà, dans mes *Cythères parisiennes*, à propos de la salle Markowski, je lui ai, historien résigné, consacré les trois ou quatre pages qui lui revenaient de droit comme à l'illustration principale de ce petit temple badin ; une fois, c'était assez — et peut-être trop. Et me voilà de nouveau forcé d'en parler!

Allons! exécutons-nous gaiement. C'est un pensum qui a son charme, après tout, puisqu'il s'agit de constater de nouveau le badaudisme parisien. Autrefois j'étais assez nigaud pour m'attrister de la bêtise humaine, de l'empressement des foules vers les idoles de boue, de leur indifférence pour les vaillants esprits, et de leur mépris pour les nobles caractères; je m'en attristais et j'en pleurais, me rongeant les poings de rage, comme si les destinées de l'Humanité m'importaient, à moi, vermisseau! Aujourd'hui, je ris — et large!

Donc, durant l'été de 1859, « tout Paris » courait chaque soir au petit théâtre des Délassements-Comiques — ou plutôt des *Délass Com*, pour parler l'argot spécial des gandins et des cocottes, habitués ordinaires de cette « bonbonnière » aux bonbons vert-de-grisés. Pourquoi « tout Paris » courait-il s'entasser, en été, dans cette « bonbonnière ? » Pour y voir danser une petite femme blonde, destinée très-vite à l'embonpoint — et même à l'obésité. Cette petite femme blonde n'était pas belle, mais elle avait des yeux bridés qui n'annonçaient pas la mélancolie de l'âme, et une bouche qui distribuait en un rien de temps plus de sourires qu'il n'en faut pour rendre heureuse une salle composée de garçons jeunes et vieux. Et puis, pourquoi aurait-elle été belle? Je sais bien que cela ne gâte jamais rien, la beauté; mais la beauté toute seule, c'est du pain tout sec : il faut des confitures dessus, — et les confitures de la beauté, c'est la coquetterie chez la femme honnête, c'est le dévergondage chez la drôlesse. Rigolboche n'était pas belle, mais elle dansait comme un ange — en rupture d'Eden. Elle avait une élégance! une témérité! une souplesse de reins d'un risqué! des effets de bras d'une extravagance! des effets... oh! des effets de jambes surtout! des effets de jambes incendiaires à en faire voir trente-six chandelles à la Morale. Une Fanny Essler canaille, quoi !

C'est avec ces effets de jambes que Rigolboche — ou Marguerite-la-Huguenote, car les deux ne font qu'une, — avait conquis son lopin de célébrité. Du théâtre des Délass Com elle alla à la salle Markowski et au Casino-Cadet où ses effets de jambes obtinrent plus de succès encore, quoique cela fût bien difficile. On la porta en triomphe, on la couvrit de fleurs, on la nomma reine du *chic*; on la photographia dans toutes les poses et dans tous les costumes, — je dis tous ! — et, finalement, on écrivit ses *Mémoires*.

Voyez-vous, une femme qui publie ses *Mémoires*, — généralement fabriqués par des hommes qui ne lui demandent même pas de renseignements biographiques, — est une femme que la Postérité est tenue de bien accueillir, avec une certaine déférence même. Toutes les femmes n'écrivent pas leurs *Mémoires*, — heureusement !

Ceux de mademoiselle Rigolboche, dite Marguerite-la-Huguenote, ont été fabriqués par deux auteurs habitués au succès et qui, pour cette raison, ont désiré garder l'anonyme : MM. Ernest Blum et Louis Huart. Peut-être même y avait-il un peu de Flan là-dedans.

Sept années ont passé sur ces choses. Sept années, sept lustres ! que dis-je ? sept siècles ! Rigolboche n'est pas morte, mais elle est considérablement engraissée, au préjudice de sa réputation, considérablement amaigrie, — si amaigrie même, que parler de Rigolboche aujourd'hui à un gandin, ce serait lui parler de Clara

Fontaine, qui florissait vers 1844 : « Rigolboche? dirait-il. Ah! oui, une ancienne d'autrefois! »

Une ancienne! autrefois! Comme certains mots, bien innocents du reste, ont le don de vous vieillir les gens! Au bout de sept ans, une honnête femme de vingt ans serait encore une très-jeune femme; mais au bout de sept ans une aimable coureuse de bals est fatiguée, éreintée, fourbue. Bonsoir, la compagnie! La vieillesse commence de bonne heure pour les filles qui se sont servies trop tôt de leur jeunesse. Loi fatale et juste.

JULES NORIAC.

Pour juger sainement d'un écrivain il ne faudrait jamais le connaître : l'homme fait souvent tort à ses œuvres — et quelquefois aussi aide à les faire accepter. Comment voulez-vous que je reconnaisse du génie à celui-ci, que j'ai vu tout petit et qui mettait toujours ses doigts dans son nez? Comment voulez-vous que je ne reconnaisse pas du talent à celui-là dont la physionomie est si charmante et le caractère si loyal? Voilà le double inconvénient, le double écueil — où vient se briser l'impartialité.

A ceux qui jugent ainsi d'après leurs sympathies ou leurs antipathies il ne reste qu'une ressource pour être crus : c'est d'attendre que le public ratifie leur jugement défavorable ou favorable et que la bonne foi générale donne raison à leur mauvaise foi particulière.

Je serais embarrassé de parler de Jules Noriac si d'autres n'en avaient parlé avant moi ; j'hésiterais peut-être — je dis peut-être — à avouer l'estime que j'ai pour son talent d'écrivain, si le public ne s'était déjà, et depuis longtemps, trouvé de mon avis. Si mon admiration fait fausse route à son sujet, du moins c'est en bonne et nombreuse compagnie.

Je suis donc fort à mon aise pour parler de lui à plume déboutonnée.

En 1857 Jules Noriac n'était encore connu que de ses confrères, le public n'avait pas encore appris son nom. Il vint un matin dans les bureaux du *Rabelais*, que je rédigeais en chef, demander le nom d'un échotier qui, à l'abri d'un faux nez comme nous en portions tous alors, avait médit un peu trop lourdement d'un de ses amis. Cet ami est mort, l'échotier aussi : c'est une raison pour que je ne les nomme ni l'un ni l'autre, — et d'ailleurs leurs noms ne font rien à l'affaire. Je répondis à Noriac que j'allais faire part de sa visite à celui qu'elle concernait directement et que si, par hasard, l'insulteur refusait de donner satisfaction à l'insulté, ce dernier nous trouverait toujours à sa disposition, le comte Fédérigotti, directeur du journal, ou moi, son rédacteur en chef. Noriac ne voulut pas entendre de cette oreille-là, et notre obstination à ne vouloir lui tenir que ce langage-là nous valut à Fédérigotti et à moi une relation charmante — qui n'eut pas de peine à se transformer en solide amitié. Au fond on est toujours un peu fâché de se battre en duel; mais j'aurais été particulièrement mécontent si je m'étais battu avec Jules Noriac, — d'autant plus que, meilleur tireur que moi, il eût pu me porter une botte comme jamais Sakowski n'en a fourni à ses plus élégants clients.

Je viens de dire qu'il n'était pas encore bien connu du public en 1857; mais le public n'allait pas tarder à faire sa connaissance — en lisant l'*Histoire du* 101°. A quelle date, exactement, parut dans le *Figaro* cette humoristique étude de mœurs militaires? Je ne le saurais dire. J'écris cette rapide biographie à la campagne, sans livres, sans notes, sans rien que mes souvenirs — souvent fugaces. Mais il me semble bien que ce devait être vers le commencement de 1858. Villemessant n'était pas à Paris, c'était Bourdin qui, en son absence, faisait le *Figaro;* celui-ci n'hésita pas à insérer ce que celui-là eût peut-être, certainement même, refusé de mettre, — les longs articles lui faisant peur. Bourdin fut bien inspiré : le succès du numéro qui contenait l'*Histoire du* 101° fut colossal, — pour employer une hyperbole à la mode. Quand le 101° parut en volume à la Librairie Nouvelle, ce fut bien autre chose, et au colossal se superposa le pyramidal. Depuis longtemps on n'avait vu un pareil succès. A l'époque de la grande vogue de Montesquieu, les éditeurs disaient à tous les auteurs qui venaient leur proposer des manuscrits : « Faites-nous des *Lettres persanes!* » Maintenant c'était : « Faites-nous des 101°! » Une façon comme une autre de ne pas boire de *bouillons* et de n'avoir pas de *rossignols*. Très-bon, le bouillon;

charmant, le rossignol, — mais pas pour les libraires! pas pour les libraires! Et cependant j'en connais un, —le respectable M. Béchet, — qui a la passion des rossignols et qui, pour en dénicher, bat tous les ans au printemps les bois des environs de Paris...

Après le 101e, qui eut une vingtaine d'éditions, la *Bêtise humaine*, qui a atteint aujourd'hui le même chiffre. Je ne connais pas de livre qui ait été plus lu de mes contemporains que celui-là. On le trouvait dans toutes les mains, on le trouvait dans toutes les bouches. Ce n'était plus : « Avez-vous lu Baruch ? » c'était : « Lisez donc la *Bêtise humaine !* » A ce point qu'on parlait du héros de cet heureux livre comme d'un personnage ayant vraiment vécu et qu'on aurait vraiment connu : « Pauvre Eusèbe Martin ! » Ceux qui ne se rappelaient plus le nom d'Eusèbe Martin se rappelaient le nom de Jules Noriac, — qui devint ainsi le lion du jour. Lion, il y a des ânes qui volent cette peau, mais il y a aussi des lions qui ont le droit de s'en revêtir, puisque c'est leur paletot naturel : elle allait comme un gant à Jules Noriac, qui la portait avec aisance, — quoique avec la plus grande bonhomie.

Par malheur, cette peau de lion s'use vite à Paris. Le public mit un peu d'eau dans le champagne de son enthousiasme pour l'auteur du 101e et de la *Bêtise humaine*, et, quand parurent d'autres livres du même auteur, le *Grain de sable*, la *Dame à la plume noire*, les *Mémoires d'un baiser*, etc., il les accueillit sans griserie, quoique toujours avec plaisir. Il ne jurait plus précisément par Noriac, mais il le lisait encore volontiers.

Il en sera toujours probablement ainsi jusqu'au bout.

Je n'en veux pas au public. Il s'était engoué du 101ᵉ et de la *Bêtise humaine*, et il avait eu raison — par hasard. Mais pourquoi ne pas continuer cet engouement pour le *Grain de sable*, pour la *Dame à la plume noire*, pour *Mademoiselle Poucet*, pour le *Capitaine Sauvage?* Les dernières œuvres de Noriac valent bien les premières, — et quelques-unes valent mieux. Pourquoi alors ?

Le moins bon de tous ses romans, — et pour moi le meilleur, — c'est la *Dame à la plume noire*, paru en feuilletons dans le *Figaro* sous le titre de *la Mort de la Mort*. Il n'y a pas seulement dans ce roman, comme dans les autres, cet humour parisien si différent de l'humour anglais, cette gaieté fine, paradoxale, mitigée de sensibilité et quelquefois de tristesse : il y a une idée philosophique. Je regrette de n'avoir pas en ce moment le livre sous la main, j'en parlerais mieux et plus longuement. Ce que je me rappelle, ce qui m'a frappé, ce sont les cris de désespoir poussés par une foule de malheureux en apprenant que le héros du roman, Guérassius, un médecin, a tué la Mort, — cette grande Tueuse. Imaginez-vous un assassin guillotinant le bourreau !

Donc la Mort est morte, un médecin l'a tuée. « Mais alors, s'écrient les forçats (je cite de mémoire), nous qui avions cru jusqu'ici que les travaux forcés à perpétuité étaient une plaisanterie, puisque, cette perpétuité-là, on pouvait la faire cesser à volonté d'un coup de manicles sur la tempe ou d'un coup de tempe sur la muraille, nous allons donc réellement traîner notre boulet sans fin ni trève, TOUJOURS?... Toujours! être toujours accouplés comme des bêtes immondes! ramper éternellement dans la même fange, sous le même soleil, — moins cruel encore que le bâton des gardes-chiourmes! Oh! le supplice sans nom! et comme nous regrettons aujourd'hui de n'avoir pas été honnêtes autrefois!... » Puis, c'est au tour des sœurs de charité, petites sœurs des pauvres ou religieuses d'hôpital : « Ah! s'écrient-elles (je cite toujours de mémoire, je le répète afin qu'on n'attribue pas mes imperfections de style à Noriac). Ah! l'horrible chose! ne pas mourir! toujours vivre! Mais nous n'avions revêtu cette robe de bure, un cilice, et accepté cette mission de charité, un calvaire, qu'avec l'espérance de voir un jour tomber cette robe sous le suaire et cette mission finir dans le cercueil! Nous n'avions consenti à sevrer notre cœur de tout amour humain, notre corps de toute volupté humaine, que parce que nous voulions apparaître intactes, dignes de lui, devant notre céleste époux! Nous n'avions consenti à jeûner, à pâtir, à panser les plaies des autres et à négliger nos propres blessures, que parce que nous croyions que ce martyre aurait un jour sa récompense en ayant sa fin! Et cette fin n'arrivera jamais! Et nous ne mourrons pas!... Ah! cruauté!... »

Je ne connais rien de plus poignant et de plus empoignant que cela. Non-seulement j'en ai eu le cœur tortillé, mais encore l'esprit rêveur. Le roman était lu depuis longtemps que j'y pensais encore. Quel plus bel éloge faire d'un livre, que de dire qu'il fait songer?...

Jules Noriac n'a pas quarante ans : il nous donnera d'autres œuvres sœurs du *Grain de sable* et de la *Dame à la plume noire*. Puissé-je vivre assez pour les lire, — moi qui cependant n'ai pas un enthousiasme énorme pour la vie et qui en voudrais beaucoup aussi au médecin qui, comme le héros du roman de mon ami, tuerait la Mort — au lieu de tuer ses malades!...

Bois-le-Roi, 18 mars 1866.

JUD.

Le 6 décembre 1860, en ouvrant les portières du train de Mulhouse, arrivé à cinq heures dans la gare de Paris, les employés du chemin de fer de l'Est trouvaient, étendu sur les coussins d'un compartiment de première classe, et baignant dans une mare de sang, le cadavre d'un homme qu'on reconnut bientôt pour être M. le président Poinsot.

M. Poinsot avait été assassiné pendant son sommeil, à l'aide d'une arme à feu, par un voyageur qui avait dû entrer dans ce compartiment et en sortir pendant que le train était en marche, car les employés avaient parfaitement remarqué qu'à la dernière station le président était seul, comme à l'arrivée du train en gare.

Le crime, à peine connu, répandit l'épouvante parmi

les Parisiens habitués à voyager en chemin de fer. On s'émut de la facilité et de l'impunité avec lesquelles il pouvait être commis : vous êtes dans un wagon, en face d'un monsieur que vous ne connaissez pas plus qu'il ne vous connaît; le train file à toute vapeur, la locomotive siffle ses fanfares aiguës; il plaît à votre voisin de vous tordre le cou, ou de vous poignarder, ou de vous appuyer le canon d'un pistolet sur l'oreille, et crac! vous avez vécu! C'était terrifiant, et beaucoup de gens se promettaient bien de ne plus voyager qu'en bonne et nombreuse compagnie, pour éviter les désagréments du tête-à-tête qu'avait subi si malheureusement le président Poinsot.

Pendant que les craintes des Parisiens allaient ainsi leur petit bonhomme de chemin, les recherches de la police allaient le leur. Bientôt on apprit que, pendant la marche du train dans lequel s'était passé le drame solitaire que je viens de raconter, un homme avait été vu sautant, à la hauteur de la station de Livry, puis se relevant aussitôt et fuyant à toute vitesse le long du talus du chemin de fer. On apprit, en outre, que le signalement de cet homme, aperçu par plusieurs employés, était de tous points conforme à celui d'un nommé Charles Jud, déserteur du 3e escadron du train des équipages militaires et se trouvant sous le coup d'une condamnation à vingt ans de travaux forcés, lequel avait, le 16 septembre précédent, commis, sur la même ligne de chemin de fer, dans des circonstances analogues, un assassinat dont la victime était un médecin militaire russe, le docteur Heppi. Plus de doutes! Charles Jud et le meurtrier du président Poinsot étaient une seule et même personne.

Malheureusement, arrêté le 28 novembre par la brigade de gendarmerie de Ferrette et transféré à la maison de sûreté de cette localité, Jud s'était évadé le 29 au matin, en terrassant ses geôliers et en les enfermant en son lieu et place, et avait immédiatement gagné la campagne où les gendarmes l'avaient en vain poursuivi. On supposait qu'il avait gagné la Suisse en passant par Ligsdorff.

Le mystérieux enveloppa de plus en plus de ses nuages opaques l'assassinat de M. Poinsot, — à ce point que Jud devint le héros d'une foule de récits légendaires plus extravagants les uns que les autres, et le sujet de conversation « de la cour et de la ville. » Tout individu un peu suspect était arrêté, et on ne le relâchait qu'après qu'il avait été bien prouvé qu'il n'était pas plus Jud que Judas.

Et, à ce propos, je ne saurais passer sous silence un très-étrange récit de M. Léon Bertrand, ayant trait à cette non moins étrange aventure. Ce récit, auquel il semble que personne n'ait pris garde, car je ne l'ai vu citer nulle part, bien qu'il méritât à tous égards l'attention, tient tout au long dans la chronique cynégétique du *Journal des Chasseurs*, n^{os} des 31 mai, 15 et 30 juin 1861. Le voici, un peu écourté, mais respecté dans ses détails essentiels.

Le 6 décembre 1860, à 6 heures du matin, M. Léon Bertrand était à l'affût au pont de Rougemont, sur les bords du canal de l'Ourcq, à quelque distance du village de Livry et de la forêt de Bondy. Il savait que, sur la rive gauche du canal, dans le Bois-Brûlé, se tenait cantonné, depuis une quinzaine de jours, un magnifique dix-cors, et pensant qu'il ne manquerait pas de revenir là en revenant de son gagnage favori, — un champ de carottes situé de l'autre côté du canal de l'Ourcq, sur les terres de la ferme de Rougemont, — il venait l'attendre à son *rembucher*.

Le canal de l'Ourcq qui, d'un bout à l'autre, du pont de la Poudrette au pont de Vaujours, traverse en entier la forêt de Bondy sur un parcours en ligne droite de six à sept kilomètres, est encaissé entre deux talus plus ou moins élevés, formés par des remblais des terres qu'on a tirées. Au pied de ces talus ou rampes règne un chemin de halage destiné aux chevaux et aux piétons, et à leur sommet s'élève un rideau de trembles. De distance en distance sont jetés des ponts en bois, reposant sur deux culées en pierres, et qui sont destinés à relier les deux rives, tant pour faciliter l'exploitation de la forêt que pour ne pas intercepter les chemins vicinaux des communes environnantes.

« Je m'avançai, dit le narrateur, jusqu'au milieu du pont, et là, mouillant mon doigt et le levant en l'air, je fis l'épreuve infaillible qui guide tout chasseur par un temps calme. Le vent était bien placé : il soufflait de Rougemont sur Livry. Je n'avais donc qu'à m'installer de ce côté-ci du pont, en me postant un peu de biais, de manière à prendre l'animal à sa rentrée, non pas en tête, ce qui est un très-mauvais tirer, mais presqu'en écharpe, en demi-travers, excellente position pour lui placer une balle au défaut de l'épaule. Les bords du canal sont semés d'accrues et de hautes herbes : je m'assis sur mon carnier au milieu d'une espèce de roncier, adossé tant bien que mal contre un tremble de la bordure ; puis, mes précautions prises, c'est-à-dire mon fusil mis à l'épaule, pour voir si rien ne gênait mes mouvements, j'armai mes deux coups et j'attendis patiemment l'événement. J'étais si bien masqué dans mon blockhaus, qu'un lynx lui-même ne m'y eût pas découvert.

« Six heures venaient de sonner à l'église de Sevran, et rien, à mon grand étonnement, aucun signe précurseur, aucun indice, ne m'avait encore fait battre le cœur, en m'annonçant que ma faction allait avoir un terme. Sans le son lointain de cette horloge de village, sans le bruit strident d'un vol de canards fendant l'air à je ne sais quelle hauteur au-dessus de ma tête, et le cri mélancolique d'un héron, embusqué probablement en amont du canal, sur le pilotis à fleur d'eau qui forme là comme une espèce de barrage, j'aurais pu me croire au fin fond du désert, transporté dans une thébaïde quelconque.

« Au moment où j'allais, de guerre lasse, quitter la place, bien convaincu que mon dix-cors avait été dérangé dans ses habitudes, un bruit particulier, étrange, perçu par mon oreille de Mohican, soupçon vague d'abord, bientôt certitude évidente, vint absorber toutes mes facultés et me clouer immobile à mon poste. Plus de doute, c'étaient des pas... Ça venait derrière moi, dans la route qui mène du pont de Rougemont au pavé de Meaux. A l'allure précipitée, irrégulière, je jugeai l'animal fuyant... Déjà, le fusil en main, le doigt sur la détente, je m'apprêtais à faire parler le salpêtre, retenant mon souffle, m'écarquillant les yeux. Hélas! vain espoir! mon daim, mon dix-cors... c'était un homme!

« Il marchait tout haletant, d'un pas rapide, comme s'il venait de faire un long trajet, et quand il s'engagea sur le pont, j'entendis de ma place les aspirations bruyantes de ses poumons à bout de vent; on eût dit un sanglier forlongé qui souffle pour reprendre haleine. Arrivé au milieu de la passerelle, l'homme s'arrêta brusquement, saisit des deux mains la rampe en bois qui sert de garde-fou, se pencha le corps en avant, comme pour enjamber, et regarda l'eau couler, comme absorbé par une préoccupation profonde; puis, je le vis, avec la détermination soudaine d'un parti pris, traverser le pont, descendre à gauche le talus qui me faisait face, choisir au bord du canal une place où la rive creusée par le piétinement continuel des pêcheurs à la ligne offrait avec l'eau une communication plus facile, et là, ôtant ses vêtements et son chapeau qu'il déposa par terre près de lui, s'agenouiller au-dessus de la berge. Ses mains lavées avec le plus grand soin, l'inconnu se plongea le visage dans l'eau, ni plus ni moins qu'un simple canard qui barbotte, et à la suite de cette première toilette qui, vu l'heure et le lieu, me semblait assez bizarre, il procéda sans désemparer à une seconde opération qui mit le comble à mon étonnement. Trempant dans le canal les manches de sa redingote, il leur fit subir, en les tordant à deux reprises différentes, une lessive dont jamais blanchisseuse n'a usé, à coup sûr, pour rincer ses poignets de chemise.

« Pendant mes réflexions, l'individu, qu'il ne m'était pas encore bien possible de distinguer physiquement, s'était relevé : il remit son chapeau, passa sa redingote et, se baissant de nouveau, reprit à terre un certain objet dont je ne me serais jamais bien rendu compte, vu par ce demi-jour douteux et à cette distance, si, après l'avoir essuyé avec soin sur l'herbe, l'examen rapide qu'il en fit ne m'eût révélé, à n'en pas douter, ce que ce pouvait être. Il tenait cet objet des deux mains : l'appel sec d'un ressort de batterie, armé trois fois de suite, appel suivi à chaque reprise du bruit d'un culot jeté dans l'eau, m'apprit que c'était un pistolet révolver, dont trois coups, suivant toute probabilité, se trouvaient avoir servi.

« Je me levai aussitôt pour examiner de plus près ce singulier personnage; mais, je n'étais pas debout, et je n'avais pas fini d'étirer mes membres engourdis par cette longue séance de deux heures, que l'individu s'était éloigné. En arrivant au pont, je l'aperçus à cent pas de là, qui remontait le canal du côté de la station de Sevran, en suivant le chemin de halage. »

Cet individu, que le hasard remit le soir du même jour, dans la salle de l'auberge de Livry, en présence de M. Léon Bertrand, qui put alors l'examiner à loisir, n'était autre que Jud, l'assassin du président Poinsot.

Quand on songea à lui, en lisant son signalement et en voyant sa photographie, envoyés partout, il était trop tard : il avait disparu. Où était-il allé? On ne savait.

Aujourd'hui, après six ans de recherches minutieuses en France et à l'étranger, on n'est pas plus avancé qu'alors. Jud est toujours le mystérieux, l'insaisissable Jud !

De tous les lions parisiens, c'est encore celui qui aura le plus attiré, et le plus longtemps retenu, l'attention et la curiosité publiques.

RICHARD WAGNER.

Vers le milieu du mois de mars 1861, le monde parisien était tout en émoi. Il s'agissait de la représentation prochaine du *Tannhaüser*, — l'*Africaine* de Richard Wagner, dont il était question depuis plus d'un an et que l'on n'espérait pas voir jamais représenté. La *musique de l'avenir*, que l'on avait tant charivarisée, tant bafouée, tant épigrammatisée, allait enfin se faire entendre sur la première scène lyrique, à l'Opéra !

On racontait mille choses invraisemblables à propos du chef-d'œuvre d'outre-Rhin que la bienveillante protection de la princesse de Metternich avait imposé à la direction. Mille fables couraient par la ville, habillées de commentaires de toutes sortes, et, en même temps, le nom du compositeur, presque inconnu la veille, s'implantait dans les cervelles mouvantes des Parisiens et des Parisiennes.

Parmi ceux qui avaient entendu, aux concerts de la salle des Italiens, l'ouverture du *Tannhaüser* et celle du *Lohengrin*, il y avait des enthousiastes qui déclaraient cette musique divine et ne consentaient pas à retrancher une panse d'a de leur enthousiasme délirant; pour ceux-là il n'y avait plus dans tout l'univers qu'un seul musicien de génie, et ce n'était ni Meyerbeer, ni Rossini : c'était Richard Wagner. D'autres, au contraire, furieux, déclaraient cette musique solennellement ennuyeuse et le musicien souverainement prétentieux. Les uns portaient aux nues l'œuvre et le compositeur, les autres les foulaient aux pieds. Parmi les premiers se trouvait Listz; parmi les seconds, M. Fétis. Comme autrefois au temps de Gluck et de Piccini, les dilettantistes étaient partagés en deux camps bien distincts et n'attendaient que le moment où il leur serait permis d'en venir aux mains pour s'exterminer mutuellement.

Ce moment arriva dans les derniers jours du mois de mars 1861. La princesse de Metternich avait fait décider *par ordre* la mise à l'étude du *Tannhaüser*, et bientôt sa première représentation. Les places se payaient un prix fabuleux, et n'en eut pas qui le voulut. Paris tout entier était dans l'attente d'un grand événement: il assista à une chute énorme sans précédent peut-être à l'Opéra. Les spectateurs, venus là avec une opinion toute faite et avec des intentions malveillantes qu'ils ne cherchaient pas d'ailleurs à dissimuler (puisqu'ils portaient ostensiblement de petits sifflets en argent achetés exprès), les spectateurs sifflèrent à outrance sans tenir le moindre compte de la présence de la princesse de Metternich, ni de celle de madame Wagner, qu'ils insultaient ainsi doublement. Ils ne tenaient pas compte, non plus, d'une mise en scène insuffisante, d'une exécution molle et incorrecte de l'orchestre, de la persistance du ténor Niemann à chanter faux, et de cinquante autres choses qui auraient dû les rendre plus indulgents, — si la passion connaissait l'indulgence! En outre, comme le fit très-judicieusement remarquer Baudelaire dans une brochure qu'il publia alors en faveur de Richard Wagner et de son *Tannhaüser*, en outre la question du ballet, élevée à la hauteur d'une question vitale et agitée pendant plusieurs mois, n'avait pas peu contribué à l'émeute. « Un opéra sans ballet! Qu'est-ce que cela? » disait la routine. « Qu'est-ce que cela? » disaient les entreteneurs de filles. « Prenez garde! » disait lui-même à l'auteur le ministre alarmé. On avait fait manœuvrer sur la scène, en manière de consolation, des régiments prussiens en jupes courtes, avec les gestes mécaniques d'une école militaire; et une partie du public disait, voyant toutes ces jambes et illusionné par une mauvaise mise en scène : « Voilà un mauvais ballet et une musique qui n'est pas faite pour la danse. » Le bon sens répondait : « Ce n'est pas un ballet; mais ce devrait être une bacchanale, une orgie, comme l'indique la musique et comme ont su quelquefois en représenter la Porte-Saint-Martin, l'Ambigu, l'Odéon et même des théâtres inférieurs, mais comme n'en peut pas figurer l'Opéra, qui ne sait rien faire du tout.» Ainsi, ce n'était pas une raison littéraire, mais simplement l'inhabileté des machinistes, qui avait nécessité la suppression de tout un tableau (la nouvelle apparition de Vénus).

On espérait, ajoute Baudelaire, arracher à ces enragés leur victime en la présentant au public un dimanche, c'est-à-dire un jour où les abonnés et le Jockey-Club abandonnent volontiers la salle à une foule qui profite de la place libre et du loisir. Mais ils avaient fait ce raisonnement assez juste : « Si nous permettons que le succès ait lieu aujourd'hui, l'administration en tirera un prétexte suffisant pour nous imposer l'ouvrage pendant trente jours. » Et ils étaient revenus à la charge, armés de toutes pièces, c'est-à-dire des instruments homicides confectionnés à l'avance. Le public, le public entier, avait lutté pendant deux actes, et dans sa bienveillance, doublée par l'indignation, il avait applaudi non-seulement les beautés irrésistibles, mais même les passages qui l'étonnaient et le déroutaient, soit qu'ils fussent obscurcis par une exécution trouble, soit qu'ils eussent besoin, pour être appréciés, d'un impossible recueillement. Peine inutile : les sifflets avaient recommencé de plus belle leur jeu féroce. On ne voulait pas entendre le *Tannhaüser !*

La troisième représentation ne fut pas moins agitée que les deux précédentes : ce fut la dernière. L'administration de l'Opéra, baissant la tête devant quelques élégants conspirateurs, rendit l'argent déjà déposé pour les représentations suivantes. Les messieurs de ces dames avaient vaincu !

Le beau triomphe, n'est-ce pas ?

Un mois après ces funérailles de première classe d'un opéra et d'un compositeur qui méritaient mieux que ces indignités, le nom de Richard Wagner retombait dans l'oubli, le lion de Paris retournait au désert, — c'est-à-dire en Allemagne, sa patrie, où l'enthousiasme pour les œuvres viriles n'est pas un feu de paille comme à Paris, le pays des flons-flons.

JUNIUS.

Les gens de lettres ne sont pas riches, chacun sait cela. Presque tous, comme Scarron, sont logés à l'*Hôtel de l'Impécuniosité*, et leur *Marquisat de Quinet* ne rend pas toujours ce qu'ils voudraient qu'il rendît. De là, les demandes d'*avances* qu'ils adressent fréquemment soit à leurs éditeurs, soit à leurs rédacteurs en chef.

J'en étais là vers les derniers jours d'octobre 1861. Ne sachant trop de quel livre ou de quel article faire flèche, j'envoyai un placet significatif à M. de Villemessant qui, je me plais à lui rendre cette justice, ouvre volontiers sa main lorsqu'elle est pleine, — sachant bien, après tout, que la *copie* d'un collaborateur vaut au moins l'original d'un billet de banque. Cette fois-là, cependant, pour une raison ou pour une autre, la main resta fermée : le *Figaro* ne faisait plus d'avances !

Un homme de lettres ne se noie pas pour cela : il avise. Précisément, depuis quelques mois, j'étais sollicité violemment par la démangeaison de faire, à propos de la littérature de mon temps, ce qu'avait fait, à propos de la politique du sien, l'illustre inconnu, le mystérieux et terrible anonyme, « l'impassible et impersonnel *uomo di sasso*, qui montait, tous les soirs, de son pas de spectre, les escaliers des ministres et leur servait cet amer souper de ses *Lettres* dont, le lendemain matin, se régalait toute l'Angleterre, » — Junius enfin, sans ajouter *redivivus*.

La tâche était lourde, l'entreprise hardie, le rôle plein de périls de toutes sortes. C'était même une quasi-profanation, de tirer ainsi de son armoire historique cette glorieuse défroque que personne jusqu'à moi n'avait songé à endosser, à cause du poids énorme dont elle devait peser sur des épaules ordinaires. Ce masque que je voulais coller sur mon visage, c'était l'armure gigantesque de François Ier : j'allais tout entier disparaître dessous ! Personne ne pouvait le porter après les gens de talent à qui on l'avait tour à tour attribué : Boyd, Delolme, Glower, le duc de Portland, Burke, sir Philip Francis, le général Lee, — je ne sais plus qui encore.

Comme de toutes mes infirmités la plus grave, la plus gênante, la plus désastreuse est la modestie, j'hésitais beaucoup à revêtir cette illustre souquenille, je me tâtais vingt fois la journée, me demandant sans cesse : *Si fueris leo, qualis eris ?* et me répondant avec humilité : Si tu étais lion, mon ami, tu te conduirais en agneau — que tu es et seras toute ta vie, car tu ne sais pas rugir, encore moins déchirer, étant

« L'homme du calme et des visions chastes... »

Il est probable, même, que j'eusse renoncé à jouer ce premier rôle sur le Grand-Théâtre Parisien, — moi que la Nature marâtre a condamné à ne jouer jamais que les *pannes* — et que j'eusse réfréné comme il convenait cette velléité de tapage, si M. de Villemessant avait apostillé mon humble placet d'un mot significatif à l'adresse de M. Legendre. L'argent me manquait, je résolus d'avoir de l'or, et, le soir du jour de ce Waterloo financier, à la nuit tout à fait tombée, j'allais sournoisement glisser, dans la boîte du journal dont la caisse m'avait été si inhospitalière, une longue épître signée hardiment *Junius*.

A vrai dire, je n'en attendais absolument rien, de cette lettre fanfaronne écrite par-dessous la jambe, dans un moment de dépit. C'était un coup de clairon que je sonnais dans l'espace pour me distraire, pour me faire la bouche, sans espérer qu'il serait entendu, — sans même le désirer.

Le numéro du 30 octobre me détrompa agréablement : ma première aux Corinthiens s'y étalait à la première page, en 9, — la page et le caractère consacrés à la copie magistrale, aux articles de M. Jouvin et de Charles Monselet.

Et le numéro du 3 novembre, donc ! Je ne puis résister à la malignité de le citer *in extenso* — pour l'édification de mes contemporains de demain, qui sont la monnaie de la postérité :

« Mon cher Junius,

« Quoique je n'aie pas encore l'honneur très-désiré de vous connaître, je vous qualifie de cher, parce que j'ai l'intention de vous payer royalement votre prose étoilée. Votre lettre destinée à la publicité, et, naturellement, votre lettre confidentielle, ont paru ce matin dans le *Figaro*. Vous avez dû vous empresser de les y chercher et de les y relire, malgré l'orgueilleuse modestie qu'accuse votre amour de l'anonyme. Il n'est bruit que de vous et de votre hardie tentative : votre nom, pardon, votre pseudonyme est dans toutes les bouches, et la cherté des cotons a perdu de son intérêt. Vous êtes le lion du moment, un lion d'autant plus séduisant qu'on ne le connaît ni ne le voit de près, — comme la plupart des lions, du reste. L'écho de tout ce tapage est-il arrivé jusqu'en votre antre? Votre profonde retraite, — qui pourrait bien n'être que le café Riche, — en a-t-elle répercuté la flatteuse harmonie? Faisiez-vous partie, — et je le soupçonne fort, — de la galerie fiévreusement livrée à la passion des hypothèses? Avez-vous ri ou souri, ou — qui sait? — gémi secrètement dans votre barbe, — en avez-vous? — des suppositions plus ou moins saugrenues que vous avez soulevées ?

« Franchement, et je prends à vous le conter un plaisir extrême, je déclare que depuis longtemps je n'avais assisté à plus amusante fête : votre lettre a eu un succès énorme, succès d'esprit, succès de style, succès de curiosité.

« Je suis à peu près certain que vous ne preniez point part à un déjeuner chez Grossetête, où se trouvaient réunis ce matin quelques écrivains, fins gourmets en matière d'art culinaire et de cuisine littéraire. Laissez-moi, mon cher X, vous sténographier, ou plutôt, pour employer avec justesse une expression fausse, vous photographier la conversation vive et très-animée dont les convives fournissaient la sauce tandis que vous fournissiez le poisson. Je ne nommerai pas les interlocuteurs, pour ne pas blesser leur modestie, vertu qui devient à la mode parmi les gens de lettres — depuis hier. Écoutez.

« — Cette lettre est assurément de M. Veuillot : je ne comprends pas qu'on ne l'ait pas reconnu à la première lecture.

« — Allons donc! Jamais M. Veuillot, catholique d'une austérité sincère, n'aurait décidé sa plume à tracer les neuf lettres de ce gros mot profane : *maîtresse*... Et d'ailleurs, il n'aurait point parlé de duel, non pas que le cœur lui manque, — il a fait ses preuves, — mais il n'a pas besoin de menacer préalablement des gens qu'il a tant de fois terrassés.

« — Vous êtes étonnant, mon cher, et vraiment pas fort; vous n'avez pas vu que le pseudonyme de Junius est un loup de velours, — avec griffe, — sous lequel About dissimule, assez mal d'ailleurs, sa malice féline? Si c'est le style de quelqu'un, c'est le sien.

« — Assurément, a répondu un autre, About a plus

d'esprit qu'il n'en faut pour écrire une lettre spirituelle ; mais je ne crois pas qu'il ait le caractère assez bien fait pour rentrer au *Figaro* par un escalier dérobé.

« — A moins pourtant, fis-je observer, que, connaissant mon goût pour le mystère et les fortes épices, il n'espère m'entraîner sur une pente dangereusement glissante, et, de cette manière, faire supprimer le *Figaro*...

« — Parbleu ! vous vous donnez une peine de chien — d'aveugle — pour deviner un secret qui me paraît être celui de Polichinelle. Vous avez affaire à un batailleur audacieux et chevaleresque, orgueilleux et spirituel, qui jette le gant avec une crânerie charmante et un pittoresque d'expression qui sont une signature, et vous n'avez pas encore nommé Barbey d'Aurevilly !

« — Erreur, mon bon. D'Aurevilly a bien aussi la plume au toquet et le poing sur la hanche ; mais il a des adjectifs plus soleillants. Et puis, il n'a pas de maîtresse.

« — Eh bien ! le Junius, c'est Proudhon.

« — Est-ce que l'ancien rédacteur du *Peuple* rédigerait quoi que ce fût chez l'homme de la *Chronique de France* et du *Lampion* ?

« — J'ai trouvé la piste. Il y a dans cette grande diablesse de lettre une phrase significative : « Je vous dirai bien bas ce que vous répéterez bien haut. » Je dis significative, parce que je possède une lettre des Goncourt dans laquelle je vous la montrerai, si vous voulez, textuellement.

« — Les Goncourt sont plus Régence.

« — Alors c'est de Prévost-Paradol !

« — Il est plus dix-septième siècle.

« — C'est de Taine !

« — Il est plus palingénésique.

« — Ne voyez-vous pas poindre l'oreille de Sarcey ?

« — Quelle plaisanterie ! Sarcey a bien les oreilles de la chose, mais le style ?...

« — Assez de conjectures. L'important n'est pas de savoir de qui est cette première lettre, mais bien ce que seront les suivantes. C'est une promesse, une promesse brillante, d'accord ; mais Junius la tiendra-t-il ? Vous verrez !

« — Moi, j'augure bien de ce commencement, et je compterais sur le Junius, si je n'étais sûr que Villemessant lui enlèvera ce qu'il aura de trop agressif. Les choses dangereuses seraient certainement les plus amusantes sous la plume de ce pourfendeur en domino. Après suppression que restera-t-il dans ces lettres ? Des généralités ternes ou des personnalités anodines. Je parie vingt-cinq louis que les lettres de Junius ne paraîtront plus dans un mois ?

« — Vingt-cinq louis ? C'est tenu. »

« Vous voilà au courant, mon cher Junius, des propos très-divers qui se tiennent sur votre compte.

« A la semaine prochaine, mon cher sphinx, car je compte sur vos envois hebdomadaires.

« J'attendrai avec impatience vos vertes épîtres chaque lundi matin.

« Agréez, etc.

« H. de VILLEMESSANT. »

Lorsque le premier des prétendus *Contes moraux* de Marmontel (*Alcibiade ou le Moi*) parut dans le *Mercure*, sans nom d'auteur, il eut un succès énorme — et ridicule.

Tout le monde s'y laissa prendre, les malins et les simples, et, au dîner d'Helvétius, «où étaient les plus fins connaisseurs,» on ne craignit pas de l'attribuer, les uns à Montesquieu, les autres à Voltaire... La méprise était forte assurément, — moins forte cependant que celle qui faisait attribuer à Veuillot ou à Proudhon la paternité de la première des *Lettres de Junius*.

Ah! chers confrères! chers confrères! vous pouvez vous vanter, hommes d'esprit que vous êtes, de m'avoir procuré un crâne étonnement et une crâne joie — d'un moment.

Et vous, cher monsieur de Villemessant, qui ne manquez pas plus d'esprit que les gens dont vous utilisez si habilement le talent, pour le plus grand plaisir de vos abonnés, vous pouvez vous vanter, — mais vous n'en ferez peut-être rien, — de m'avoir fait passer quelques aimables quarts d'heure!

Songez donc! Moi à qui vous aviez refusé — par hasard — je ne sais plus quelle misérable somme, vous m'écriviez vos compliments sur le dos de billets de banque d'un chiffre fort élevé, et, non content de m'envoyer ces *fafiots garatés*, vous vouliez encore me faire un *pont d'or* pour m'engager à venir chez vous, en me promettant « le secret le plus absolu.» Il vous eût coûté cher, ce pont, si j'eusse consenti à vous le laisser jeter — entre le boulevard Montmartre et la barrière Pigalle, où je demeurais alors. Le pont de Cubzac sur la Dordogne, quoi !

Cela vous taquinait, avouez-le, de ne pas savoir à qui vous envoyiez ces fafiots d'importance et ces prières de lever le masque, plus importantes encore ? Était-ce un ami ou un ennemi ? un vieux journaliste ou un jeune officier ? Vous penchiez pour l'officier, j'ignore pourquoi, mais il vous plaisait de penser que Junius était ambidextre et qu'il tenait une épée d'une main, tandis que de l'autre il brandissait sa plume. A cause des duels à venir, n'est-ce pas ? Comme s'il était nécessaire d'avoir un uniforme pour avoir du courage !

Cela vous taquinait de ne pas savoir, et, pour savoir, vous faisiez *filer* mon commissionnaire, espérant bien un jour ou l'autre trouver la piste du sanglier de Montmartre dont vous attendiez, une fois par semaine, les coups de boutoir, et, l'ayant trouvée, le relancer jusque dans sa bauge. Mais j'avais bien choisi mon ambassadeur ! Au lieu de prendre un garçon rusé, quelque Figaro malin, qui se fût laissé séduire par les œillades de quelque Suzanne ou par les napoléons de quelque Almaviva, j'avais pris le commissionnaire le plus naïf, — disons le mot, le plus bête des douze arrondissements de Paris et de la banlieue. Il ignorait de quelle mission il était chargé, par moi en allant, par vous en revenant, et s'étonnait seulement d'une chose, tout en en profitant : c'était de gagner si vite et si facilement un louis.

Je lui avais dit, en vers, comme Don Salluste à son cousin Don César de Bazan :

« Écoute. J'ai besoin, pour un résultat sombre,
De quelqu'un qui travaille à mon côté dans l'ombre
Et qui m'aide à bâtir un grand événement.
Je ne suis pas méchant, mais il est tel moment
Où le plus délicat, quittant toute vergogne,
Doit retrousser sa manche et faire la besogne.
Tu seras riche, mais il faut m'aider sans bruit
A dresser, comme font les oiseleurs la nuit,
Un bon filet caché sous un miroir qui brille.... »

Puis j'avais ajouté, en simple prose :

«— Vous irez au bureau du journal le *Figaro*, boulevard Montmartre ; vous remettrez cette lettre en échange de laquelle on vous remettra un billet de banque, et même deux : si l'on vous en remet trois, vous les accepterez de même, quatre aussi, cinq aussi... A dix vous refuseriez, parce qu'alors ce serait une tentative de corruption de fonctionnaire... Mais on ne vous en remettra qu'un — qui en vaudra cinq. Une fois nanti de ce papier Joseph, vous saluerez et vous en irez. Les boulevards regorgent de voitures : vous en prendrez une et vous vous ferez conduire au bois de Boulogne ; là, vous descendrez, vous vous promènerez pendant une demi-heure au pas de course, vous sortirez du bois par une porte différente de celle par laquelle vous serez entré, et vous reviendrez tranquillement par les boulevards extérieurs jusqu'au café Bigot où je vous attendrai. Vous avez bien compris ? Oui. Très-bien !... Allez, maintenant !»

Et il allait, et au bout de deux heures il revenait, et

je lui remettais vingt francs, et il me remerciait, et j'avais fait un heureux en faisant une farce ! Vingt francs, c'était le prix, ni trop ni trop peu, à cause de la voiture qu'il prenait religieusement, — je m'en assurai deux ou trois fois à son insu. Si je lui avais donné quarante francs, il eût refusé, flairant une conspiration, et, si j'avais insisté, il m'eût dénoncé au procureur impérial.

Ce petit commerce dura trois mois, sans que personne nous soupçonnât, moi et Alphonse Duchésne, le complice que j'avais choisi, — un complice de choix. Trois mois de ciel bleu, que tachèrent à peine quelques nuages.

J'avais dit en manière de *post-scriptum* dans ma première Lettre de Junius : « Comme je me propose de fouailler à tour de plume tous les faquins qui font le trottoir parisien, et de remuer le fumier social du bout de ma « haine vigoureuse », je m'attends aux réclamations des fouaillés comme un *goldfinder* aux exhalaisons des ordures remuées. Je serai à la disposition des faquins. Il est des façons de se battre qui permettent de garder l'incognito, — quand les épées sont suffisamment longues et les langues suffisamment courtes. » Une personne, que j'avais simplement nommée sans même effleurer son amour-propre, envoya des témoins au *Figaro*, qui me fit savoir la chose par un entrefilet placé en tête du journal. L'article était de moi, j'avais seul à en prendre la responsabilité : sans même avertir Duchesne, je courus chez mon excellent et vaillant ami Nadar à qui j'appris d'un seul coup que j'étais Junius et qu'il allait avoir à me servir de second. Nadar pouvait répondre de moi comme je répondrais de lui, et se porter mon garant dans ce cas comme dans tout autre aussi délicat : il courut au *Figaro*. Quand il revint, il m'apprit que Villemessant avait arrangé l'affaire,— qui naturellement en resta là.

Après trois mois de cet incognito si bien gardé, Villemessant saisit le premier prétexte venu, — un retard dans l'envoi de la copie, — pour se débarrasser de Junius, qu'il jeta sans plus de façon par-dessus le pont d'or qu'il lui avait fait. Mon obstination à vouloir rester caché, — même de lui, — après l'avoir taquiné, avait fini par l'irriter, et, les « bons petits camarades » aidant, il m'avait *donné ma canne*. — « Si vous aviez voulu vous faire connaître à moi, me disait-il l'année dernière, Junius durerait encore. » Aveu précieux, — dont acte.

Trois mois durant, Alphonse Duchesne et moi nous avions improvisé à tour de rôle, — et moi peut-être un peu plus souvent qu'à mon tour, — une douzaine de lettres qui valaient toutes la première, quelques-unes même beaucoup mieux, et que cependant on estima beaucoup moins. Quand on a été injuste dans ses éloges, on l'est naturellement aussi dans sa critique : on avait trop porté la première Lettre aux nues pour ne pas juger toutes les autres dignes du sort du sonnet d'Oronte. Duchesne et moi nous en rîmes à notre aise, aux moustaches mêmes de ceux qui *éreintaient* le plus Junius, — et, parmi eux, quelques-uns de nos amis.

Oui, cela dura trois mois, pendant lesquels le mystérieux Junius, avec « la fière corde qu'il avait attachée à la guitare du *Figaro*, » avait violemment intrigué les gens de lettres et les gens du monde, et fait un bruit du diable dans notre cher Landerneau, «en battant la générale sur un si grand nom!» Pendant trois mois, Junius avait été lion — sans en être plus fier.

Le porte-voix que m'avait prêté Villemessant une fois retiré, le bruit que nous tirions, Duchesne et moi, cessa tout à coup, la curiosité publique s'émoussa, et je remis philosophiquement la glorieuse défroque au clou, avec la pipe de Giboyer dans l'une de ses poches, — pour la préserver des vers. On ne sait pas ce qui peut arriver !

Ainsi finit la comédie — dont je me suis si fort amusé pour ma part. Ce sont les trois meilleurs mois de ma vie littéraire.

P. S. Les *Lettres de Junius* publiées par le *Figaro*, comme celles du Junius anglais publiées par le *Public-Advertiser*, avaient été attribuées à tout le monde, — excepté à moi.

Quand, grâce à une indiscrétion, — que je n'aurais jamais commise de mon propre chef, — notre cher Landerneau apprit le nom véritable du Junius parisien, ce fut à qui me dirait, d'un petit air fin : « Ah ! moi, je vous avais bien reconnu tout de suite !... »

MENGIN.

Un soir du mois de mai 1862, le théâtre de l'Ambigu-Comique était presque plein. C'était une première représentation, cette première représentation était celle d'une pièce de madame Sand, et Bocage jouait le rôle principal dans cette pièce : trois motifs de foule.

Le drame, découpé par Paul Meurice dans le roman de George Sand, marchait assez bien. On avait applaudi, ici et là, cet acteur et cette actrice, Boudois en Fabiano-Fabiani, et Jeanne Essler en petit Mario. Arriva la scène capitale, celle où le vieux marquis de Bois-Doré (celui qui donne son nom à la pièce) se *démaquille* le visage et se déteint les cheveux pour embrasser le fils de son frère qu'il vient de retrouver au moment où il s'y attendait le moins et où le public s'y attendait le plus : c'était Bocage qui faisait le vieux marquis. Un tonnerre d'applaudissements ébranla la salle. — « Mengin ! voilà Mengin ! » cria une voix enrouée qui n'était pas celle d'un ange, — quoiqu'elle partît du *Paradis*. L'émotion fut au comble parmi la foule, et Bocage s'arrêta, interdit. On se penchait de tous les côtés, non plus pour regarder ce qui se passait sur la scène, mais bien ce qui se passait dans un coin obscur de la salle.

Que se passait-il dans ce coin ? Rien. Un homme était debout et s'inclinait gravement en tordant le bout de sa moustache rousse, — moins ému que le vieux marquis de Bois-Doré devant son neveu.

« — Parlez au peuple ! » répéta la même voix enrouée en désignant du doigt l'homme à la moustache rousse.

« — Oui, oui, qu'il parle au peuple ! » répétèrent d'autres voix, nombreuses et presque aussi enrouées.

Le Monsieur à la moustache rousse émergea de son ombre, parut en pleine lumière et, mettant la main gauche sur son gilet, à la place du cœur, il agita sa main droite dans toutes les directions, comme fait le pape quand il envoie sa bénédiction *urbi et orbi*.

« — Messieurs, dit-il, avec une modestie qui ressemblait au ton de l'ennui, je vous remercie des marques de sympathie que vous ne cessez de me donner partout où j'ai l'honneur de vous rencontrer... Je vous remercie... Je vous remercie... »

« — Vive Mengin ! » hurlèrent les titis, qui avaient complétement oublié Bocage et les *Beaux Messieurs de Bois-Doré*.

Mengin, qui probablement n'aimait pas — ce soir-là — les ovations tumultueuses, disparut subitement pour laisser achever le drame de Paul Meurice et de George Sand. Mais cela n'empêcha pas les titis de crier de temps en temps, sur l'air des *Lampions :*

« Viv' Mengin ! Viv' Mengin ! »

Car cet homme à moustache rousse, habillé comme vous et moi, et n'ayant, pas plus que vous et moi, rien qui le distinguât des autres hommes, était cependant le FAMEUX marchand de crayons de la place de la Bastille, le FAMEUX Mengin

« . . . . . en galons jaunes,
Qui sent des plumets de deux aunes
Frissonner sur son casque d'or. »

C'était le lion du peuple, ce roi du boniment! Il avait beau, du haut de sa voiture, jeter à pleine bouche les plus grosses impertinences aux cockneys attroupés ; il avait beau les traiter de crétins et de goîtreux, d'idiots et de gâteux, les cockneys riaient et l'admiraient dessinant, sans regarder son papier, le premier imbécile venu avec le premier venu de ses crayons. Ils faisaient plus que l'admirer et applaudir ses impertinences : ils achetaient ses crayons.

C'était tout ce qu'il voulait, ce Fontanarose parisien. Ce n'était pas pour autre chose que pour mieux débiter sa marchandise, qu'il avait une voiture à glaces, un joueur d'orgue empanaché dessus, et que lui-même s'habillait comme un Godefroy de Bouillon d'opéra comique avec un casque énorme, une cuirasse reluisante au soleil, un manteau de brocart, une cotte de mailles en cuivre et des bottes à l'écuyère. Ce croisé de carrefour n'avait pas conquis Jérusalem, mais il avait pris d'assaut la popularité, — ce qui est bien autrement difficile.

Mengin s'était ainsi amassé des rentes en vendant ses crayons aussi dorés que sa cotte de mailles, — une mine précieuse ! Il vivait bien en vivant de cette industrie tolérée, qui, en somme, ne faisait de tort qu'aux papetiers en boutique. Il se serait retiré un de ces quatre matins, non pas dans un de ces châteaux que les bohêmes ont tous en Espagne, mais dans une de ses maisons bâties, comme la pyramide de la courtisane Rhodope, avec les pierres fournies par la bêtise humaine. Il eût vécu ainsi riche, honoré, respecté de tous, heureux sans doute, et, dans les jours d'ennui inséparables de toute existence, il se serait égayé en songeant avec quelle facilité on peut conduire les foules moutonnières, avec quelle facilité on peut les mâter, les museler même en les fouettant à grands coups d'ironies — qu'elles prennent pour du nanan.

« Vert-de-Gris ! en avant la musique !... »

Je m'étais arrêté un soir d'été sur la place du Château-d'Eau, avec un de mes amis, pour écouter le boniment de ce spirituel saltimbanque. On m'avait tant rebattu les oreilles de sa faconde insolente et jusque-là impunie, que j'étais bien aise d'en juger par moi-même. Mengin était en train de dessiner n'importe quoi et n'importe qui, sans parler. La foule était recueillie et semblait boire son silence comme des flots d'éloquence. Il daigna enfin parler, en regardant çà et là dans le tas de ses admirateurs. Ce qu'il dit, je ne l'ai pas mis en mon *gardoire*, — fait pour de plus nobles conserves ; je me souviens seulement que c'était outrageant pour le public qui l'entourait, pour moi comme pour les autres ; à ce point même que je sifflai, me sentant atteint par les épigrammes qu'il lançait avec tant de calme sur la foule rassemblée autour de sa voiture. Devant cette sibilante protestation, Mengin se contenta de sourire, — un sourire de supériorité ! Mais la foule, indignée de mon audace, se retourna comme un seul homme contre moi, et je ne sais pas trop ce qui serait arrivé si mon ami, qui rendrait des *poings* à Arpin sans en avoir l'air, ne m'eût enlevé et protégé dans ma retraite forcée.

« Vert-de-Gris ! en avant la musique ! »

Cette idole populaire aurait fini par avoir le sort des autres idoles, qui meurent dans l'oubli le plus profond, si les dieux, qui l'aimaient probablement, ne l'avaient rappelé à eux l'année dernière, au milieu même de ses succès et de sa vie. La nouvelle s'en répandit électriquement par la ville, et, ainsi qu'on avait jadis entendu à propos du grand Pan, on cria partout lamentablement : « Mengin est mort ! Mengin est mort ! Mengin est mort ! » On n'y voulut pas croire, d'abord, parce que le même bruit en avait déjà précédemment couru, — dans un but facile à deviner : mais, cette fois, c'était la bonne, ou, si vous le préférez, c'était la mauvaise. Mengin était mort pour de vrai, ainsi que le constatèrent les journaux sérieux, et même les journaux frivoles.

La foule, cette Calypso mâle, ne peut pas encore se consoler du départ de son Ulysse à casque pour le royaume aux sombres bords, et, dans sa douleur, elle s'arrête de temps en temps sur les places publiques pour s'assurer que les boniments qu'on y débite ne sont pas ceux de son tant regretté marchand de crayons.

Qu'est devenu Vert-de-Gris, qui jouait de l'orgue chaque fois que Mengin avait parlé au peuple ?

NADAR.

Qui ne le connaît, à Paris, en France, en Europe? Il est aussi populaire que le Juif-Errant et deviendra certainement aussi légendaire que lui. Il est de toutes les représentations, de toutes les inaugurations, de toutes les solennités profanes où se porte le « tout Paris » qui donne le *la* au reste du monde. On se le montre quand il passe sur le boulevard, faisant de grandes enjambées de faucheux, ou quand il entre au théâtre en se balançant « comme une pivoine harcelée par le vent du sud, » disait Charles Bataille. Il a la papillonne.

Nadar a peint, dessiné, fusiné, caricaturisé, photographié trop de monde pour n'avoir pas été portraituré lui-même cent fois, et je n'apprendrais rien à personne en disant : « Ses cheveux ont l'ardeur attiédie d'un soleil couchant; leur reflet s'est étendu sur toute la figure où jaillissent, se combattent, en frisant, des bouquets de poils, incohérents comme des fusées d'artifice. Extrêmement dilatée, la prunelle roule, témoignant d'une ardeur énorme de curiosité et d'un étonnement perpétuel. La voix est stridente; les gestes sont ceux d'un joujou de Nuremberg qui a la fièvre. »

Je n'apprendrais rien non plus à personne en disant que Nadar tutoie tous les gens qu'il connaît, — et même ceux qu'il ne connaît pas. A ce point que, vers le commencement de 1863, une association s'était formée, sous les auspices du perfide Monselet, dans le but unique de le *vouvoyer*, « ce qui eût pu le tuer, » comme le faisait remarquer l'auteur de *M. de Cupidon*, — qui cependant tutoie aussi son monde assez volontiers.

D'ailleurs quelle meilleure biographie pourrais-je imaginer qui valût celle que Nadar a tracée lui-même de lui-même ? quel meilleur portrait que celui qu'il a dessiné lui-même avec une verve de tous les diables ? Tenez, lisez plutôt :

« Un ancien faiseur de caricatures, assez impertinent pêcheur à la ligne dans les petits journaux, médiocre auteur de quelques romans dédaignés de lui tout le premier, et réfugié finalement dans le Botany-Bay de la photographie.

« Comme unique bagage d'érudit, parrain, de par le catalogue de l'entomologiste Chevrollat, d'un *Bupreste* et d'une variété *Copris* (environs de Paris). Intelligence superficielle, ayant effleuré beaucoup trop de choses pour avoir eu le temps d'en approfondir une. N'ayant commencé l'étude de la médecine que pour lui tourner le dos aussitôt, et n'en sachant pas plus d'ailleurs, en fait de physique et de chimie, que ce qu'il a oublié de ce qu'il n'avait guère appris étant au collége, où il passait son temps, on se le rappelle encore, à crosser du pied les bordures en buis taillé du *Jardin des racines grecques*. — Un de ces hommes dénués de respect qui appellent les savants « des bêtes à X, » comme d'autres disent des vers à soie ; se compromettant, comme à plaisir, à affecter une ignorance plus grande encore que la sienne réelle et à se faire attribuer la paternité de formules dans le genre de celle-ci : — La chimie, c'est ce qui pue !

« Voilà pour l'autorité scientifique.

« Comme caractère général ou caractères généraux, la plus solide et la mieux établie des réputations de cerveau brûlé sur le territoire parisien et extra-muros. Un vrai casse-cou, toujours en quête des courants à remonter, bravant l'opinion, inconciliable avec tout esprit de suite et d'ordre, se vantant d'avoir ses quarante ans bien sonnés quand tout le monde sait trop qu'il n'en compte que douze ou treize au plus, touche-à-tout, riant à gauche, pinçant à droite, mal élevé jusqu'à appeler les choses par leur nom et les gens aussi, et n'ayant jamais raté l'occasion de parler de corde dans la maison de gens pendus ou à pendre. Sans mesure ni retenue, exagéré en tout, impatient à la discussion, violent en paroles, obstiné plutôt que persévérant, enthousiaste à propos de rien, sceptique à propos de tout, épouseur en défi de toutes les querelles, bougeant toujours et, dès lors, marchant sur les pieds de tout le monde, ce que les gens qui ont des cors ne pardonnent pas. Imprudent jusqu'à la témérité et téméraire jusqu'à la folie, ayant passé sa vie à se jeter par la fenêtre de tous les sixièmes étages pour retomber sur ses pieds, à fournir des légendes à la badauderie universelle, et poursuivi, comme malgré lui, par un acharnement d'heureuse chance à faire grincer des dents aux plus bénins, puisqu'il n'a jamais pu réussir à se noyer tout à fait. Ayant tellement maltraité et blessé de ses mépris et défis l'opinion publique qu'elle le poursuivra à jamais de sa défiance haineuse. Personnalité bruyante, absorbante, gênante, agaçante, forçant la curiosité qui s'en irrite et dès lors couchée en joue de derrière chaque angle de carrefour; rebelle-né vis-à-vis de tout joug, impatient de toutes convenances, n'ayant jamais su répondre à une lettre que deux ans après, hors la loi de toutes les maisons où on ne met pas ses pieds sur la cheminée, et — afin que rien ne lui manque, pas même un dernier défaut physique, pour combler la mesure de toutes ces vertus attractives et lui faire quelques bons amis de plus, — poussant la myopie jusqu'à la cécité, et conséquemment frappé de la plus insolente amnésie devant tout visage qu'il n'a pas vu plus de vingt-cinq fois à quinze centimètres de son nez.

« Mais que dire de plus — car je n'en finirais pas — d'un garçon tellement dépourvu de cervelle qu'il n'eut jamais le premier bon sens pratique de se prendre un seul instant de sa vie au sérieux et de se croire quelqu'un pour le persuader aux autres ! Tireur de pétards, casse-carreaux, chien de jeu de quilles, prototype de terreur pour les beaux-pères. Voilà l'homme... »

Je n'aurais jamais osé dire tout cela — ne le pensant pas — de Nadar, qui ne mérite pas les trois quarts des injures qu'il s'adresse si généreusement. C'est une eau-forte très-remarquable qu'il a signée là, et lui seul pouvait la signer. Je n'ai rien à y ajouter, sinon que, malgré son droit à faire partie de ma galerie de célébrités d'une heure, il n'en serait pas s'il n'avait pris soin d'arroser sa famosité pour l'empêcher de se faner, et de couper la queue à son chien pour l'empêcher de repousser. C'est la loi fatale, c'est le devoir rigoureux de quiconque tient à être célèbre à Paris : il faut violenter l'indifférence du public. Cœur hospitalier, caractère sûr, esprit distingué ; bon écrivain — quoi qu'il en ait dit, — bon caricaturiste, bon photographe, Nadar eût été oublié de tous, excepté de ses amis et d'un certain nombre de lecteurs d'élite : mais, à ces solides qualités il a ajouté de bruyantes excentricités, et son nom roule depuis quelques années dans la bouche des hommes. Félix Tournachon ne serait qu'un vaillant cœur et un vaillant esprit : Nadar est un *lion*.

Il est lion surtout depuis sa téméraire ascension du mois de novembre 1863, où il faillit perdre la vie, ainsi que sa courageuse femme et leurs compagnons de voyage. Je ne la raconterai pas, puisqu'il vient de prendre ce soin lui-même en publiant les *Mémoires du Géant*, qui sont lus avec une curiosité bien légitime. Je me contenterai d'ajouter que, pendant huit jours, depuis celui de la chute du ballon en Hanovre jusqu'à celui du retour des blessés en France, la célébrité de Nadar atteignit des proportions au moins égales à celles de son aérostat — qui était colossal ; on s'entretenait de lui partout, les journaux donnaient le bulletin de sa santé à la colonne réservée aux nouvelles officielles, et les marchands de nouveautés mettaient à leur étalage des *cols-Nadar*, — comme ils y avaient mis jadis des *crêpes-Rachel*.

O la gloire !

Que restera-t-il un jour de l'auteur du *Miroir aux alouettes*, de la *Robe de Déjanire*, de *Quand j'étais étudiant ?* Je l'ignore. Ce que je sais c'est que sur un débris cyclopéen de l'île de Gozo, un poëte polonais, Ceslaw Karski, a gravé en arabe, mais avec des lettres latines : *Nadar aux cheveux flamboyants a passé en l'air au-dessus de cette tour*; — et qu'il est probable qu'à cette heure les habitants de cette île sont en train de l'adorer comme un Dieu inconnu.

O la gloire !

TIMOTHÉE TRIMM.

Il y a tout à l'heure trois ans, M. Millaud, banquier, fondait un journal dont tout le monde avait eu l'idée — sans avoir les moyens de la réaliser. Il s'appelait le *Petit Journal*, ne s'occupait pas de politique, donnait toutes les *Nouvelles diverses* qu'on recherche si avidement dans les grands journaux, et ne coûtait qu'un sou, — tout ce qu'il vaut.

Le succès vint au *Petit Journal* dont le tirage, de 5 ou 6,000 exemplaires au début, a atteint aujourd'hui le chiffre respectable de 290,000 exemplaires, à quelques centaines près. Le succès vint pour plusieurs raisons : la première, parce que, comme le dieu des armées, il est toujours du côté des gros bataillons; la seconde, parce que M. Millaud entend à merveille la réclame; la troisième, parce qu'il eut la main assez heureuse pour choisir Léo Lespès comme son rédacteur principal.

Cette troisième raison de succès valait à elle seule les deux autres.

Léo Lespès était un écrivain humoristique primesautier, spirituel, fin, original quelquefois, dont les articles au *Figaro* étaient remarqués, — si bien remarqués même, que chaque numéro où il y avait sa signature se vendait à quelques mille exemplaires de plus que les autres. En changeant de tribune et de public, il changea de nom, et, en changeant de nom, changea aussi de talent : Léo Lespès s'appelle désormais Timothée Trimm.

Timothée Trimm ! Ces treize lettres, qui avaient passé inaperçues, trois ans auparavant, au bas de comptes-rendus dramatiques dans le *Figaro-Programme*, prirent tout à coup, en quelques mois, dans le *Petit-Journal*, des proportions et une importance extraordinaires. D'abord reléguée à la seconde page, à la suite de noms inconnus, cette signature émergea subitement de l'ombre et flamboya à la place d'honneur en capitales de 10. Le journal, qui ne tirait timidement qu'à cinq ou six mille, se mit à tirer à vingt, à trente, à cinquante mille, grâce à ce nom magique, que la foule se répétait de bouche en bouche avec un enthousiasme inquiétant pour sa raison.

Léo Lespès n'avait été jusque-là qu'un écrivain : il devint bientôt un personnage. Ses lecteurs, qui chaque jour s'accroissaient, lui envoyaient des bourriches de compliments, — avec quelque gibier et quelques vins fins autour. Le public le *gobait*, — pour employer un mot des demoiselles Benoîton, — et Timothée Trimm se laissait gober, lui pas fier !

Son triomphe fut complet, — si complet, qu'il dure encore, après trois ans ! Peut-être grisa-t-il un peu celui qui en était l'objet ; peut-être le spirituel auteur des *Quatre coins de Paris* crut-il un peu trop à la gloire en gros sous que lui distribuait la Renommée ; peut-être s'exagéra-t-il un peu l'importance du porte-voix que le hasard — sous les traits de M. Mardochée Millaud — lui avait mis dans les mains ; peut-être ses amis eussent-ils désiré qu'il fût moins *gobé* par la foule afin d'être apprécié davantage par les délicats... Mais, après tout, un homme n'est pas un saint, et ce n'est pas moi qui aurais essayé de faire rougir Noé de son ivresse.

Son triomphe fut complet ; mais bientôt, qu'une nuée d'insulteurs grands et petits s'abattit sur le triomphateur. J'avoue même, sans qu'on m'en prie, avoir fait ma partie dans le charivari qui, dans ma pensée comme dans celle de beaucoup de mes confrères, devait seulement blesser les oreilles de Timothée Trimm et non le cœur de Léo Lespès. Il paraît qu'au contraire le cœur fut plus atteint que les oreilles par ces bourdonnements de moucherons moqueurs en quête d'une proie : Léo Lespès se plaignit amèrement des « attaques » de ses confrères, la plupart ses amis, qu'il bouda pendant longtemps et auxquels il reprocha « d'être jaloux de son succès. »

Le reproche était dur et immérité. Pour quelques drôles comme il s'en faufile malheureusement de temps en temps dans les journaux, et qui étaient en effet irrités par l'éclat du succès de Timothée Trimm, qu'ils jalousaient, Léo Lespès continuait à être aimé de ses confrères, heureux de son avancement au lieu d'en être offusqués, — sachant bien, par Horace et par eux-mêmes, qu'il y avait encore de la place de reste pour eux, *locus erat et pluribus umbris.* Et moi, simple troupier de lettres, je pensais exactement comme les caporaux et les sergents à propos du colonel Timothée.

J'ajouterai — afin que nul n'en ignore — que je suis émerveillé des tours de force qu'accomplit depuis trois ans, dans le *Petit Journal*, mon obligeant confrère Léo Lespès, et que, si on me proposait de faire la même besogne seulement pendant un mois, je refuserais net, malgré le haut prix qu'on daignerait y mettre; je refuserais, non par dédain, — mais par sentiment de mon incapacité. L'homme dont les articles font hausser la vente, soit au *Figaro*, soit au *Petit Journal*, n'est pas, ne peut pas être un homme ordinaire ni un écrivain médiocre, et la foule a beau avoir, en littérature, des goûts ridicules et des appétits grossiers, quand elle s'engoue à ce point, c'est qu'il y a quelque raison pour qu'il en soit ainsi. Je m'incline devant son enthousiasme, sans le partager: Léo Lespès ne m'en voudra pas de n'avoir au service de Timothée Trimm que l'estime du confrère et la poignée de main de l'ami, l'une et l'autre profondes et sincères.

Il ne m'en voudra pas davantage d'avoir écrit ces vers au bas de sa photographie :

Voici, cher public, trait pour trait,
Le célèbre Trimm Timothée,

Celui qui triture et refait
Ton intellectuelle pâtée...
Il trime comme un galérien,
Le célèbre Trimm Timothée.
Après lui, je ne connais rien
Que Léo Lespès, — qui vaut bien
L'infatigable Timothée...

Parmi toutes les célébrités vivantes dont je raconte dans ce livre la fulgurante apparition, quelques-unes se plaindront des prudents bémols que je mets aux fanfares fanfarées en leur honneur : Timothée Trimm, non.

LAMBERT.

Au beau milieu de l'année 1864, il y avait à Paris un homme bien populaire, un homme avec qui bien des femmes auraient voulu faire connaissance, — à cause de sa notoriété, la plus grande peut-être à laquelle il ait été donné à un homme d'atteindre en si peu de temps dans un pays où cependant la notoriété s'acquiert à si peu de frais — et si vite.

Où qu'on allât, dans les bons comme dans les mauvais endroits, dans les salons comme dans les cafés, à l'entre-sol comme au sixième étage, chez la duchesse comme chez la grisette, chez les ministres comme chez les *chiffretons* du faubourg Marceau, on n'entendait retentir que le nom de cet homme, — qu'on ne voyait nulle part quoiqu'il fût partout.

Cet homme, c'était Lambert !

Lambert de qui ? Lambert de quoi ? On n'en savait pas plus long. Seulement, quand un voyou rencontrait un Monsieur, il se plantait devant lui et lui criait effrontément : « Ohé ! Lambert ! » Quand une lorette voulait congédier un Monsieur qui devenait trop *collant*, elle lui disait insolemment : « As-tu fini, Lambert ! » Quand un ivrogne, en train de festonner à travers les rues, rencontrait une borne et s'échouait dessus, comme un cachalot sur un banc de sable, il lui criait brutalement : « Tu vas me le payer, Lambert ! » Quand un journaliste voulait *engueuler* proprement un de ses confrères il lui criait impertinemment : « Êtes-vous assez Lambert ! »

C'était bien pis en wagon. Vous alliez de Paris à Versailles, rive droite ou rive gauche, et durant tout le trajet vous entendiez répéter par un millier de voix moutonnières : « As-tu vu Lambert ? » Vous alliez de Paris au Havre, c'était la même exclamation assourdissante — et niaise.

O peuple souverain ! quand tu t'y mets — et, sans reproche, tu t'y mets souvent — tu inventes des inepties de haute futaie et des sottises de fond de cale ! Tu ne te contentes pas des bourdes que tes maîtres te font avaler : tu en pétris toi-même de tes mains et tu les gobes avec avidité. Peuple souverain, tu n'es pas un beau grenadier, mais tu m'affliges !

D'où venait ce Lambert ? Il était né d'une fantaisie

isolée — et le badaudisme général avait fait le reste.

Cette *scie* ne dura heureusement que quelques semaines, pendant lesquelles le séjour de Paris fut odieux. Si elle se fût prolongée, Paris fût devenu tout à fait inhabitable. Lambert retourna dans l'ombre d'où il était sorti, d'où il n'eût jamais dû sortir. A ceux qui s'étonneraient de le voir figurer dans ce petit musée, je répondrais en leur demandant s'ils en ont connu qui méritassent autant que lui d'y être. Il n'a pas existé? Gaspar Hauser, non plus, puisque c'est une imagination de Méry; mais est-ce que Gaspar Hauser, pour cela, en a moins préoccupé l'attention des badauds?

« Hé! vous n'auriez pas vu Lambert
A la gar' du chemin de fer?
Vous n'auriez pas vu...
Lambert ?   *(cinq fois.)*
S'est-il noyé dans la mer?
S'est-il perdu dans l'désert?
Qu'est-c' qu'à vu Lambert,
Lambert ?... »

ABD-EL-KADER.

L'Algérie est conquise depuis trente-six ans, mais elle n'est pas pacifiée. Ce que la France a englouti là d'hommes et de millions est incalculable, et, si elle ne s'arrête,

Dieu seul sait où s'arrêteront ses soldats et ses millions.

La terre est belle, pourtant, riche surtout. C'est un Paradis terrestre où il y a peut-être un peu trop de lions et pas assez d'eau, — mais un Paradis terrestre où il ferait bon vivre, si les Arabes le permettaient.

Car toujours ils se révoltent, ces enfants du désert ; toujours ils s'obstinent à regimber contre notre autorité, qui se fait douce et facile exprès pour les séduire — et qui n'y parvient pas. Ils ne veulent pas de la civilisation qu'on leur apporte au nom du Christ, et ils la repoussent à coups de fusil, au nom de Mahomet.

Cependant, les protestations des tribus groupées autour de notre colonie sont moins fréquentes et moins sérieuses qu'elles ne l'étaient il y a une trentaine d'années.

Il y a trente ans, ce que nous croyions être des possessions françaises, parce que nous y avions planté le drapeau français, étaient des possessions imaginaires. Nous régnions, mais nous ne gouvernions pas. On nous laissait envahir un pan de terrain, puis un autre, puis dix autres, et, quand nous nous disposions à chanter victoire, un homme venait qui nous enlevait d'un seul coup le fruit de tant de travaux, de tant de peines, de tant de sueur, de tant de sang.

Cet homme, c'était l'émir Abd-el-Kader, — ou plutôt le chef des Maures, le guerrier Sidi-el-Adi-Mohammed-Abj-Abd-el-Kader-Sidi-Mey-el-Dinn, comme il s'intitulait lui-même dans sa lettre du 5 août 1833 au lieutenant-colonel Dubarrail, cerné par lui dans Arzew.

Un vrai chef d'enfants du désert, politique et religieux, — l'adversaire le plus digne et le plus dangereux que la France pût rencontrer.

Il était né vers la fin de 1808, à la Zayouat (tombeau de ses ancêtres) nommée Si-Moustapha-el-Mokhetan, aux environ de Mascara, sur le territoire de la grande tribu des Hachems. La Zayouat, ou Guetna, est une sorte d'hôtellerie religieuse, où les pèlerins viennent se délasser, les fils des djouads, ou nobles, s'instruire dans la loi du Coran, et les tolbas et les marabouts se former à la science ou à l'apostolat. C'est là, dans ce milieu religieux, intellectuel et guerrier, que s'était écoulée son enfance, du moins une partie de son enfance. A peine adolescent, et après quelques voyages au Caire et à Alexandrie, où il s'était mis en contact avec la civilisation d'Occident, il était déjà un homme fait, physiquement et intellectuellement. Nul marabout, nul tolba n'en savait autant que lui; nul djouad n'avait sa bravoure et son adresse. C'était le plus savant et le plus guerrier de sa tribu et des tribus environnantes. Le premier cavalier du talon et du fusil, d'un seul coup de ses éperons il cerclait de sang les flancs de son cheval, et d'un seul coup de son fusil, à balle franche, en courant, il tuait les hirondelles au vol. Une nature de héros et de prophète !

Sa destinée, il ne la cherchait pas : il se contentait de marcher, sûr de l'atteindre, — assuré aussi de n'être pas atteint par les balles de ses ennemis; fussent-elles aussi nombreuses que les étoiles du ciel, et sa poitrine servît-elle de cible unique à leurs coups. Lors de son premier pèlerinage au tombeau de Mahomet, les saints de la Mecque, frappés de la mâle beauté de son visage et touchés de la profondeur de sa science, lui avaient dit, comme les sorcières à Macbeth, thâne de Codor et de Glamis : « Tu régneras un jour ! » Et il s'était répété : « Je régnerai ! » Et il avait régné, en effet.

Les Français avaient envahi le sol sacré : pendant quinze ans, à la tête des tribus révoltées, fanatisées par ses prédications et par son exemple, il avait essayé de repousser les Français envahisseurs. C'était une guerre sainte qu'il prêchait là contre les *roumis!* Pendant quinze ans, sans repos ni trêve, suivi de ses goums fidèles, aussi indomptables que lui, aussi résolus que lui à vaincre ou à mourir en combattant, il harcela et décima même les armées envoyées contre lui. Une rude guerre que cette guerre d'escarmouches quotidiennes où il avait contre nous l'avantage du terrain qu'il connaissait si bien et où il trouvait à chaque pas, au moment décisif où il allait être vaincu par le nombre, un refuge assuré pour lui et pour ses farouches compagnons ! Une rude guerre, oui, qui a fait couler à flots un sang généreux, qui eût pu être plus utilement employé, — si tant est que le sang humain soit un engrais nécessaire à la civilisation !

Mais tant d'héroïques efforts ne devaient pas être vains. Après avoir été tant de fois battu sans être une seule fois vaincu, l'émir entendit enfin sonner pour lui l'heure de la défaite.

Le 21 décembre 1847, pendant la nuit, Abd-el-Kader, à la tête d'une poignée de cavaliers de la tribu des Beni-Snassen, restés fidèles à sa mauvaise fortune comme d'autres à sa bonne, s'engageait dans le col de Kerbous, sur la frontière du Maroc, où il ne voulait pas se réfugier de peur de trahison, et lançait au galop sa fameuse jument noire, légendaire dans le pays. La fatalité, à laquelle il croyait comme à Dieu, l'attendait là, embusquée. « Au bout d'une heure l'émir venait se heurter aux canons des fusils des spahis du lieutenant indigène Bou-Khouia. Fusillé à bout portant par les spahis, se sentant cerné par la colonne Lamoricière, complétement enveloppé d'ailleurs, Abd-el-Kader mit bas les armes, se rendit à Bou-Khouia et envoya son yatagan, en signe de soumission, au général Lamoricière. »

La nouvelle en arriva rapidement à Djemma-Gahzouat, dont, à l'aube, toute la population était sur pied, Maures et Français, femmes et vieillards, pour se repaître de la vue du héros vaincu. A six heures, un nuage de poussière s'élevait sur la route de Sidi-Brahim. C'était lui !

« Monté sur sa jument noire, l'émir prisonnier s'avançait au pas, précédé et suivi des spahis rouges, le fusil haut. Des deux côtés du chemin, marchaient en colonne par un deux escadrons de chasseurs d'Afrique. Quelques cavaliers poudreux, sanglants et désarmés, — les amis de la dernière heure, les derniers fidèles de l'émir, — venaient ensuite, impassibles et mornes.

« Agé de quarante ans environ, d'une taille moyenne et bien prise, Abd-el-Kader avait sur son visage pâle, mélancolique et grave, une expression plus mystique que guerrière. Ses grands yeux noirs, dont le tour des paupières était peint avec du koheul, avaient une expression rêveuse. La barbe était fine et rare ; le front, tatoué d'une étoile, était beau ; les mains et les pieds charmants. Perdu dans une profonde rêverie, l'œil fixe, il ne tournait jamais la tête, ne regardait personne. Quelques Arabes déguenillés se glissèrent entre les jambes des chevaux des spahis et vinrent baiser les pans de ses burnous : il ne laissa pas tomber sur eux un regard. Roulé dans un haïk de soie blanche qui, retenu autour de sa tête par une corde en poil de chameau, l'enveloppait tout entier ; portant par-dessus deux ou trois burnous d'une grande finesse et roulant entre ses doigts fins et blancs les grains d'un chapelet d'ambre : tel apparut — fatal et beau — le fils de Nahidine, sur la route de Sidi-Brahim, le matin du 22 décembre 1847. »

Le 25 janvier 1848 on l'embarquait pour Oran, d'où l'*Asmodée* le conduisait aussitôt en France, à Toulon, où il débarquait le 29 du même mois avec sa smala.

Les événements de février empêchèrent qu'on ne s'occupât, comme il convenait, de cette importante capture ; cependant, malgré la fièvre politique du moment, Abd-el-Kader passionna encore bien des gens pour et contre lui. J'ai vu M. Emile Ollivier pleurer d'indignation, à Fontenay-aux-Roses, dans la maison de M. Ledru-Rollin, en songeant aux mauvais traitements et au manque de parole dont on s'était rendu coupable envers ce héros vaincu...

Mais il n'était pas juste que le lion de l'Atlas ne devînt pas, à son tour, le lion de Paris ; Paris lui devait un dédommagement : il le lui paya le 28 juin 1865, jour choisi par lui pour rendre aux Français la monnaie des visites qu'ils lui ont faites chez lui à différentes reprises et dans un but opposé au sien. Paris l'acclama avec cet empressement irréfléchi qu'il apporte à tout ce qu'il fait, et cet enthousiasme dut faire sourire « le moderne Jugurtha, » qui se rappelait le guet-apens de Sidi-Brahim, et s'étonnait sans doute qu'on l'eût oublié si vite.

Pardon, Emir, pardon! Nous n'avons pas oublié le guet-apens de Sidi-Brahim : mais nous nous souvenons aussi de votre noble conduite à Damas. Vous nous avez tué des milliers de vaillants soldats; mais vous avez sauvé des centaines de chrétiens...

LE CURÉ MÉRINO.

Par une claire matinée de l'automne de 1808, une petite troupe de voltigeurs français s'avançait en riant sur la route de Villaviado, à une douzaine de lieues de Burgos.

Ces soldats riaient, d'abord parce qu'ils étaient français, et l'on sait quelle est la jovialité du troupier en campagne; ensuite parce qu'ils avaient trouvé drôle d'affubler de leurs sacs et d'une partie de leurs fusils un pauvre diable de gardeur de chèvres qu'ils avaient rencontré sur leur chemin. Le poids était excessif, et le chevrier pliait dessous; mais plus il avait l'air de supplier ses aimables bourreaux, moins ceux-ci prenaient garde à ses supplications, et, quand il se reposait, excédé de fatigue, ils lui communiquaient de nouvelles forces à coups de bâton. Cela dura ainsi pendant trois lieues, c'est-à-dire pendant trois longues heures, au bout desquelles on voulut bien donner au chevrier la permission d'aller retrouver ses chèvres.

C'était un homme d'environ trente-cinq ans, très-petit, très-fluet, très-débile en apparence, mais au fond très-robuste, très-énergique, très-résolu, et que personne n'avait jusque-là insulté ni molesté en vain. Il s'appelait D. Géronimo Mérino; mais il était plus connu dans la Vieille-Castille sous le nom de *El cura de Villaviado*.

D. Géronimo Mérino était en effet curé et chevrier, pasteur d'hommes et de bêtes, toute la semaine l'un, et le dimanche seulement l'autre. Ses ouailles s'accommodaient de ce cumul, paraît-il, et l'on n'y trouvait rien d'étrange, non plus qu'à son costume, qui cependant n'était ni celui d'un prêtre ni celui d'un chevrier : une houlette à la main, un fusil sur l'épaule, des pistolets à sa ceinture et un poignard aux grègues. Cela sentait plus le montagnard chasseur et contrebandier que le ministre de l'Évangile. Mais, en Espagne !

Ce matin de septembre 1808, Géronimo n'avait ni pistolets, ni fusil, ni couteau à sa disposition, car, aussitôt sa corvée faite,— à contre-cœur, cela va sans dire, —il se rendit chez un aubergiste de Quintanilla, s'embusqua au coin d'un bois et attendit une occasion de se venger de l'avanie subie : avant la nuit il avait tué un courrier français et s'était emparé de son cheval.

Son Rubicon était franchi. Désormais il allait exercer contre les ennemis de sa patrie de sanglantes représailles, — sans compter ses propres ennemis, les alcades. A partir de ce jour-là, il cessa de mener les chèvres pour ne mener que des hommes. Il eut une troupe, recrutée parmi les contrebandiers amis de son frère *El majo*, et parmi d'autres gens encore, qui n'étaient certes pas de premier choix, et il lui fit accomplir des prodiges de valeur — et de cruauté. On parla du curé Mérino !

L'homme était étrange, et s'il était impossible qu'il excitât la moindre sympathie, il était impossible aussi qu'il n'éveillât pas une grande curiosité. Ce tueur d'hommes avait toutes les vertus d'un saint : il ne fumait pas, ne buvait jamais de vin, mangeait très-peu, dormait encore moins, une demi-heure tout au plus. Et encore, cette demi-heure, il ne l'avait jamais passée au milieu de ses compagnons. Chaque soir, après le coucher du soleil, il faisait arrêter sa troupe de guérillas, lui indiquait un campement pour sa nuit, et, cela fait, il s'éloignait au galop de son cheval, suivi d'un seul domestique dévoué et d'un enfant d'une dizaine d'années qu'il disait être son neveu et qui n'était autre que son fils et celui d'une de ses cousines. On ne le revoyait que le lendemain matin, à l'aube, et l'on partait alors pour quelque nouvelle expédition projetée par lui dans la nuit; on s'embusquait dans une gorge, dans un bois, partout où l'affût pouvait être bon, et l'on fondait à l'improviste sur les convois et sur les voyageurs, français et même indigènes : tout est ennemi pour qui veut piller !

Ainsi fut-il des bois de Burgos et de Soria, des gorges de Guadarrama et de Somo-Sierra, où tant de malheureux furent détroussés, pillés, mutilés et fusillés. Car Géronimo était d'une cruauté rare, n'accordant jamais la vie aux prisonniers qu'il faisait, et s'ingéniant à leur trouver des morts qui n'eussent pas encore été inventées.

Les soldats de Napoléon — des braves cependant — tremblaient en entendant prononcer le nom du curé Mérino !

Ce brigandage patriotique dura autant que la guerre de l'Indépendance. Géronimo dut mettre son espingole au râtelier et congédier ses compagnons. D'abord gouverneur de Burgos, puis chanoine à la cathédrale de Valence, il se fit casser aux gages et revint dans son pays, à Tordueles, village près de Villaviado, où il mena pendant quelques années la vie de gentilhomme campagnard.

Vint la Constitution de 1820. Je ne sais déjà plus à propos de quoi cette malheureuse Constitution et lui se heurtèrent; toujours est-il qu'il y eut choc, et que le vindicatif curé sentit se réveiller en un instant tous ses vieux appétits de soldat d'aventures. Un préfet maladroit avait voulu le faire arrêter, et l'avait même menacé de la potence : le soir du jour où il était ainsi menacé, Mérino montait à cheval et criait : *Aux armes!* Une heure après, il était à la tête de quatre cents paysans;

le lendemain, il avait une petite armée d'environ 1,500 hommes armés de fourches, de coutres de charrue, d'arquebuses et de couteaux, et, ce qu'il avait fait jadis contre les Français de Napoléon, il le fit contre les constitutionnels.

Cet audacieux guerrillero ne déposa les armes que lorsque la cause qu'il servait, l'absolutisme, eut triomphé. Il avait bien *travaillé* : Ferdinand VII lui donna une pension et le grade de brigadier. Il disparut une seconde fois de la scène politique.

Au commencement de 1833, il se mit à la tête d'une bande de volontaires royaux, insurgés au nom de Don Carlos, et recommença ses exercices d'autrefois, lesquels furent contrariés par le général Quesada, qui commandait dans la Vieille-Castille, et par le général Saarsfield, qui le força à se réfugier dans la province d'Alava. Vers la fin de novembre, Mérino fut défait auprès de Briviesca. C'était fini : ce roi des montagnes avait régné !

Mais, même après son abdication forcée, il fit encore du bruit, il occupa encore les trompettes de la renommée, — fort occupées déjà sans lui. La France avait reçu cet hôte dangereux : elle le conserva jusqu'en 1844, époque où le curé Mérino mourut à Alençon, où il avait été interné.

Le curé Mérino !...

POITEVIN.

Vous connaissez la fable d'Icare? Pour les esprits superficiels, c'est simple comme bonjour : Icare, fils de Dédale, l'ingénieux Dédale (*Dædalus*, c'est-à-dire *ingeniosus*), est enfermé avec son père dans le labyrinthe de Crète pour avoir favorisé les amours monstrueux de madame Pasiphaë, femme de Minos; et, comme cela l'ennuie, ainsi que son père, d'être enfermé là-dedans, il s'envole avec de vraies ailes et monte vers « l'empyrée, » d'où il retombe dans la mer. Mais pour les esprits délicats cette fable est un mythe, ce mythe est celui de l'aspiration éternelle de l'homme vers le ciel, sa première patrie, ainsi que le dit le très-beau vers de Lamartine :

« L'homme est un Dieu tombé qui se souvient des cieux. »

De là l'invention des ballons.

Je n'en ferai pas l'histoire, qu'on se rassure ! Elle est faite et bien faite, d'abord; ensuite ce n'est pas le lieu. J'ai à dire quelques mots d'un aéronaute excentrique, dont Paris s'est fort entretenu il y a une quinzaine d'années, et je les dis.

Jusqu'à Poitevin, on avait vu déjà bien des ballons s'enlever avec des hommes, mais seulement avec des hommes, — et par hommes j'entends aussi les femmes. Mais jamais on n'avait vu d'homme s'enlever avec une bête, et ce fut le spectacle nouveau que Poitevin donna aux Parisiens le dimanche 14 juillet 1850, en s'enlevant avec un joli petit poney blanc du manége Pellier.

Ce dimanche-là, je vous l'assure, il y eut foule au Champ-de-Mars, point de départ ordinaire de tous les Icares parisiens. Un homme assis dans une nacelle, au-dessous de son aérostat, cela n'est pas drôle, cela s'est vu trop souvent, il n'y a rien à espérer, — à moins d'un bon petit accident, non prévu par le programme. Mais un homme à cheval sur un cheval, à deux ou trois mille pieds au-dessus du boulevard Montmartre, c'était *rigolo!* Paris s'entretint de ce plaisir promis trois ou quatre jours avant le jour où on devait le lui donner, et quand Poitevin parut dans l'enceinte du Champ-de-Mars où se gonflait son ballon, il fut salué de vivats enthousiastes et nombreux. Quant à *Blanche*, le joli poney à qui l'on allait faire une surprise si désagréable, ce ne fut pas de l'enthousiasme qu'on lui témoigna, ce fut de la frénésie. C'étaient les héros du jour, ce poney et son maître!

Le moment de l'ascension arriva. On attacha solidement le poney en lui passant une série d'armatures sous le ventre et entre les jambes, Poitevin monta dessus, et houp! houp! lâchez tout! On lâcha tout, le cheval eut un petit gigotement de terreur en sentant le sol lui manquer, puis il se résigna — abruti par l'étonnement. Rien n'est *bêta* comme un cheval à qui manque tout à coup la terre, son élément naturel; rien, sinon le poisson qu'on retire de l'eau pour le mettre sur le sable. Il paraît qu'une fois « dans les airs » avec son maître, *Blanche* se conduisit bien, et que, même « elle sembla contempler avec une certaine intelligence le spectacle de la terre s'enfuyant au-dessous d'elle. » Je ne demande pas mieux que de le croire; mais je crois aussi que ce pauvre petit poney, si on l'eût consulté, eût préféré courir dessus que de courir au-dessus. Avec cela que les armatures devaient le gêner, augmentées encore par le poids de son maître, — auquel avait failli s'adjoindre celui d'un Anglais aventureux qui, au moment du départ, avait fait tout ce qu'il avait pu pour monter en croupe avec Poitevin. Quand il redescendit il n'en fut pas fâché.

Poitevin recommença cette ascension quelque temps après. Il eut encore du monde, mais beaucoup moins que la première fois. Le poney était usé : il fut sur le point de lui substituer un éléphant pour raviver un peu l'engouement public. Un éléphant ! voilà le *plus lourd que l'air* demandé, ami Nadar !...

LE DOCTEUR NOIR.

D'abord il était blanc, quoique né à Surinam. Pourquoi alors l'appelait-on le *Docteur Noir ?* Je n'en sais rien, — mais probablement parce qu'en faisant de la médecine il faisait de la magie blanche. Docteur-prophète, le Docteur Noir !

Aussi, vous comprenez son succès ! Il fut énorme. Comme prophète choisi par Dieu pour fondre en une seule religion tous les cultes de l'univers et édifier en plein Paris, aux Champs-Élysées, un temple gigantesque, symbole de cette admirable fusion, M. Jean Vriès était inconnu, et peut-être ne méritait-il pas de l'être. Mais, comme guérisseur de l'humanité souffrante, ayant trouvé la panacée universelle, très-connu, très-connu !

On ne s'entretenait partout à Paris, en 1859, que des cures merveilleuses obtenues par lui. L'*Indépendance belge*, le Warwick des journaux, le grand faiseur de réputations, avait aidé à la sienne en racontant de lui monts et merveilles, en parlant d'une grande fête donnée par le docteur Vriès, où, entre autres choses, on voyait le portrait d'une danseuse de Saint-Pétersbourg aussi peu vêtue que possible et « vidant l'amphore » comme madame Ugalde dans Galathée, — laquelle danseuse avait été guérie miraculeusement, comme le témoignait l'inscription suivante, placée au bas du portrait en question : *Offert par celle qui, abandonnée par tous les médecins, a été sauvée par vous; elle vide cette coupe en votre honneur.* Il n'en faut pas davantage pour poser un médecin, à Paris, la capitale de la crédulité. Le docteur Vriès était posé désormais.

Pendant qu'elle y était, l'*Indépendance belge* aurait pu rappeler qu'ayant été mis à Clichy quelques années auparavant pour une misère, il y avait donné un banquet où on lui avait porté beaucoup de toasts mirobolants,— celui-ci entre autres :

« A l'homme qui, né dans un autre hémisphère, a traversé une première fois l'Océan pour poser en Europe les bases fondamentales de la science médicale et qui, après s'être enrichi de l'étude des plantes qui croissent au-delà des tropiques, est revenu parmi nous pour doter l'ancien continent de la science universelle.

« A l'homme qui a osé concevoir la pensée gigantesque d'allier l'électricité au magnétisme et de détrôner le magnétisme.

« A l'homme qui, chaque jour, sous nos yeux, prodigue gratuitement non-seulement ses soins, mais aussi ses médicaments et sa bourse aux malheureux.

« A l'homme qui, par l'élévation de l'âme, secoue les chaînes du corps, et qui est plus libre à Clichy que ses incarcérateurs sur la place de la Bourse.

« A l'homme, en un mot, qui unit la science et l'urbanité à une philanthropie éclairée.

« Au docteur Vriès ! »

Long, ce toast, mais flatteur et complet : il y avait de tout dedans, à boire et à manger, de la médecine et des soupes économiques, Hippocrate et le *Petit Manteau Bleu*. Le Docteur Noir avait dû remercier chaudement son toasteur.

Mais laissons là Clichy et revenons à 1859.

Donc, pendant l'hiver de 1858-59, Paris s'entretenait beaucoup du fameux Docteur Noir qui, grâce au secret arraché par lui aux sauvages de l'Amérique (du Nord ou du Midi ?), se faisait fort de guérir les maladies réputées incurables, notamment le cancer, cette affection terrible, féroce, qui mange l'homme en détail, sournoisement, immondement, au lieu de le tuer noblement, d'un seul coup. Un homme qui guérissait les malades abandonnés par la Faculté, un homme qui avait « le quinquina du cancer, » vous jugez du monde qu'il devait avoir dans son antichambre !

Du petit monde, très-peu. Malgré sa philanthropie et le toast de Clichy, le Docteur Noir avait une préférence marquée pour le grand monde, pour les malades riches. Il n'était pas venu exprès de Surinam, cet illustre docteur, pour se faire mettre à Clichy tous les six mois : il faut bien vivre, n'est-ce pas ? Le Docteur Noir vivait bien, — dans un appartement de quinze mille francs.

Les malades affluaient. Un des premiers — *le seul guéri* — fut M. Sax, le fabricant d'instruments de musique. Pour célébrer sa guérison un banquet fut donné le 17 février 1859 à l'hôtel du Louvre. Le 26 du même mois l'*Illustration* donna le portrait du guérisseur miraculeux, avec sa biographie. On ne jurait plus que par le Docteur Noir !

Les docteurs blancs s'émurent de ce bruit fait autour du mulâtre Vriès. Tous se passionnèrent, les uns pour, les autres contre lui, — les autres, bien entendu, plus considérables que les uns. « Ah ! vous vous permettez de guérir les malades que nous déclarons incurables ! Eh bien ! nous allons voir ! » Et l'on vit. Le Docteur Noir fut invité à se rendre à l'hôpital de la Charité, où étaient en ce moment dix-sept cancéreux, — c'est-à-dire dix-sept condamnés à mort. Le Docteur Noir accepta le défi qu'on lui portait traîtreusement ; il demanda six mois et la liberté la plus complète. On lui promit les six mois et la liberté, et on lui confia les dix-sept condamnés. Au bout de deux mois d'expérimentation les portes de la Charité qui s'étaient ouvertes à deux battants devant lui, se refermèrent pour lui, — à deux battants aussi. Le vent avait tourné, M. Velpeau avait fait un rapport à l'Académie de médecine : on trouvait que le guérisseur ne guérissait pas assez vite. Pardon, messieurs les docteurs blancs : le Docteur Noir vous avait demandé six mois !

On ne se contenta pas de renvoyer Vriès, on le dénonça au procureur impérial ; on demanda, « au nom de la morale publique, » de faire cesser « ce hideux scandale, » de « châtier l'insolence de ce faux docteur dont le luxe asiatique était une honte. » La Justice, ainsi saisie de l'affaire « au nom de la morale publique » représentée par les docteurs blancs, renvoya le Docteur Noir en police correctionnelle sous trois chefs de prévention assez coquets : 1° exercice illégal de la médecine ; 2° exercice illégal de la pharmacie ; 3° escroquerie.

Ce fut Mᵉ Nogent-Saint-Laurens, un avocat de talent, qui défendit Vriès, — une remarquable défense à laquelle je m'empresse d'emprunter quelques passages.

Après avoir fait bon marché des deux premiers chefs de prévention, qui n'entraînent pour son client qu'une pénalité légère, — l'amende, — et arrivant au troisième chef, le plus grave, celui d'escroquerie, l'éloquent défenseur s'écrie :

« Restent comme manœuvres d'escroquerie sa méthode, son traitement, son secret... Suivant la prévention, tout cela n'est que mensonge !

« Ici je trouve la justice engagée dans une voie périlleuse. Vous êtes conviés à juger théoriquement et en fait qu'il n'y a rien dans son traitement. C'est là une question technique et spéciale dans laquelle vous avez la science pour appui principal.

« Voyons quel appui vous donne la science ?... Il affirme avoir apporté son secret de Surinam et l'avoir eu dans les tribus sauvages de ces contrées. Quoi de si étonnant ! Ces hommes de la primitive nature, ces hommes qui n'ont ni science ni diplôme, ont souvent de sublimes instincts. La Providence a placé dans leurs vallées, sur leurs montagnes, des plantes salutaires... Ils les trouvent, ils les préparent. Cela est écrit dans tous les voyages. M. de Humboldt a parlé souvent de la médecine indienne et de plantes inconnues, dont elle tirait un parti merveilleux.

« L'histoire de son secret n'a rien qui ne soit vraisemblable et plausible.

« Non, dit la science, c'est du charlatanisme. Messieurs, dans la science on rencontre presque toujours deux forces contraires : la force d'inertie et la force de mouvement. Les hommes les plus éminents sont souvent, par l'abus de la confiance qu'ils ont en eux-mêmes, enveloppés dans la force d'inertie. Cette vérité est partout et de tous les temps.

« L'antimoine, fréquemment employé à l'état d'émétique, a été persécuté. Guy-Patin l'a persécuté en 1656. Le parlement de Paris rendit en 1666 un arrêt qui proscrivait l'émétique. Molière, qui pourtant n'était pas l'homme de la routine, Molière s'est laissé entraîner dans cette guerre contre l'antimoine. A l'acte 3, scène 2 du *Médecin malgré lui*, Thibaut s'exprime ainsi :

« Il voulait lui bailler d'une certaine drogue qu'on appelle du vin émétique, mais j'ai z'eu peur franchement que cela l'envoyât *ad patres*, et l'on dit que ces gros médecins tueront je ne sais combien de monde avec cette invention-là. »

« Boileau s'est rendu coupable des deux vers suivants:

« Il compterait plutôt combien en un printemps
Quinaut et l'antimoine ont fait mourir de gens.

« L'antimoine a fait son chemin.

« Le quinquina a été persécuté à outrance jusqu'à la guérison du dauphin, fils de Louis XIV.

« Le café, cette péroraison de la gourmandise, le tabac, ce conquérant du monde, ont été défendus et proscrits.

« Vers 1628, Harvey a découvert le phénomène de la circulation du sang. En 1670, Guy-Patin écrivait un opuscule avec le titre suivant : *Ergo sanguis per omnes corporis venas et arterias jugiter non circumfertur.*

« En 1672, Hardoin Saint-Jacques en publia un autre avec cette épigraphe : *Ergo sanguinis motus circularis impossibilis.*

« Cette fois Molière fut contre la routine. Dans l'acte 2 et dans la scène 6 du *Malade imaginaire*, Thomas Diafoirus s'écrie en parlant de son fils : « Mais sur toute « chose, ce qui me plaît en lui et en quoi il suit mon « exemple, c'est qu'il s'attache aveuglément aux opi- « nions de nos anciens, et que jamais il n'a voulu com- « prendre ni écouter les raisons et les expériences des « prétendues découvertes de notre siècle touchant la

« circulation du sang et autres opinions de la même
« farine... »

« S'il y a un secret, la persécution n'a rien d'étonnant
ni de nouveau. Y a-t-il un secret? On dit non... Comment le prouve-t-on? Voici d'abord la chimie, on lui a confié trois flacons : l'antidote du cancer, de l'asthme, de la dyssenterie.

« Voici les conclusions du rapport :

« Les experts auraient désiré donner des réponses
« tout à fait catégoriques aux questions qui leur ont
« été posées. Il leur est impossible d'être plus affirma-
« tifs. On en comprendra facilement la raison, si on
« veut bien faire attention que les matières soumises à
« leur examen sont des matières organiques, com-
« plexes, modifiées par les préparations qu'elles ont
« subies, et qu'elles n'ont d'ailleurs aucun de ces carac-
« tères saillants susceptibles d'être constatés d'une
« manière certaine par l'analyse chimique. »

« Ainsi la chimie vous laisse dans le doute sur l'existence d'un secret.

« Les pharmaciens employés par M. Vriès disent qu'ils ont préparé une plante qu'il disait venir d'Amérique, à laquelle il attachait une grande importance, et qui leur est inconnue.

« Sortons de la théorie et entrons dans les faits. Voyons les malades, c'est la question par ses réultats.

« La prévention a un système que je ne puis approuver. Elle fait défiler devant vous les témoignages écrits ou oraux de tous les parents des malades morts. Ce procédé est dangereux. Si on faisait un choix pareil chez les médecins diplômés, si l'on dressait le martyrologe en éliminant les guérisons, pas un seul n'y résisterait.

« Voyons donc les morts, nous verrons les vivants ensuite. »

Mᵉ Nogent-Saint-Laurens discute les témoignages à charge. Il soutient que les mots *Moi guérir vous*, prononcés devant presque tous les malades, ne sont pas une manœuvre frauduleuse, mais un devoir pour le médecin; car il faut, avant tout, donner confiance au malade et lui relever le moral. Il soutient que le traitement constitue l'exercice illégal de la médecine et non pas l'escroquerie.

« Maintenant, ajoute-t-il, voici les guérisons. Adolphe Sax!... quelle histoire!... En juin 1858, il avait une horrible tumeur cancéreuse à la lèvre. Le 25 juin, on devait procéder à l'ablation de la lèvre et d'un ganglion sous-maxillaire. Le bistouri, après avoir coupé la lèvre, aurait fouillé la gorge. Si on avait réussi, il serait défiguré, hideux..... La probabilité, c'est qu'il serait mort.

« Vriès est venu en novembre; quand on croyait Sax perdu, il disait : Il est sauvé! Il le faisait photographier, il annonçait la chute de la tumeur et cette chute est arrivée.

« Il y a un an et près de deux mois écoulés depuis cela. Il est guéri; il a bon visage, bonne humeur, bonne santé, son moral est parfait... Une seule chose pourrait l'altérer, ce sont ces doutes cruels que certaines inimitiés osent exprimer devant lui...

« La science dit : C'est le hasard, la nature, nous

avons des cas semblables... Je réponds : La coïncidence entre le traitement et la guérison est là. Sax est guéri par Vriès. Si un médecin avait fait une cure semblable, personne ne songerait à la contester.

« On dit : Sax est un fait isolé; c'est inexact. Tous ceux qui voudront voir froidement, écouter consciencieusement les témoins à décharge, en seront convaincus. Qu'est-ce donc que ce témoin Guettet qui avait une grosseur à la lèvre qui devait être opérée, et qui a été traité et guéri?... Qu'est-ce donc que cette dame Pascal déclarée incurable, qui avait des plaies hideuses sur toutes les articulations, dont le nez tombait en dissolution, et qui a été guérie?... »

Me Nogent-Saint-Laurens, après avoir discuté et reproduit les témoignages à décharge, termine ainsi : « La science proteste, nie : soit, je le veux bien! mais en présence de ces résultats, au nom des souffrances de l'humanité, je demande l'abstention de la justice... »

Ce qui n'empêcha pas le tribunal correctionnel, en son audience du 11 janvier 1860, de condamner le docteur noir à quinze mois d'emprisonnement et à 500 francs d'amende.

Les docteurs blancs étaient vengés!

Puisqu'ils aiment la vengeance — qui jusqu'ici avait été le plaisir des dieux, — je vais me permettre de leur indiquer le moyen d'exercer de nouveau la leur.

Il y a à Viroflay un homme — moins qu'un homme, et, en tout cas, moins qu'un médecin, un paysan — qui est depuis longtemps en possession d'un secret pour guérir une maladie aussi féroce que le cancer et devant laquelle la « docte » Faculté a été obligée de s'avouer jusqu'ici impuissante : l'*hydrophobie*, ou plutôt, la *rage*, pour l'appeler par son véritable nom. Oui! ce paysan dont nous ne savons pas le nom, ni vous ni moi, — qui avons la mémoire farcie de noms de coquins et de drôlesses, — ce paysan guérit de la rage. Comment? par quel secret? Ce n'est ni du sulfate de quinine combiné avec de l'extrait d'opium, ni de l'acide sulfurique, ni du chlorure d'antimoine, ni de la cétoine dorée, ni le lépidium, ni le cresson alénois, ni ceci, ni cela, ni autre chose. On sait bien ce que cela n'est pas, mais on ne sait pas ce que c'est. Puisque je vous dis que c'est son secret, à ce paysan de Viroflay! Et il guérit? Certainement! Mais pardonnez-le-lui, seigneurs, car il ne sait pas ce qu'il fait.

Autre vengeance à exercer. Depuis quelques années, deux fois par semaine, le mercredi et le samedi, je crois, vers six ou sept heures du soir, on voit, rue Saint-Martin, faisant queue comme à l'*Ambigu* les jours où l'on joue du Bouchardy ou du Dennery, une foule d'hommes du peuple, silencieux,— j'oserai dire respectueux. Que vont-ils faire chez ce marchand de vins et pourquoi sont-ils respectueux, ces braves gens? Le marchand de vins de la rue Saint-Martin, comme le paysan de Viroflay, a un secret, lui aussi, non pas pour guérir de la rage, mais pour guérir les panaris,— panaris simples ou compliqués, panaris tendineux ou panaris phlegmoneux, tournioles ou maux d'aventure. Vous croyez peut-être que ce n'est qu'un vulgaire *bobo*, le panaris? Détrompez-vous. Je ne sais pas si on en meurt, en tout cas on en souffre beaucoup, mais beaucoup! Et c'est un bobo fréquent, avec cela! Aussi le marchand de vins de la rue Saint-Martin ne manque pas de pratiques, — de mauvaises pratiques pour lui, puisqu'il les panse et les guérit *pour rien*. Pour rien! et il guérit? Ah! le gâte-métier! Il veut donc tuer les médecins en sauvant les hommes?

Allons, messieurs les docteurs blancs, débarrassez-nous donc encore, s'il vous plaît, de ces deux docteurs noirs-là!...

THÉRÉSA.

Connaissez-vous l'Alcazar? Ne me dites pas non, c'est oui. Vous y êtes allé hier ou avant-hier, je ne sais plus quel jour, — mais vous y êtes allé. Donc vous connaissez l'Alcazar, ce café-concert du faubourg Poissonnière.

Avez-vous remarqué une petite loge grillée qui donne sur la scène? Si non, je vous engage à la remarquer la première fois que vous irez vous « abreuver d'harmonie » — et de bière : elle en vaut la peine. Au premier abord, cette petite loge grillée ressemble à toutes les loges grillées; mais, au second abord, son aspect change : on est forcé d'y arrêter le regard longtemps, à cause de l'hôte illustre qui l'emplit de son rayonnement.

Quel est cet hôte? Un mystère respectable, une tête sur laquelle ont neigé les années sans parvenir à couvrir les verts lauriers qui la couronnent. Que fait là cet illustre vieillard ? Tant que chante M. X, ou que roucoule Mademoiselle Z, il somnole ou rêve. Mais, aussitôt que l'orchestre se met à attaquer les premières mesures de certains airs, aussitôt que se fait entendre une certaine voix disant d'une certaine façon certaines choses abracadabrantes, la tête baissée se relève, l'œil endormi se réveille, le visage éteint se rallume. De qui donc est la musique qui a le don de galvaniser ainsi ce noble inconnu ? De A. de Villebichot. Quelles choses chante cette voix? Des choses dans le goût de celles-ci :

« Connaissez-vous sans rocambole
La signorita Pataquiès,
Native et née à Batignolle,
Sur les bords du Mançanarès.
Avis à tous les cocodès !

Je gage un sou contre la lune,
Que de Montrouge à Pampelune
Il faudrait joliment trotter
Avant d'en pouvoir trouver une
Capable de la dégotter.
Ah ! ah ! ah ! tra la la la !
Ah ! ah ! ah! caramba !
Oh! oh ! oh ! caraco !
Tra la la la la la la la,
Goddem, tarteifle, ah, nom d'un chien !
Ah ! sapristi qu'elle est donc bien ! »

Ça, c'est d'une *Espagnole de carton.*

> « Je suis une artiste acrobate,
> J'ai parcouru le monde entier,
> Et mille autres pays, j'm'en flatte,
> Sur la corde et sans balancier.
> Mais tout n'est pas ros' dans l'métier.
> N'croyez pas que j'vous dis des gosses,
> Vrai ! comm' j'ai la jamb' faite au tour,
> Moi qu'a dompté des bêt's féroces,
> J'suis une victime de l'amour !
>
> > C'est la vérité pure :
> > Vous qu'avez d'si bons cœurs,
> > Plaignez un' *créiature*
> > Qu'a z'évu des malheurs ! »

Ça, c'est d'une *Victime de l'amour*.

> « Allons, bon ! encor v'là qu'on m'sonne !
> Ah ! qué baraqu' ! Je n'comprends pas
> Que pour si peu d'gag's qu'on y donne
> On puiss' faire autant d'embarras !
> Quand c'n'est pas Madam' qui m'tracasse
> Et m'dérange à tous les instants,
> C'est M'sieu qu'il faut que j'satisfasse ;
> J'n'en peux plus, quoi ! j'suis sur les dents ! »

Ça, c'est de *On y va!*

J'en passe et des plus extravagantes, que vous avez entendues comme moi, chantées par Thérésa, la diva de l'Alcazar, la femme qu'on a si dédaigneusement appelée la *Patti de la chope*.

Est-ce votre sentiment sur elle, illustre monsieur Auber?

Car je ne puis vous le cacher plus longtemps, ami lecteur, cet hôte mystérieux de la petite loge grillée de droite, c'est M. Auber ! Cette tête chenue couronnée de lauriers verts, c'est la sienne! Ne rougissez plus maintenant d'aller à l'Alcazar.

M. Auber! Cela fait rêver, — et cela expliquerait le succès de Thérésa, si ce succès ne s'expliquait pas déjà de lui-même. M. Auber ne viendrait pas à l'Alcazar écouter Thérésa, s'emplir les oreilles — habituées à plus de délicatesses — de cette voix étrangement gouailleuse, et juste malgré cela, que Thérésa n'en serait pas moins une artiste fort originale, ou tout au moins fort intéressante.

On l'a comparée à celle-ci et à celle-là; on a eu tort : elle ne ressemble à personne, — qu'à elle. On a voulu l'abaisser, et son public enthousiaste avec elle, en la mettant en parallèle avec Timothée Trimm, le ténor du *Petit Journal;* on a eu tort : Timothée Trimm, n'écrit pas du tout comme elle chante, et elle ne chante pas du tout comme il écrit. Ils s'adressent tous deux à la même foule, mais ils lui plaisent par des moyens différents et pour des raisons diamétralement opposées. Qu'on dise si l'on veut que ce double succès est un signe des temps, cela ne me regarde pas, et d'ailleurs je veux bien accepter ce signe des temps en ce qui concerne Thérésa, mais d'une tout autre façon qu'on l'a compris jusqu'ici. Le niveau moral de ma chère nation n'a pas baissé depuis l'*Espagnole de carton* et la *Femme à barbe,* et son goût s'en est peut-être avantageusement modifié : Thérésa, comme le dit très-spirituellement et très-justement Théodore de Banville, *c'est la revanche de la romance!* Et Banville explique cela ainsi :

« Vous figurez-vous la fureur d'un peuple qui, pendant soixante ans, aurait été nourri de parfumeries, de pommade sucrée, d'huile de Macassar et de poudre de riz à la vanille? Il est plus que probable qu'un tel peuple, lorsqu'il verrait passer des bœufs vivants, les étranglerait s'il en avait encore la force, les dépècerait avec ses ongles, et ferait une orgie de chair crue. C'est le peuple français que je veux dire. Les hommes qui l'ont nourri de pommade pendant plus d'un demi-siècle, ce sont les paroliers, les confiseurs de romances, M. Enguerrand de Rosâtre, M. Léonor Balancelle, M. Edgar Rosolio! Oh! les cascades, les petits bateaux, *Nocturne, le Soir, Rêverie de jeune fille, Vague à l'âme!* La poésie sucrée, on en avait un tel écœurement qu'on voulait à tout prix manger quelque chose qui eût vécu. Ce quelque chose fut la chanson de Thérésa : il se trouva qu'on avait oublié de la faire cuire; mais le public, outré de fureur, ne s'arrêta pas à si peu de chose, et l'avala saignante!

« Elle-même, Thérésa, — et il y a dans ceci quelque chose de providentiel! — Thérésa est la critique la plus exaspérée et la plus furieuse de la Beauté, comme l'entendent la Romance et le Keepsake. Comme modelée par quelque Préault irrité contre un Institut surnaturel, ou taillée au couteau par quelque pâtre géant d'une autre Forêt-Noire, violemment éclairée par ce brasier intérieur qui est la Vie, elle est belle d'ardeur, de fougue et de violence, mais s'éloigne autant que possible du type *adorable.* Et sa voix paradoxale, tyrannique, dénuée de tout sexe connu, féconde en gargouillades où se mêlent la petite flûte et la grosse caisse, le bruit du volcan et le cri de l'alouette, elle est la parodie continue de *la nuance*, dont les virtuoses modernes ont si indélicatement abusé. Thérésa connaît le précepte de Boileau, et elle passe du grave au doux. Mais de quel grave à quel doux! et avec quelle démence! Là est sa force. La chanson qu'elle chante raille la Romance, et son visage, son corps, son attitude, ses bras hardis et maigres, sa bouche, ouverte pour engloutir M. Alcindor et M. Bruyère-Rose tout entier, raillent la lithographie de la Romance.

« Thérésa a été suscitée pour être l'Attila des éditeurs de musique et le fléau de la fausse sentimentalité. Elle a un peu égratigné la vraie, j'en conviens, mais il n'y a pas de réforme sans cela. L'important, c'était qu'après Thérésa, il n'y eût plus de salut possible pour les *Brise du soir*, pour les *Page et châtelaine*, pour *Un cœur à son cœur*, pour les *Croix de ma mère* de M. X*** (car le mélodrame attendri est fusillé en passant et pour mémoire), et surtout pour les monstres de petits oiseaux qui ont infecté le piano actuel! Thérésa est venue pour détruire l'expression banale et efféminée de l'amour à roulades ; aussi a-t-elle été douée d'un physique hardi, qui fait comprendre la niaiserie de ce sentiment tout lyrique, inventé pour les coiffeurs en vacances.

« A ce point de vue, elle a été le salut de la Famille ; car il y a eu plus de jeunes filles perdues par des idiots copiés sur les images des pots de bandoline, que par des libertins décidés et francs. Après le siècle de Thérésa, le piano ne fera plus de victimes et ne sera plus à redouter, si ce n'est par les personnes qui entendent jouer du piano... »

Tout cela est fort bien dit et tout cela est vrai. Je suis heureux d'avoir pu coudre cette page aux miennes.

Maintenant, peut-être va-t-on me demander quelques renseignements biographiques sur la diva populaire ? Des renseignements ! elle a écrit ses *Mémoires,* elle aussi, (auteurs : MM. Albert Wolf, Ernest Blum et Henri Rochefort) : on peut s'y reporter pour connaître les humbles commencements de cette célébrité. Ah ! la lionne de l'Alcazar n'est pas née dans un antre royal ! Mademoiselle Emma-Eugénie-Rose Valladon, dite *Thérésa* tout court, n'est pas issue de la cuisse de Jupiter, non ! Elle est née peuple, cette idole du peuple.

Combien de temps durera sa gloire ? combien de temps encore la foule s'engouera-t-elle de cette chanteuse maigre ? Je ne sais, mais je tremble. L'année dernière, un soir, à l'Alcazar d'été, aux Champs-Élysées, la foule sifflait Thérésa parce qu'elle n'avait pu chanter, étant enrouée, malade pour de bon. Malade !! Est-ce qu'on a le droit d'être malade quand on appartient au public ? Malade ? quelle plaisanterie ! « Allons, chante, Thérésa : tu en mourras peut-être, mais chante ! plus haut, plus fort ! On ne t'entend pas : veux-tu bien chanter tout de suite, esclave, ou je casse tout... » Et Thérésa ayant été dans l'impossibilité absolue de chanter, le public, son seigneur et maître, avait en effet tout cassé, et l'on ne sait pas où il se serait arrêté si la police n'était intervenue.

Quelques mois après, ç'avait été autre chose — du

même genre. Thérésa avait réintégré l'Alcazar d'hiver, rue du faubourg-Poissonnière, et elle avait repris son répertoire de chansonnettes-Houssot, s'imaginant que ce qui avait ravi son sultan pendant si longtemps pouvait bien le ravir quelque temps encore; elle allait entamer *Rien n'est sa...a...cré pour un sapeur !* son triomphe, quand des cris nombreux mêlés de sifflets se firent entendre : « Non! non! plus de *Sapeur!* La *Femme à barbe!* nous voulons la *Femme à barbe!...* » Thérésa dut obéir et rengaîner sa chansonnette favorite, qui n'était plus celle du public, paraît-il.

Pauvre Thérésa ! Elle aura un soir ou l'autre le sort du *Sapeur :* on lui préférera quelque chanteuse — à barbe...

LES FRÈRES DAVENPORT.

Vers les premiers jours de septembre de l'année 1865, il n'était bruit à Paris que de deux frères américains qui se disaient en communication avec les esprits et qui étaient venus exprès de Boston ou de New-York pour nous mettre en communication avec eux. On les attachait solidement — en apparence — avec des cordes véritables auxquelles il était permis de faire des nœuds — excepté des nœuds de marin, — et on les enfermait dans une armoire où bientôt, les lumières éteintes, ils parvenaient à se délier et à faire entendre des instruments discordants, guitare, tambour de basque, clarinette, etc., qu'on retrouvait à leurs pieds une fois les bougies rallumées. J'allais oublier de mentionner des mains lumineuses, gigantesques, qui sortaient de la même armoire et se promenaient indiscrètement autour du visage des spectateurs affolés de terreur.

Il y avait là dedans de quoi piquer la curiosité des Parisiens, qui n'ont pas de bien fréquentes occasions d'entrer en communication avec les esprits et qui devaient naturellement saisir celle-là aux cheveux — qu'avait fait pousser sur sa tête M. Bernard Derosne, traducteur d'anglais.

L'exhibition des frères Davenport eut lieu, d'abord chez Monsieur et madame Bernard Derosne, à Passy, devant une réunion nombreuse et choisie, — un bouquet de sceptiques endurcis, des journalistes, parmi lesquels Albéric Second. Ils furent attachés et enfermés dans leur mystérieuse armoire et leurs farces commencèrent. Le public s'en alla stupéfait de ce qu'il venait de voir, et, le lendemain, Albéric Second publia dans le *Grand Journal* une grande tartine destinée à allumer les curiosités les plus réfractaires. Lui, un journaliste, c'est-à-dire un gouailleur, un homme qu'on ne dupe pas facilement, un esprit fort en un mot, il avouait ne rien comprendre aux merveilles dont il avait été le témoin.

« Ou elles sont véritables, disait-il, et les frères Davenport sont des sorciers, des gens vraiment en communication avec les esprits ; ou ce sont des prestidigitateurs d'une habileté surhumaine, et c'est encore plus merveilleux, dans les deux cas, à voir !... »

Ainsi lancée, l'affaire ne pouvait manquer de réussir, le public *payant* ne pouvait manquer d'accourir pour *voir* ce qu'avait vu pour rien un public de gens de lettres et de gens du monde, — et il n'y manqua pas. Les affiches furent posées dans tout Paris, des affiches gigantesques, et malgré le haut prix des places, au jour dit la foule envahit la salle Herz, où devaient avoir lieu les phénomènes surnaturels.

Foule mêlée, il faut le constater, — mêlée, dans le sens honnête du mot. Il y avait là beaucoup de curieux, beaucoup de gens dociles à l'illusion, beaucoup de gobe-phénomènes, mais aussi beaucoup de voltairiens, de gens hostiles à la charlatanerie, et *montés* contre l'imposture effrontée, — et, parmi eux, des gens du métier, des prestidigitateurs loyaux, M. Robin entre autres.

La séance fut orageuse, si orageuse que le commissaire de police fut obligé d'intervenir pour faire évacuer la salle et faire rendre l'argent au public. Au moment où les frères Davenport étaient ficelés dans leur armoire, un incrédule avait sauté sur la scène, à côté d'eux, et avait *débiné leur truc*, — d'où le scandale et le tapage. Les frères Davenport avaient — non pas *remporté leur veste* — mais *remporté leur armoire*.

Paris, qu'on avait voulu mystifier, se vengea cruellement sur ses mystificateurs. Au lieu de retourner à la salle Herz, on courut à la salle Robin, où l'habile physicien reproduisait en plein jour—c'est-à-dire en plein gaz— les phénomènes prétendus surnaturels, que les prétendus médiums accomplissaient dans les ténèbres. Paris se gaussa de ces farceurs américains qui se ficelaient, se déficelaient, faisaient danser la cachucha à des tambours de basque et voulaient nous faire prendre des guitares pour des lanternes. Il se moqua d'eux et les siffla.

Mais ils n'en avaient pas moins été les lions — ou plutôt les *lionnets* du jour, ces deux frères ! Si cette gloire leur suffit, c'est qu'ils ne sont pas difficiles.

―――

MONSIEUR PIPE-EN-BOIS.

Les vers de Boileau — j'en demande pardon à ses admirateurs — m'agacent considérablement, en bloc et en détail. Pourquoi l'admirerais-je? Est-ce parce qu'il a écrit l'*Art poétique*? J'aime mieux celui d'Horace, qu'il a traduit, — comme Ducis Shakespeare. Est-ce parce qu'il a écrit des satires sur les embarras de Paris, sur les fâcheux, etc.? J'aime mieux celles du vieux Mathurin Régnier, qu'il a imitées, — comme Clarisse Miroy madame Dorval. Est-ce parce qu'il a écrit une langue harmonieuse, savante, correcte, parfaite? Harmonieuse, oh! oh! Correcte, peut-être, très-correcte, — si la froideur est de la correction, — oui, très-correcte! Enfin je n'aime pas les vers de Boileau, ils m'agacent horriblement, en détail et en bloc.

Il en est un surtout qui m'exaspère : c'est celui qui parle

« Du droit qu'à la porte on achète en entrant. »

Il m'exaspère, il m'irrite parce que c'était peut-être le seul vers de Boileau que ma mémoire se fût plu à retenir à cause de la liberté dont il était l'expression. Et quand j'ai vu que cela n'était pas vrai, qu'on avait beau payer sa place au parterre, on n'avait pas le droit de siffler les pièces et les acteurs médiocres, oh! alors, j'en ai voulu de bon cœur et tout à fait au porte-férule du Parnasse pour m'avoir ainsi induit en erreur.

La liberté du sifflet! Quelle ironie! Cette protestation de la conscience indignée devant une polissonnerie prétendue aristophanesque de M. Machin attaquant de nobles idées et d'héroïques vaincus, — cette protestation, interdite! Bavez à votre aise, limaçons-vaudevillistes, sur les choses les plus sacrées; bafouez les géants, mirmidons; raillez le courage; poltrons, vous en avez le droit, bien le droit, vous! Et, ce droit, non-seulement il ne vous a rien coûté, mais il vous rapporte beaucoup, il vous enrichit! Ah! Aristophanes de contrebande, vous avez beau faire rire les badauds d'Athènes aux dépens de Socrate, Socrate est immortel!...

Donc, malgré le vers de Boileau, on n'a pas le droit, en France, de siffler les pièces qui sont un outrage pour la conscience et pour la langue. C'est une affaire convenue. N'en parlons plus.

Si, parlons-en encore pendant deux ou trois lignes, pour répondre aux honnêtes gens qui prétendent que le sifflet est attentatoire au droit qu'ils ont de n'être pas troublés dans leur plaisir de spectateurs et d'auditeurs. Et quand vous applaudissez à me rompre les oreilles et à me casser la tête, honnêtes gens ? Est-ce que vous ne me troublez pas, moi aussi, moi qui trouve mauvais ce que vous trouvez bon, immoral ce que vous jugez moral, inepte ce que vous jugez spirituel ? Vous applaudissez : je peux bien siffler ! Vous me troublez : je peux bien vous troubler !

Ah ! la liberté ! Ah ! le droit ! Comme il est difficile de s'entendre là-dessus !

Mais voilà qui est dit. Question enterrée — forcément. Je me tais, — c'est-à-dire je me résigne, et j'arrive à la biographie de monsieur Pipe-en-Bois, le sifflet fait homme.

C'était le soir de la première représentation d'*Henriette Maréchal*, une pièce des frères de Goncourt, leur première pièce : le mardi 5 décembre 1865. La salle du Théâtre-Français battait son plein ; il y avait là un public nombreux — et d'élite. Un drame de deux lettrés comme les auteurs de tant d'œuvres délicates et originales, cela ne pouvait être une chose médiocre : chute ou succès, cela devait être éclatant. Les amis des deux auteurs, amis connus et inconnus, comptaient sur un succès ; leurs ennemis (qui n'en a pas en littérature !) comptaient bien, au contraire, sur une chute, et ils avaient résolu de tout faire pour la rendre certaine.

On disait tout bas, — et ces bruits qui vont ainsi, rasant le sol comme des hirondelles à l'approche d'un orage, font un chemin du diable, — on disait tout bas que la pièce des frères de Goncourt ne devait qu'à une faveur princière, à un passe-droit, l'honneur de paraître dans la *Maison de Molière*. Un passe-droit, une faveur, fi, Messieurs ! Vous serez châtiés comme vous méritez de l'être ! Ah! vous vous avisez, gens de lettres distingués, de lire votre œuvre dans les meilleurs salons et de l'y faire applaudir ! Eh bien ! on vous fera voir que ce n'est pas là le chemin que prennent d'ordinaire les écrivains qui se respectent... Ah ! mais !...

La salle était tumultueuse, l'orage grondait : la bataille d'*Hernani* allait recommencer.

La toile, qui s'était baissée sur *Horace et Lydie*, de Ponsard, se releva, et le prologue commença, — un prologue charmant de Théophile Gautier, que je ne puis résister au plaisir de citer ici :

« Bast ! tant pis, mardi-gras a lâché sa volière,
Et l'essaim envahit la maison de Molière,
Cent oiseaux de plumage et de jargon divers;
Moi, je viens, empruntant aux *Fâcheux* ces deux vers :
Dire au public surpris : « Monsieur, ce sont des masques
« Qui portent des crincrins et des tambours de basques. »
Des masques ? Vous voyez un bal au grand complet;
Mais Molière, après tout, aimait fort le ballet.
Les matassins, les turcs et les égyptiennes
Se trémoussent gaiement dans les pièces anciennes.

L'intermède y paraît vif, diapré, joyeux,
Au plaisir de l'esprit joignant celui des yeux,
Et pour les délicats c'est une fête encore
D'y voir en même temps Thalie et Terpsichore;
Ces Muses toutes deux égales en douceurs,
Se tenant par les mains comme il sied à des sœurs.
Quand s'interrompt d'Argan la toux sempiternelle,
On s'amuse aux archers rossant Polichinelle,
Et les garçons tailleurs s'acceptent sans dédain
En cadence apportant l'habit neuf de Jourdain.
Le bon goût ne va pas prendre non plus la mouche
Pour quelques entrechats battus par Scaramouche.
Seulement, direz-vous, ces fantoches connus
Sont traditionnels, et, partant, bien venus.
Leur visage est coulé dans le pur moule antique,
Et l'Atellane jase à travers leur portique;
Même pour des bouffons l'avantage est certain
De compter des aïeux au nom grec ou latin.
Nous autres, par malheur, nous sommes des modernes,
Et chacun nous a vus sous le gaz des lanternes
Au coin du boulevard en quête d'Evohé
Criant à pleins poumons : « Oh, c'te tête, ohé ! »
Pierrettes et pierrots, débardeurs, débardeuses
Aux gestes provoquants, aux poses hasardeuses,
Dans l'espoir d'un souper que le hasard paîra,
Entrer comme une trombe au bal de l'Opéra.
Pardon, si nous voilà dans cette noble enceinte
Grisés de paradoxe, intoxiqués d'absinthe,
Près des masques sacrés, nous, pantins convulsifs;
Aux grands ennuis, il faut les plaisirs excessifs,
Et notre hilarité furieuse et fantasque
En bottes de gendarme, un plumeau sur le casque,
Donnant à la Folie un tamtam pour grelot,
Aux rondes du Sabbat oppose son galop.
Mais, hélas! nous aussi, nous devenons classiques,
Nous, les derniers chicards et les derniers caciques,

Terreur des dominos, repliant le matin,
Chauves-souris d'amour, les ailes de satin.
Bientôt il nous faudra pendre au clou dans l'armoire
Ces costumes brillants de velours et de moire.
Le carnaval déjà prend pour déguisement
L'habit qui sert au bal comme à l'enterrement.
Il vient à l'Opéra, grave, en cravate blanche,
Gants blancs, souliers vernis, et du balcon se penche,
Hamlet du trois pour cent, ayant mis un faux nez,
Il débite son *speech* aux titis avinés.
L'outrance, l'ironie et l'âcre paroxisme,
L'illusion broyant les débris de son prisme,
Tous les moxas brûlants qu'applique à son ennui
La génération qui se nomme « Aujourd'hui, »
Mêlent leur note aiguë à l'étrange harangue
Dont la vieille Thalie entendrait peu la langue.
Dialecte bizarre, argot spirituel,
Où de toutes ses dents rit le rire actuel.
Si le théâtre est fait comme la vie humaine,
Il se peut qu'un vrai bal y cause et s'y promène.
Or donc, excusez-nous d'être de notre temps,
Nous autres qui seront des types dans cent ans.
Pendant que la parade à la porte se joue,
Le drame sérieux se prépare et se noue,
Et quand on aura vu l'album de Gavarni
L'action surgira terrible....

 Un Masque entraînant le *Prologueur* :
$$\text{As-tu fini !... »}$$

Ce prologue ouvrait bien la marche : il préparait le public aux excentricités de gestes et de langage qu'il allait voir et entendre sous prétexte de *Bal de l'Opéra*. O les vieux abonnés ! les chastes adorateurs de la langue de Bossuet ! les académiciens et les académiques présents à cette mémorable soirée ! comme ils tressaillirent d'épouvante en voyant grouiller sur la scène des turcs et des titis, des chicards et des débardeurs *s'engueulant à qui mieux mieux,*— *l'engueulement,* un autre chahut! Terrifiés, cloués à leurs stalles par la stupéfaction comme les vieux sénateurs romains sur les leurs devant l'invasion des barbares, ils se bouchèrent les oreilles, mais sans pouvoir s'empêcher d'entendre des exclamations dans le goût de celles-ci : *Ohé! Ohé! Grue de Numidie! Tourneur de mâts de Cocagne en chambre! Ohé! Abonné de la* Revue des Deux-Mondes! *Polichinelle de carton ! Repasseur de lames de rasoir en travers! Ohé!*

Ils étaient épouvantés, les académiciens et les académiques, et cependant ce ne fut pas d'eux que vinrent les protestations : ce fut des réalistes et des romantiques ! Ce ne furent pas les vieux qui sifflèrent ces horreurs, ce furent les jeunes !

Car on siffla, oui ! Et encore, *siffler* est un mot faible ! Jamais le sifflet, depuis son invention, n'avait atteint à ce diapason infernal ! Ce n'étaient pas des clefs qui produisaient ces bruits sibilants, grinçants, aigus : c'étaient des locomotives ! Oh ! la pauvre maison de Molière !

Mais je raconterais mal ce tumulte homérique, quoique j'en aie été témoin oculaire et surtout auriculaire : j'aime mieux laisser ce soin à Vallès, le père de monsieur Pipe-en-Bois.

« J'entendis une voix... Elle dominait la tempête. Je levai les yeux et j'aperçus au faîte du théâtre, comme une cariatide en fureur, et portant le toit... un homme. Il parlait... du goût... et un peu du nez. Je rassemblai mes souvenirs.

« Mais M. de Biéville, qui était à ma gauche, hurla; Aurélien Scholl, qui était à ma droite, parla, et ma pensée retomba du ciel à l'orchestre.

« Pourtant je n'étais pas tranquille, et je sentais bien qu'un mystère pesait sur moi.

« Le rideau baisse, on sort. Une voix m'appelle : c'est la voix du sang ! Je me trouve dans les bras de Pipe-en-Bois.

« Pipe-en-Bois fumant ! Il avait grésillé tout le temps de la pièce, et c'était lui que j'avais vu et entendu au poulailler. Il avait été l'âme de la protestation, et avait même failli devenir celle du violon voisin.

« Il portait sur le bras un grand manteau, dans lequel il se drapa, et s'enfuit comme Romulus dans un orage.

« Je vis Duchesne le lendemain et lui racontai ma vision. Je dis c'est *Pipe-en-Bois qui a fait le mal*.

« Pipe-en-Bois plut, on ne parla que de Pipe-en-Bois. Le soir, l'*Evénement* prononçait son nom ; Wolf, le lendemain, faisait un article, tout le monde s'y mit; dans les journaux, dans la rue, au bal, à la Madeleine, à la Bastille, de Chaillot à Montmartre, partout apparut voilée et menaçante la figure de Pipe-en-Bois.

« C'était le vengeur des purs, l'*Homodei* de la plèbe, le bourreau masqué. Comme Gédéon, il apparaissait devant Jéricho et ordonnait aux sifflets de sonner ! C'était un personnage biblique et légendaire.

« Un moment on crut que tout était fini. Un étudiant écrivit qu'il était Pipe-en-Bois; mais les foules ont un instinct qui les protège contre les égarements de l'histoire : on ne crut pas au faux Pipe-en-Bois.

« Sous son nom, pourtant, on organisait la cabale : les écoles descendaient, les philosophes cherchaient le secret de cette puissance mystérieuse et terrible ; M. Morin commençait un prêche ; madame Roland, sortant de sa tombe, s'écriait : *O Pipe-en-Bois! que de crimes on commet en ton nom!*

« Où était-il, à ce moment, lui, le vrai, mon fils ?

« Il était dans la foule, et il y faisait, devinez quoi ? Je vous le donne en cent, je vous le donne en mille ! Il applaudissait, tandis que, sous son pavillon, on lâchait des bordées de hurlements et de sifflets : étrange spectacle, et qui donne à réfléchir, que celui d'un roi luttant contre la faveur de ses courtisans. L'histoire enregistrera ce détail.

« Pipe-en-Bois avait hurlé, le premier soir, parce qu'il trouvait la pièce mauvaise ; il applaudissait, le troisième soir, parce qu'il trouvait les cabaleurs injustes.

« Telle est l'histoire véridique de Pipe-en-Bois. Elle est moins drôle que la légende, mais c'est la légende qui survivra.

« Pipe-en-Bois restera, implacable et pur. Il sera le Tristan en béret groseille des puritains et des pudibonds. Il représente les colères cachées et sourdes qui éclatent un soir comme une tempête.

« Je préférerais qu'il fût le représentant joyeux du tapage sans cause, de la gaieté française, et non l'exécuteur de la colère aveugle ! On y arrive.

« Déjà la fantaisie en a fait son roi. Une revue de fin d'année va s'appeler *Pipe-en-Bois*. M. Adeline ne veut pas d'autre nom.

« Je viens d'entendre crier dans les rues : « La chanson de Pipe-en-Bois ! un sou ! » Demain on publiera ses mémoires.

« Un homme de lettres veut-il gagner un billet de 1,000 francs en quelques jours ? il n'a qu'à publier une brochure intitulée :

MON OPINION VRAIE
SUR
HENRIETTE MARÉCHAL
PAR
ACHILLE PIPE-EN-BOIS

« Celui qui a provoqué tout cela pourrait s'en faire, si c'était un lapin, 3,000 livres de rente !

« Carjat dessina sa charge le lendemain de son avénement ; il s'en vendra cent mille, si on la publie, et je parie que, si Pipe-en-Bois veut devenir pipe en terre, on le fumera jusqu'au bout du monde, et après avoir été un dictateur en France, il deviendra une idole chez les sauvages. Ils l'appelleront grand serpent ! Joli mot pour un siffleur.

« Mais non : il rentre dans la vie privée, et il abdique !

« *J'ai cassé mon tuyau*, dit-il.

« On se le dispute comme le sceptre d'Alexandre. Quatorze prétendants se présentent. — Je n'aperçois pas de Perdiccas. »

Ah ! ça, *Pipe-en-Bois* existe donc ? M. Pipe-en-Bois

existe puisque Jules Vallès est son papa. A preuve, tenez :

« Pipe-en-Bois existe, il a dîné avec moi vendredi soir, simple et doux, me racontant son âme, entre la poire et le camembert, et, comme une simple pipe en terre, se déshabillant devant moi...

« Nous avons remonté le fleuve des jours, le ruisseau des nuits jusqu'à sa naissance. Sa naissance, un des beaux jours de ma vie ! Pipe-en-Bois est mon fils, car je suis son père.

« Mon Dieu, oui, son père.

« Je n'attendais pas tant de lui, je l'avoue, et quand je le baptisai, je ne me doutais pas qu'il arriverait si vite, et tout d'un coup, à la popularité.

« Voici l'histoire :

« Dans un café, un soir, on parlait de cabale, il s'agissait de *Gaëtana* ; je défendais About ; on l'attaquait.

« Par-dessus nos arguments à tous passait, comme un vent biblique, une voix nasale. Elle tombait d'un nez bizarre qui me fit rêver : il y avait une narine pour l'ironie et l'autre pour la conviction. C'était une tête intelligente, mais comiquement travaillée, toute en arêtes, pleine de nœuds, busquée, heurtée, qui semblait sortie des mains d'un berger des Alpes.

« L'esprit éclairait ce visage original et non point laid. Sa parole exprimait avec couleur des idées vives. L'homme me plut, je demandai son nom : je n'en tins pas compte.

« Cette tête à coups de serpe, en bec de canne, sur un corps long et sec comme un bâton de houx, le *haché* dés traits, la raideur des convictions, tout cela me fit penser à ces pipes en racine qu'on vend 13 sous dans les bazars; pipes de mécontents qui n'ont pas la mine ronde, au tuyau mince, sèches et dures, qui ne se cassent jamais et qui charbonnent. Je soumis la comparaison au jugement de la galerie et au puritain lui-même. Homme d'esprit, il laissa dire et sourit quand je l'appelai *Pipe-en-Bois*.

« Il y a deux ou trois ans de cela, et le nom lui était resté : on ne l'appelle pas autrement dans les milieux qu'il fréquente, milieux intelligents et distingués, car il a traversé les grandes écoles, et il *potasse* dans les mathématiques transcendantales. Il a, comme ingénieur, le plus brillant avenir. — Viens dans mes bras, mon fils ! »

Je ne sais pas si Vallès est sérieusement fier de « son fils, » mais j'ose affirmer que « son fils » est fier de s'appeler M. Pipe-en-Bois, — à ce point qu'il répond aussi volontiers, plus volontiers peut-être, à ce nom grotesque qu'à son nom de famille (Chevalier ou Cavalier). Il a pris sa personnalité d'un jour au sérieux, et, après six mois, lorsque personne ne songe plus du tout à lui, il y songe plus que jamais, lui ! Demain peut-être il écrira ses *Mémoires !* En attendant, ce lion démodé a choisi pour cage le Café de Madrid. Que ceux qui l'aiment aillent l'y voir !

« Mais, avec tout cela, monsieur, qu'avez-vous entendu prouver? me demandera-t-on. Est-ce que M. Pipe-en-Bois n'est pas la critique la plus amère du sifflet et des siffleurs? Est-ce que... » Vous avez raison — et je n'ai pas tort. Les ivrognes ne me dégoûteront jamais du vin, les coquettes de l'amour, les imbéciles de l'esprit, les voyous de la liberté. Malgré l'abus qu'en peuvent faire des fous ou des envieux, le sifflet est le plus sacré des droits et le plus impérieux des devoirs. Le sifflet, c'est la voix d'Alceste.

LE PETIT MANTEAU BLEU.

Je l'ai réservé pour la fin, ce lion-là, afin de clore mon livre aussi dignement que je l'ai ouvert. Madame de La Valette, le dévouement conjugal; Champion, le dévouement à l'humanité! Ces deux-là me feront pardonner les autres.

Le Petit Manteau Bleu! Il n'est mort que depuis quelques années, et déjà il est devenu légendaire, — à croire que comme Napoléon il n'a jamais existé.

Il a vécu cependant, cet honnête homme aux entrailles si charitables; il a vécu comme vous et moi, mais d'une vie mieux remplie que la vôtre et que la mienne, — soit dit sans nous offenser. Je vais m'empresser de vous le prouver.

Le 13 décembre 1764, dans une pauvre chaumière du pauvre village de Châtel-Censoir, sur les bords du canal du Nivernais, où demeuraient un pauvre flotteur et sa femme, naissait un enfant, le neuvième de la famille. Ce pauvre flotteur s'appelait Pierre Champion; son dernier né s'appela Edme Champion. Tous les sauveurs naissent dans une humble crèche.

Quand on ne gagne que douze sous par jour, et qu'avec ces douze sous il faut nourrir une ribambelle de mioches à l'appétit glouton, on ne se réjouit pas d'ordinaire à la naissance d'un nouveau mioche, — une nouvelle bouche à pain, aussi avide que les autres. Cependant Pierre Champion, qui était un brave homme, et Françoise Laroche, qui était une brave femme, se réjouirent, eux, de la naissance de ce cher petit être, comme s'ils eussent deviné qu'il était destiné à de grandes choses. Et puis, le foyer encombré allait bientôt se désencombrer, la table garnie de convives goulus allait bientôt se dégarnir de ses neuf enfants, il n'allait plus en rester que trois au pauvre flotteur et à sa vaillante compagne, attristés de tous ces départs hâtés.

Eux-mêmes durent partir aussi avant l'heure, le mari d'abord, la femme ensuite. Quand ce dernier malheur arriva, Edme avait une dizaine d'années, — plutôt moins que plus.

Orphelin! Le pauvre cher enfant était orphelin! Son frère aîné, plus robuste, s'engagea comme garçon de charrue. Sa sœur, presque du même âge que lui, fut recueillie par des voisines. Edme s'en alla à l'aventure, après s'être pieusement agenouillé une dernière fois sur la tombe de sa chère mère et de son cher père dans le cimetière de Saint-Patentien. Il alla, sans savoir où il allait ainsi, confiant dans la Providence, cette mère invisible des orphelins.

La Providence le conduisit sur un train de bois qu'amenaient à Paris deux flotteurs amis de Pierre Champion, deux braves gens aussi, qui, quoique pauvres comme l'avait été durant toute sa vie leur compagnon de rivière, partagèrent leur lit et leur pain avec l'orphelin et, une fois arrivés à Paris, le confièrent à la première âme charitable qu'ils rencontrèrent.

Cette âme charitable — une âme noble sous une enveloppe grossière — était une portière de la rue Tiquetonne, qui, quoique pauvre aussi, elle, ne craignit pas de se charger de ce pauvre abandonné dont elle fit son fils, aidée dans cette œuvre pie par des gens riches du voisinage, touchés de la gentillesse et des bonnes dispositions du jeune Champion.

L'enfant du flotteur de Châtel-Censoir alla à l'école, puis en apprentissage chez un bijoutier. Mais le maître était brutal, aussi brutal que l'apprenti était doux. Edme Champion avait seize ans ; un jour, révolté, il prit la clef des champs, — mais vraiment la clef des champs, puisque pendant quarante-huit heures il coucha dans les bois de Clichy-la-Garenne, mangeant ce qu'il trouvait, et ne trouvant que des navets crus, arrachés par lui dans les champs voisins.

Une mauvaise nourriture, les navets ! Un mauvais gîte, les bois ! Edme Champion se décida à rentrer dans Paris et chez son brutal patron ; mais quelque temps après, il était présenté à Martial de Poilly, l'un des plus riches joailliers de la capitale, — fort honnête homme par-dessus le marché. Martial de Poilly s'intéressa à son apprenti, dont il devina vite les excellentes dispositions, et, en peu de temps, en fit un ouvrier modèle, — plus qu'un employé, un presque associé. Si bien que, par suite d'affaires domestiques et de pertes d'argent considérables, Martial de Poilly ayant été obligé de quitter la France, ce fut Edme Champion qui le remplaça.

Telle est l'origine — honorable — de la fortune de celui qu'on devait appeler plus tard le *Petit Manteau Bleu.*

Plus tard, beaucoup plus tard, trente ou quarante ans plus tard ; je passe, pour en arriver à cette époque qui fit du fils du pauvre flotteur de Châtel-Censoir le lion de Paris, je passe sur beaucoup de dates et d'événements, 1789, 1792, 1793, la République, le Directoire, l'Empire, la Restauration, etc. Le 7 février 1831, *le Furet de Paris* publiait sous ce titre : *L'homme au petit manteau bleu,* l'esquisse suivante :

« Six heures sonnent ; les ombres de la nuit commencent à s'effacer devant les lueurs incertaines du crépuscule. Avec l'approche du jour tout s'anime dans la grande cité. Le boutiquier ouvre ses volets, l'artisan chemine vers son atelier, l'ouvrier s'arrache au sommeil qui vient de réparer les fatigues de la veille pour courir à de nouveaux labeurs. Cet autre qui le suit ignore encore s'il obtiendra de l'ouvrage, car la rigueur de la saison a suspendu une partie des travaux !.....

« Voyez cet homme au teint plombé, à l'œil creux, à a poitrine haletante. La souffrance a passé par là ; sur ce visage encore jeune, elle a laissé des rides plus pesantes que celles de l'âge. Le malheureux! comme le cœur lui bat! C'est qu'il va marchander la vie de toute une famille privée depuis trois jours de nourriture. Il lui a dit en sortant :

« — A ce soir! »

« Le soir, il lui rapportera du pain ou le désespoir.

« Cependant voici venir au milieu de ces groupes épars, qui se heurtent et se précipitent vers un point commun, un homme dont la mise n'est point celle d'un artisan ; ce n'est pas non plus celle d'un élégant désœuvré ou d'un riche vaniteux. En ce moment d'ailleurs, on dort sous le toit lambrissé de l'opulence, et les membres délicats de nos fashionables ne résisteraient pas au vent de bise qui souffle le long des quais. Ce nouveau personnage s'avance enveloppé d'un manteau bleu bien simple, mais qui suffit pour le préserver du froid. Sa figure, qu'un large chapeau ne dérobe pas entièrement à la vue de la foule, annonce un homme d'un âge mûr et d'un caractère réfléchi.

« Quel est ce monsieur?

« Où va-t-il ?

« Telles sont les questions qui ont plus d'une fois circulé dans les rangs avant qu'on ait gagné la Grève, car c'est presque un événement que l'apparition d'un monsieur en ce lieu et à cette heure.

« On arrive.

« Rangés en face de l'Hôtel-de-Ville, les ouvriers attendent, non sans inquiétude, le moment où les maîtres arriveront à leur tour. Les voici! Leurs choix sont bientôt faits, et petit est le nombre des élus. Le baromètre est à la gelée : c'est un temps peu favorable pour les ouvriers en bâtiment, et malheureusement cette classe est la plus considérable. Vainement la plupart offrent leur travail au rabais.

« — Quand il fera moins froid, nous verrons ! est la réponse qu'ils reçoivent de toutes parts.

« Vous verrez !... quand il fera moins froid !... Mais cette faim qui nous déchire composera-t-elle avec les rigueurs de la saison ? Ce froid que vous invoquez contre nous n'ajoute-t-il pas à nos souffrances ? Et nos femmes ? et nos enfants ?...

« Mais cet homme qui cheminait avec nous ! le voilà là-bas ! Que vient-il faire parmi nous ? Vient-il insulter à nos maux ?

« — Arrêtez ! s'écrie l'un des ouvriers. Cet homme, je le connais. Je l'ai déjà vu à cette même place l'an dernier, à pareille époque. Il n'était pas seul... Non, je ne me trompe pas. Tenez ! voyez ces domestiques, qui arrivent près de lui !... voyez ces vases énormes, ces sacs pesants dont ils sont chargés. Ce sont des vivres qu'il fait apporter pour nous et pour nos familles. Allons chercher nos femmes et nos enfants ! Tombons tous à ses genoux !... C'est un bienfaiteur ou plutôt c'est un ange descendu du ciel pour nous rendre à la vie.

« En effet, on se souvient que l'hiver dernier un inconnu vint, pendant près d'un mois, distribuer chaque matin, à cette place, des vivres aux ouvriers qui manquaient de travail. Cet homme généreux a reparu samedi. Près de 2,000 soupes ont été distribuées par lui.

La matinée d'hier l'a revu encore répandant ses bienfaits.

« Un sentiment seul pouvait se mêler à l'admiration qu'inspire une telle philanthropie, c'était le regret de ne point connaître le nom de ce bienfaiteur de l'humanité ! Nous sommes assez heureux pour pouvoir lever en partie le voile dont il s'était couvert. Ce personnage mystérieux est un ancien bijoutier du Palais-Royal, M. C.....

« Nous lui rendons peut-être le seul hommage digne de lui en ne le nommant pas entièrement.

« LE RODEUR. »

L'homme au petit manteau bleu! c'était le seul nom sous lequel le connaissaient les pauvres, dont il était la Providence visible, et aussi les riches, les curieux, qui se levaient matin exprès pour assister à ces distributions de soupes et de pains.

Le spectacle en valait la peine. « Cette foule, — dit Ch. L. Chassin, l'historien ému de Champion, — rangée symétriquement autour de deux marmites posées sur d'énormes brasiers; au milieu, ce petit homme, toujours couvert du même manteau bleu foncé, très-court, avec un collet assez large, attaché à l'aide d'une agrafe d'acier ; à côté de lui, deux domestiques, enveloppés dans de larges tabliers blancs, de vastes cuillers à la main : un horizon de maisons encore closes, un ciel nuageux ou d'une limpidité glaciale, la pluie, le givre ou la neige : tout cela réuni composait un tableau on ne peut plus pittoresque.

« L'heure du repas public vient de sonner.

« Alors le Petit Manteau Bleu dépose entre les mains de l'un des assistants sa canne à bec d'ivoire, prend à sa boutonnière un couvert d'argent qui s'y trouve attaché, plonge la cuiller dans l'une et l'autre marmite, goûte, paie ceux qui servent, presse la main aux pauvres qui la lui tendent, reprend sa canne, serre son couvert et s'en va tranquillement, comme un bon bourgeois en train de faire une promenade avant son déjeuner.

« Il est parti. La distribution commence.

« L'assistance se met en mouvement. Chacun passe à son tour, reçoit sa portion et s'éloigne. Puis, les uns vont s'asseoir sur les trottoirs, sur les parapets, sur le pavé, et mangent immédiatement. Les autres partent tout de suite, emportant avec eux leur nourriture, la réservant peut-être pour leur journée ou bien pour leurs familles, qui crient famine et qui les attendent.

« Les domestiques remportent les marmites, et ceux qui sont restés viennent se chauffer et achever leur repas autour des feux. »

Ah! si tous les riches faisaient de leur fortune un aussi bon emploi! Les *gueuses* y perdraient sans doute, mais les gueux y gagneraient certainement — et cela ferait compensation.

Combien de temps durèrent ces distributions de soupes et de pains de quatre livres? Des années, des années, et encore des années, tant et si bien que les protégés finirent par trouver toute naturelle cette protection vigilante et que le nom du *Petit Manteau Bleu* finit par disparaître de la bouche et de la mémoire des hommes.

On oublie bien la Providence, on peut bien oublier un homme charitable.

Le 28 mai 1852, Edme Champion quittait Paris et arrivait à Châtel-Censoir, où il avait à visiter et à consoler quelques prisonniers politiques, des insurgés du 2 décembre, — des malheureux dignes de sa pitié. Le 31 mai, en rentrant chez lui, après une promenade pédestre aux environs de son village natal, Champion était frappé d'une attaque d'apoplexie et, le 2 juin, à cinq heures du soir, il rendait à Dieu son âme d'honnête homme. Car ils s'en vont comme les autres qui devraient seuls partir, ceux-là qui devraient seuls rester!

Et cela n'est pas juste! et cela ne devrait pas être! Et il avait raison, ce chiffonnier enthousiaste de Champion, qui s'écriait en montrant le poing au ciel : « Faut-il qu'il y ait une terre pour pourrir un homme comme ça! » Hélas!

Le fils du pauvre flotteur fut enterré dans l'humble cimetière de village, — celui où reposaient déjà son père et sa mère. Puis, quelques mois plus tard, il fut exhumé et transporté à Paris, au Père-Lachaise, où reposait déjà la compagne de sa vie, Edmée Jobbé. La mère est veuve une seconde fois de son fils, si la femme a retrouvé son mari.

LE DUC DE GRAMONT-CADEROUSSE.

Un soir du commencement de l'année 1862, mars ou avril, — je m'en veux de ne pas me rappeler une date si importante, mais je manque de renseignements précis, en tout cas c'était un dimanche, jour consacré aux *premières* dont on rougit, — un soir du commencement de l'année 1862, la salle du théâtre du Vaudeville était extrêmement animée. Les premiers rangs de l'orchestre sifflaient à outrance la pièce qui se jouait — ou plutôt qui se dansait — sur la scène pendant que le reste des spectateurs, sous prétexte qu'ils ne comprenaient rien à ce tapage, l'augmentaient de leur côté en voulant faire taire les siffleurs.

C'était le soir de la première représentation du *Cotillon*, — un vaudeville de MM. Choler et Clairville.

Qu'avait donc ce vaudeville pour exciter ainsi l'ire des premiers rangs de l'orchestre, ordinairement occupés par des gens de goût? Il était donc bien mauvais ou pas assez mauvais?

Non. Quoique M. Clairville ne soit pas un chef-d'œuvrier, et qu'il ait sur la conscience bon nombre de pièces médiocres, — les pires des pièces! — il n'avait pas à se reprocher, ce soir-là, d'avoir collaboré à une de celles-là. Le *Cotillon* valait bien la *Foire aux Idées...*

Pourquoi alors sifflait-on le *Cotillon?*

Ah! voilà. Le *Cotillon* était à cette époque — il y a

un siècle de cela ! — fort à la mode dans les salons les plus aristocratiques et les plus demi-mondains. Le *Cotillon* était le *lion* du moment, comme avant lui l'avait été le *quadrille des Lanciers*, comme avant le quadrille des *Lanciers* l'avait été la polka, comme avant la polka l'avait été je ne sais plus quoi. En directeurs habiles, MM. Duponchel, Dormeuil et Benou avaient jugé bon d'encadrer cette danse en vogue de flonflons vieillots et de calembours retour de l'Inde, et de l'exhiber au public de la place de la Bourse.

Jusque-là, rien de plus simple, rien qui fasse pressentir le moindre orage : un vaudeville de plus nous était né, l'ombre de Molière n'avait pas à en tressaillir de jalousie, ni M. Peragallo à en tressaillir d'aise. Malheureusement pour les auteurs du *Cotillon*, il y avait alors au théâtre du Vaudeville deux jeunes et jolies personnes, la brune mademoiselle Athalie Manvoy et la blonde Blanche Pierson, — plus jolies personnes encore que comédiennes remarquables, quoique comédiennes fort remarquées. Les rôles que leur avaient confiés MM. Clairville et Choler ne leur convenant pas, elles les avaient refusés purement et simplement.

A quoi pensaient donc, en effet, MM. Choler et Clairville, de confier des *pannes* à d'aussi jolies personnes ! de les forcer à faire toilette pour venir dire quatre ou cinq lignes et figurer ensuite dans le *Cotillon* qui faisait le fond de la pièce nouvelle ! Mesdemoiselles Blanche Pierson et Athalie Manvoy avaient bien raison de refuser leurs rôles — indignes de leur talent et surtout de leur beauté. « Nous prend-on pour des sauteuses ?... Veut-on faire de nous des Rigolboches ?... » disaient-elles dans leur juste indignation.

Les directeurs, alarmés de cette résistance à leurs ordres, avaient fait jouer d'abord auprès des rebelles les grandes eaux de la persuasion en leur montrant d'autres jolies personnes — comédiennes moins remarquées qu'elles, il est vrai — consentant à danser des avant-deux autrement risqués sur des scènes aussi nobles que celle du Vaudeville : Alphonsine aux Variétés, Schneider et Crénisse au Palais-Royal, Lucile Durand je ne sais plus où. Les grandes eaux de la persuasion avaient mouillé mesdemoiselles Blanche Pierson et Athalie Manvoy, mais elles ne les avaient pas pénétrées.

MM. Duponchel, Dormeuil et Benou avaient alors fait jouer les grandes eaux de l'autorité directoriale, et les deux jolies têtes mutinées avaient dû se courber. Mais... mais le soir de la première représentation du *Cotillon*, les messieurs de l'orchestre — des ducs et des princes, s'il vous plaît ! — avaient sifflé. Qui avaient-ils sifflé ? La pièce. Qui avaient-ils voulu siffler réellement ? Ce n'étaient pas, en tout cas, mesdemoiselles Athalie Manvoy et Blanche Pierson, oh ! non !

Le lendemain, les mêmes sifflets recommencèrent plus aigus. Ce soir-là, on ne se contenta pas de siffler pendant la pièce : on siffla même avant la pièce, puis après la pièce. Après, passe ! mais avant ?

Quoi qu'il en soit, le *Cotillon* était jugé — et condamné. Le lendemain de ce lendemain, c'est-à-dire le mardi, l'affiche ne portait plus trace de *Cotillon*.

Le mercredi, M. Dormeuil envoyait aux journaux une

lettre dans laquelle il déclarait qu'il avait reçu l'ordre de reprendre le vaudeville sifflé et de le faire jouer malgré vents et marées. Et, en effet, l'affiche du jeudi portait : *Ce soir, troisième représentation du* COTILLON.

« O Molière ! homme simple et sublime génie,
Qui fis l'honnêteté maîtresse de tes vers,
Toi qui, sans les haïr en leur ignominie,
Châtias jusqu'au sang les sots et les pervers ! »

quelle belle comédie tu eusses tirée du spectacle que présenta ce soir-là la salle du théâtre du Vaudeville !

Elle était comble, cette salle que l'on a ordinairement tant de peine à remplir. Tous les mondes parisiens s'y étaient donné rendez-vous, le demi-monde et le quart de monde, le véritable monde et le monde qui n'est d'aucun monde, les plus jolies femmes et les plus fiers gentilshommes du moment, les plus illustres représentants de la finance et de la littérature, la fleur des pois des boulevards et des clubs, le baron de Nucingen et la *Torpille*, le baron Hulot et madame Marneffe, la duchesse de Maufrigneuse et Lucien de Rubempré, Vandenesse et Blondet, Rastignac et Vautrin, tous les personnages en chair et en os de la *Comédie humaine* d'Honoré de Balzac ! Les plus beaux drames de la Porte Saint-Martin et les meilleures comédies du Théâtre-Français n'avaient jamais eu des spectateurs aussi choisis, aussi nombreux, — ni aussi mêlés.

Le *Cotillon* en allait voir de dures !

La pièce commença au milieu d'un silence que j'oserai qualifier de religieux, — quoique cette qualification soit un peu risquée à propos d'une chose aussi profane. Mais lorsque le cotillon se mit en branle, les sifflets, jusque-là muets, firent entendre leurs voix ironiques et bruyantes. Les siffleurs les plus acharnés, M. le marquis de M..., M. le duc de G...-C... et d'autres gentilshommes aussi fameux, furent aussitôt appréhendés au corps par des agents de police, spectateurs intéressés du *Cotillon*, avec lesquels ils ne craignirent pas de faire le coup de poing, et si heureusement, que le duc de G...-C... en cassa — selon sa pittoresque expression — *trois amandes de pain d'épice* à un élève de Vautrin qui le tutoyait de trop près. D'où son expulsion immédiate et violente de la salle, où il reparut quelques instants après, ramené par le vœu unanime du public indigné, et où il fut applaudi à outrance, comme un acteur d'élite.

Le lendemain, le duc de G...-C... était encore là, dans son fauteuil d'orchestre, entouré de ses amis, des gentilshommes comme lui, souriant et moqueur. Il y eut le même vacarme que la veille, — et aussi les mêmes brutalités et la même expulsion. Vous voyez d'ici le tumulte, vous entendez les clameurs des hommes, les cris d'effroi des dames, etc. Des manants boxant avec des gentilshommes, des agents de police empoignant d'innocents spectateurs comme de simples Manuel : spectacle cent fois plus intéressant que celui qui se jouait sur la scène. Quelle danse à propos de *Cotillon!*

Cette soirée orageuse eut un grand retentissement dans Paris. On prit fait et cause pour ceux qui, de tyrans, étaient devenus victimes, les siffleurs qu'on blâmait la veille devinrent les héros du lendemain. Pendant quelques jours on ne parla que des fameux coups de poing distribués à leurs adversaires par le marquis de M... et le duc de G...-C... Le duc de G...-C... surtout devint. l'objet des préoccupations des oisifs parisiens, — et plus encore des oisives parisiennes, les belles grandes dames et les jolies petites dames.

Quel était ce duc de G...-C..., *bombardé* ainsi lion du soir au lendemain?

C'était le duc Ludovic de Gramont-Caderousse, dernier représentant d'une vieille famille du Comtat à laquelle les papes avaient accordé le titre de duc vers la fin du règne de Louis XIII. C'était un jeune gentilhomme un peu dépaysé dans notre époque dévorée d'industrialisme. Il avait vingt-sept ou vingt-huit ans et une fortune difficile à manger tout seul. Aussi, à ses millions paternels ou avunculaires avait-il eu soin tout d'abord d'atteler ces jolis petits coursiers qu'on appelle des femmes et qui mènent à fond de train les millions les plus lourdauds et les plus réfractaires à la course. Le duc de Gramont-Caderousse était très-aimé de tout cet aimable monde galant; très-aimé, quoiqu'en vérité il n'eût — fortune à part — aucune de ces grandes séductions auxquelles les femmes se laissent prendre comme les alouettes au miroir. Il n'avait ni la beauté du prince de Galles, ni l'élégance souveraine de Brummel, ni l'impertinence de Richelieu, ni les grands airs de Lauzun; ce n'était ni un dandy ni un galant coureur de ruelles : c'était un jeune homme de bonne famille qui, dédaigneux des lauriers, — comme trop démocratiques, sans doute, — s'amusait à dépenser sa vie en dépensant ses millions.

Gentleman et sportsman, il courait après tous les plaisirs à la disposition de ceux qui peuvent les payer : les chevaux, les femmes, les théâtres, les courses, les clubs, les soupers. Une bien agréable existence, et bien digne d'un gentilhomme! On s'y épuise, on s'y ruine, on s'y tue, on en meurt, — mais on a vécu, au moins!

Connu seulement la veille du *Cotillon*, le duc de Gramont-Caderousse passa du soir au lendemain à l'état de célébrité. Les hommes étaient fiers d'être ses amis, les femmes étaient glorieuses d'être ses maîtresses. On citait les paris qu'il avait faits et les *mots* qu'il s'était bien gardé de faire, et, quand il y avait un joli petit scandale quelque part, en haut ou au milieu de l'échelle sociale parisienne, on se répétait tout bas avec admiration : « Le duc doit en être! » Pour le monde des désœuvrés et des boulevards, le duc de Gramont-Caderousse était forcément le héros de toutes les héroïnes de quelque beauté ou de quelque renom.

Ce fut, ma foi! une bien autre affaire, lorsqu'à la fin de cette même année 1862 qui avait vu éclore la réputation colossale du duc de Gramont-Caderousse, eut lieu le duel déplorable de ce gentilhomme avec le plébéien Dillon, — où celui-ci fut tué par celui-là. Avant cette affaire, le duc de Gramont-Caderousse s'était battu deux fois, et deux fois il avait été blessé. La troisième, il fut plus heureux, — si l'on peut s'exprimer ainsi à propos d'une rencontre à issue mortelle pour l'un des combattants.

Cette troisième affaire, où il s'était conduit en gentilhomme, devait mettre le sceau à sa réputation. Ladmiration de ses amis et de ses maîtresses ne connut plus de bornes. Ceux et celles qui n'avaient pas, jusque-là, songé à le connaître, briguèrent l'honneur d'être admis dans son intimité, de lui serrer la main, de souper avec lui, d'obtenir un de ses sourires ou même une de ses impertinences. Et je dis des plus huppés parmi les messieurs et les dames du monde parisien !

C'est pour moi l'occasion de citer de nouveau cette page sinistre de la *Vie de lord Édouard Herbert de Cherbury*, écrite par lui-même et publiée par Horace Walpole : « Tout étant prêt pour le bal, — dit l'ambassadeur de Jacques Ier, — chacun à sa place, et moi-même auprès de la reine, attendant que les danseurs commençassent, quelqu'un frappa à la porte, plus fort, à mon avis, que la civilité ne le permettait. Lorsqu'il entra, j'entendis un murmure soudain parmi les dames. On disait : C'est *M. Balagny !* Là-dessus, je vis que les dames et les demoiselles, l'une après l'autre, l'invitaient à s'asseoir auprès d'elles, et, qui plus est, lorsqu'une dame avait eu sa compagnie pendant quelque temps, une autre lui disait : *Vous en avez joui assez longtemps; c'est à notre tour maintenant.* Ces prévenances si hardies me surprirent ; mais ce qui ajouta à mon étonnement, ce fut de voir que ce cavalier n'avait rien que de très-ordinaire dans toute sa personne. Il portait les cheveux très-courts et ils étaient grisonnants (quoique Balagny n'eût pas encore trente ans). Son pourpoint était de bure, taillladé, montrant sa chemise (*cut to his shirt*), et ses hauts-de-chausses de drap gris, sans broderies. M'étant informé auprès d'un des assistants qui était ce personnage, on me dit que c'était un des plus galants hommes du monde, attendu qu'il avait tué huit ou neuf hommes en duel, et que, pour cette raison, les dames en faisaient tant de cas ; que c'était la façon de toutes les Françaises d'aimer les gens de cœur, persuadées qu'avec des gens de cette sorte seulement il y avait sûreté pour leur honneur. »

Cela explique l'engouement des Parisiennes pour le duc de Gramont-Caderousse.

Balagny, ce terrible Balagny de lord Herbert de Cherbury, fut tué par une mazette, lors de son neuvième ou dixième duel. Le duc de Gramont-Caderousse, lui, fut tué, dans les derniers jours de septembre 1865, par cette fine lame qu'on appelle la phthisie.

Sa vie avait été bruyante : sa mort le fut aussi. On le pleura beaucoup et très-haut. J'ai lu quelques-unes des oraisons funèbres qui lui furent alors consacrées, — parmi lesquelles celle-ci : « C'était un de ces hommes prédestinés qui ont de l'esprit et presque du génie, des sens et une âme tendre, des vices et jamais de ridicules, un de ces hommes délicieux qui poursuivent leur carrière d'amour et de plaisir tant qu'ils sont jeunes, sachant que dans l'avenir ils auront la force de s'adonner aux choses utiles. »

Je veux bien le croire, mais moi qui n'ai pu l'apprécier que par sa vie publique, je demande à réserver ma sensibilité pour des catastrophes plus nationales.

Ce fut l'oraison funèbre que fit du duc de Gramont-Caderousse le comte Henri de Rochefort, gentilhomme de lettres, charmant esprit et vaillant cœur : c'est la seule que je veuille faire moi-même ici.

J'ajouterai quelque chose. Madame de Sévigné s'est trompée lorsqu'elle a écrit : « L'envie d'être singulier et d'étonner par des procédés non communs est, ce me semble, la source de bien des vertus. »

LE DUC DE BRUNSWICK.

Vous connaissez sans doute — de nom seulement — ce brave M. Baboo, négociant de Calcutta, qui comptait les millions par centaines et qui faisait le voyage des Indes tout exprès pour avoir le plaisir de dîner avec le roi Louis-Philippe.

M. Baboo, ce milliardaire, avait adopté pour ce voyage un costume bien fait pour tenter la cupidité des détrousseurs de grand chemin, — s'il eût couru sur les grands chemins : chacun des boutons de sa redingote — une sorte de polonaise en cachemire tissé exclusivement pour lui — était un diamant d'une valeur inestimable. Assurément ce n'était pas le *Kohi-Noor* (montagne de lumière) qui fait partie du trésor du Grand Mogol ; ce n'était pas non plus le diamant du radjah de Matan, qui pèse 367 carats, — ni le *Nizam*, qui en pèse 400, — ni le diamant de l'empereur de Russie, qui est de la grosseur d'un œuf de pigeon, — ni l'*Etoile du Sud*, — ni le *Régent*, ni le *Sancy*, — mais, pour de jolis brandebourgs, c'étaient de bien jolis brandebourgs !

Bien que M. Baboo existât en chair et en os, on ne croyait guère à son existence, qu'on traitait de fabuleuse — à cause des boutons de sa redingote. Cependant ce milliardaire existait vraiment, et une fois tous les trois ou quatre ans il venait vraiment de Calcutta à Paris pour manger une côtelette avec Louis-Philippe ; mais il repartait si vite, mais durant sa courte apparition aux Tuileries il se montrait si peu, même aux familiers éblouis par les boutons de sa polonaise, qu'on était bien autorisé à traiter son existence d'invraisemblable et ses diamants d'œufs de canard.,.

S. A. R. le duc de Brunswick devait se charger plus tard, en 1857, de prouver l'existence du nabab Baboo et l'authenticité de ses brandebourgs, par son existence propre et par ses propres boutons de gilet,

En 1857, ou en 1856, ou en 1855, — la date flotte. Les fastes de la grande exposition de cette dernière année ont gardé le souvenir de la fastueuse paire d'épaulettes de ce souverain au petit pied et aux gros diamants. Un mystificateur se plut même alors à faire courir le bruit que ces épaulettes, plus éblouissantes que l'ordonnance — même royale — ne le commandait, avaient une destination charitable qui ne devait guère entrer dans les vues de leur possesseur. La reine de Golconde ou la reine de Saba, à la tête d'une armée de Vésuviennes, n'eussent pas eu de plus belles épaulettes sur leurs belles épaules !

A Paris on fait retourner les passants quand on veut, en portant des haillons cyniques comme Chodruc Duclos, ou des gilets boutonnés de diamants comme le duc de Brunswick. Et les passants s'arrêtaient ébaubis — a dit un petit journal — devant cette figure amaigrie, longue, aux pommettes rosées, aux épais sourcils, aux yeux vifs, mais singulièrement enfoncés, presque cachée tout à fait par une chevelure singulièrement longue, noire, lisse et pommadée ; figure bien connue d'ailleurs des habitués de tout grand bal, de toute fête officielle.

Mais, chut ! Sachons nous arrêter à temps et ne nous égarons pas sur les traces de l'indiscret Dollingen qui, ayant laissé dire dans son journal, la *Gazette de Paris*, que le duc de Brunswick jouait aux échecs dans sa loge pendant une représentation théâtrale, fut traîné en police correctionnelle par ce prince, qui lui demanda 10,000 francs de dommages-intérêts. Dix mille francs ! A peine le prix d'un des nombreux boutons du gilet de Son Altesse Royale...

Voilà comment on devient lion, à Paris.

Et maintenant, croirez-vous à l'existence de M. Baboo, de ce milliardaire qui faisait le voyage des Indes tout exprès pour avoir le plaisir de dîner avec le roi Louis-Philippe, et dont la polonaise de cachemire avait de si étincelants brandebourgs ?...

LE ROI D'ARAUCANIE.

Vous avez certainement lu les Nouvelles d'Edouard Ourliac et vous vous rappelez cette amusante farce du *Souverain de Kazakaba*.

Nazarille et Pelloquin, deux amis, bohêmes parisiens, las de traîner leurs guêtres sur les boulevards sans y rencontrer le million philosophal, se décident un jour à voyager. Ils n'ont pas le sou : ils s'en passent. Comment s'embarquent-ils sur le brick anglais la *Belle-Jenny?* Je n'en sais rien. Ils sont embarqués comme matelots : cela paiera leur passage. Où vont-ils? Où ira le navire.

Pendant la traversée, Pelloquin est triste; il regrette Paris, où l'on s'amuse même sans argent, et la Normandie, où l'on mange si plantureusement. Nazarille, un loustic, se moque de la tristesse de son ami et lui souffle des projets de décampade. Justement, la *Belle-Jenny* s'arrête sur je ne sais quel point de l'Australie, Melbourne peut-être. « Allons à terre! » dit Nazarille à Pelloquin. Mais Pelloquin, trop abattu, refuse. Nazarille s'esquive seul. A peine débarqué, il rencontre un roi détrôné, l'illustre Boungari, et sa royale épouse, qu'il salue respectueusement, quoiqu'elle soit noire comme une taupe et grosse comme feu mademoiselle Flore, des Variétés. Boungari, quoique détrôné, a conservé ses bonnes façons, et il remercie Nazarille de sa politesse en s'inclinant trois ou quatre fois et en balayant la terre du plumet qui lui sert de coiffure. Nazarille, qui respecte les reines, ne respecte pas autant les rois : il prend l'illustre Boungari à son service et l'envoie à bord de la *Belle-Jenny* quérir son ami Pelloquin, qui se décide enfin à le rejoindre.

Voilà nos deux amis réunis. La *Belle-Jenny* repart sans eux. Alors Pelloquin et Nazarille s'embarquent sur un baleiner à tout faire, mais français, auquel ils brûlent la politesse, comme ils l'ont fait au brick anglais, aussitôt

17.

qu'il s'arrête pour faire de l'eau. On se trouve dans le détroit de Torrès, devant une île inconnue : quinze hommes, parmi lesquels nos deux amis, sont chargés d'aller en reconnaissance dans l'intérieur de cette île. Nazarille, qui est flâneur, perd ses compagnons, et bientôt aussi Pelloquin. Resté seul, il est surpris et pris par les naturels du pays, qui sont fort laids, et conduit par eux vers leur reine, qui est hideuse. Nazarille s'attend à être mangé. Un sort plus cruel lui est réservé : la gracieuse Tripatouli — *gracieuse* par antiphrase, comme les Furies *Euménides* — lui a jeté son royal mouchoir, il faut qu'il l'épouse ou qu'il dise pourquoi au milieu des tourments les plus affreux. Nazarille aime mieux ne pas dire pourquoi et épouser l'épouvantable *gracieuse* Tripatouli.

C'est ainsi qu'il devient souverain de Kazakaba.

Pourquoi cette odyssée burlesque de l'ami de Pelloquin m'est-elle revenue à l'esprit à propos du roi d'Araucanie? Je ne saurais trop le dire, mais elle m'est revenue : malgré moi, en songeant aux aventures de l'ex-avoué de Périgueux, je songe à celles du souverain de Kazakaba.

Il était une fois à Périgueux un avoué répondant au nom de Antoine de Tounens. M. de Tounens était un homme fort considéré de tout un chacun, et un avoué dont le ministère avait été utile à beaucoup. Il aurait pu continuer à vivre ainsi dans sa ville natale, honoré, estimé, et, après de longs jours remplis d'*exploits* — pacifiques, — mourir regretté de tous. Mais l'ambition qui se joue autour du cœur humain, — *circum præcordia ludit*, selon l'expression même du satirique Perse, —

l'ambition traversa la robe et le rabat de M. de Tounens et fit en lui ses ravages ordinaires. Le digne avoué avait lu quelque part cette fameuse phrase de Napoléon : « Je trouvai une couronne dans un égout, j'en ôtai les ordures et me la mis sur la tête, » et il s'était dit sans doute : « Puisque l'on ramasse des couronnes, c'est qu'il y en a qui traînent ; cherchons-en une et mettons-la-nous sur la tête, que cela coiffera mieux qu'un chapeau !... »

Et M. de Tounens, jetant la procédure aux orties, s'en alla, nouveau Jason, à la conquête de la Toison d'or de ses rêves. Bonaparte avait trouvé une couronne dans l'égout, il ne fallait pas espérer en trouver une au même endroit, — ces chances-là sont trop rares. Le plus sûr était encore de diriger ses recherches sur un sol un peu plus vierge que le sol parisien, où les couronnes sont ramassées avant même d'être tombées, tant est considérable le nombre des compétiteurs. Au mois de juin 1858 M. de Tounens quitta la France, s'embarqua à Southampton sur un paquebot en partance pour le Chili, et, le 22 août, il arrivait incognito à Coquimbo, en compagnie d'un ami qu'il avait associé à sa fortune et dont il devait faire son premier ministre — le jour où il serait roi.

Vous voyez que j'avais quelque raison de songer à l'histoire du souverain de Kazakaba.

A Coquimbo, l'ex-avoué de Périgueux, tout en vivant incognito, prit soigneusement ses petits renseignements, et, à tout hasard, se mit à étudier l'espagnol et le *chiliduya*, — la langue des conquérants et celle des conquis,

Il se trouvait sur le territoire d'une République qui n'était pas mûre encore pour la monarchie constitutionnelle libellée d'avance par lui; mais, à côté de cette république, il y en avait une autre qui lui parut devoir être moins rebelle aux projets qu'il avait formés. L'une, c'était le Chili; l'autre, c'était l'Araucanie, qui coupe le Chili en deux. Les Caciques de l'une ne s'entendaient pas avec les Caciques de l'autre, les deux États étaient à couteaux tirés, — en leur qualité de voisins : bonne occasion d'amener une couronne au bout de sa ligne, en pêchant dans cette eau trouble !

M. de Tounens se frotta les mains, apprit avec plus d'acharnement l'espagnol et le chili-duga, et rédigea la Constitution qu'il comptait donner à son peuple, — je devrais dire à ses peuples, car l'Araucanie en comprend quatre ou cinq, peut-être six, tous bien distincts : les *Moluches*, les *Piunches*, les *Puelches*, les *Huilliches*, les *Pehuenches* et les *Aucas* ou Araucans proprement dits. Ces peuples ont été de tout temps redoutés des Espagnols, qui n'ont jamais pu les dompter complétement, et leur voisinage est une source permanente d'hostilités tantôt repoussées, tantôt tolérées par l'impuissance du gouvernement. Ils sont divisés en tribus nomades et en tribus sédentaires, — ces dernières réunies entre elles par une sorte de fédération que préside le chef le plus expérimenté à la guerre, qui prend le titre de *Toqui*.

M. de Tounens voulait être le *toqui* des Araucaniens, — un *toqui* constitutionnel, avec charte, mais avec couronne et manteau d'hermine. Ah ! l'hermine et la couronne, il les lui fallait indispensablement, — et il comptait bien les avoir.

M. de Tounens mettait peut-être un peu trop de précipitation à s'emparer d'une république pour en faire son royaume. Peut-être ne connaissait-il pas bien les peuples qu'il voulait faire passer sous son sceptre. Il les voyait à travers le nuage d'or du poëme épique de Don Alonzo de Ercilla, l'*Araucana*, que Cervantes compare quelque part aux grandes épopées de l'Italie, et il faisait de l'Araucanie une seconde édition de l'Arcadie — avant la conquête des Romains. La description qu'il en donne dans une brochure ornée de son portrait le prouve surabondamment. Pour un peu il eût dit des Araucaniens ce que Virgile dit des Arcadiens dans sa X^e églogue :

.... *Soli cantare periti*
Arcades ....

Et cependant les Araucaniens sont loin d'être aussi attrayants qu'il les peint. Je ne sais pas s'ils aiment la poésie et la musique, mais j'avoue qu'ils n'en ont pas l'air. Ils sont très-forts, mais très-laids. Visage aplati, large et cuivré, lèvres épaisses, crinière noire en guise de cheveux, yeux légèrement féroces, etc., etc., — enfin, les habitants de Kazakaba ! Il ne leur manque que la gracieuse Tripatouli, — qui s'arrachait le bétel de la bouche pour le fourrer amoureusement dans celle de Nazarille...

Mais Jupiter aveugle ceux qu'il veut perdre. Quand M. de Tounens se crut ainsi suffisamment édifié sur les mœurs des Moluches et renseigné sur les besoins des Huilliches, il fit ses malles et partit du pied gauche pour conquérir son royaume.

Hélas ! il est à craindre que le royaume de M. de Tounens ne soit pas de ce monde — ancien ou nouveau !

Donc vers la fin de l'année 1860, suivi de son fidèle Pelloquin, — pardon ! de son fidèle compagnon, M***, — M. de Tounens franchit le Rubicon et du Chili passa en Araucanie, où l'appelaient la voix du peuple et la volonté de Dieu. *Vox populi*, *vox Dei*, parbleu ! toujours !... J'ajoute, pour être vrai, qu'un certain nombre de caciques, gagnés — par la persuasion sans doute, — étaient les complices de ce pacifique conquérant, qui ressemblait si peu à Pizarre et à Fernand Cortez.

Une fois dans son royaume, l'éx-avoué devenu roi — *de motu proprio* — signifia à qui de droit ses titres à la couronne et lança assignation à venir le reconnaître à bref délai aux bons Puelches et autres Moluches, qui certainement ne s'attendaient pas à tant de bonheur.

« Nous, prince Orélie-Antoine de Tounens,

« Considérant que l'Araucanie ne dépend d'aucun autre État, qu'elle est divisée par tribus, et qu'un gouvernement central est réclamé par l'intérêt particulier aussi bien que par l'intérêt général ;

« *Décrétons ce qui suit* :

Art. 1ᵉʳ. Une monarchie constitutionnelle et héréditaire est fondée en Araucanie ; le prince Orélie-Antoine de Tounens est nommé roi,

« Art. 2. Dans le cas où le roi n'aurait pas de descendants, ses héritiers seront pris dans les autres lignes de sa famille, suivant l'ordre qui sera établi ultérieurement par une ordonnance royale.

« Art. 3. Jusqu'à ce que les grands corps de l'État soient constitués, les ordonnances royales auront force de lois.

« Art. 4. Notre ministre secrétaire d'État est chargé des présentes.

« Fait en Araucanie, le 17 novembre 1860.

« *Signé* : ORÉLIE-ANTOINE Ier.

« Par le roi :
« Le ministre secrétaire d'État au département de la justice.

« *Signé :* F. Desfontaine. »

Par le roi : Signé... Rien n'y manquait, — pas même, je me plais du moins à le supposer, le grand sceau de cire verte représentant, suivant la tradition, Sa Majesté Orélie-Antoine Ier dans ses habits royaux et assis sur son trône.

Quant à la Constitution, également et légalement signifiée à qui de droit par ministère de cacique, et qui suivit de près, comme vous le devinez bien, le précédent décret, je vous en donnerais volontiers copie — si elle n'était pas si longue. Vous la trouverez dans le dossier publié par M. de Tounens à son retour en France, après son expulsion de son Arcadie, non par ses Arcadiens mais par les Chiliens, qui, effrayés du mauvais bon exemple qu'il se proposait de donner à leurs voisins, s'étaient empressés de l'arrêter, — grâce à la complicité de son valet de confiance, par eux corrompu à prix d'or, — l'avaient jeté dans un cachot, et l'auraient fusillé sans tambour ni trompette s'il n'avait pas été fort heureusement réclamé à temps par le consul français.

Nazarille, au moins, avait eu le choix entre être mangé et épouser la gracieuse Tripatouli !

Combien de temps dura le rêve royal de M. de Tounens ? Un an à peine, puisque la proclamation à ses peuples est datée du 17 novembre 1860, — et rien ne prouve que l'intronisation ait immédiatement suivi, — et qu'il fut arrêté au commencement de l'année 1862.

Il sortit enfin de la prison des Angeles vers le milieu de cette dite année 1862 et s'en revint tout penaud en Europe, à Paris, où l'avait précédé le bruit de ses glorieuses aventures. Bruit fort peu flatteur ! Les Parisiens traitent sérieusement — en les guillotinant — les princes acclamés rois par eux ; mais ils traitent irrévérencieusement — en les fusillant de leurs ironies — les audacieux qui se sont passés de sa sainte ampoule et dont l'audace n'a pas été couronnée de succès. On fit des gorges chaudes de l'équipée de l'ex-avoué de Périgueux, on chansonna impitoyablement Sa Majesté Orélie-Antoine Ier, redevenue Tounens comme devant, — et l'on ne se gêna pas pour considérer tout haut l'infortuné toqui comme un *toqué !*...

Voilà comment le roi d'Araucanie — et de Patagonie — fut le lion de Paris.

Le prestige dont il avait cru entourer son nom s'éclipsa à ce point, qu'un jour du mois d'octobre 1864 un vulgaire hôtelier osa le traîner sur les bancs de la police correctionnelle pour une misérable somme de 3,600 francs, montant de fournitures de bouche qu'il n'avait pu payer ! C'était prouver que le seul palais que possédât ce monarque déchu était celui par lequel avaient passé les aliments représentés par cette somme ridicule. Je me hâte de dire que les grands caciques qui commandent aux tribus des Puelches et des Huilliches s'étaient empressés d'aider Sa Majesté Orélie-Antoine Ier à désintéresser son impertinent créancier, — car, ainsi que le disait fort justement l'ex-avoué de Périgueux, Louis XI après Péronne et François Ier après Pavie n'étaient pas moins rois de France qu'auparavant.

O misères des ambitieux !

A l'heure qu'il est, M. de Tounens, que son échec n'a point corrigé, rêve plus que jamais à conquérir l'Araucanie et à réédifier son trône écroulé. Seulement cette fois, ce n'est pas incognito, sa valise d'une main et ses proclamations de l'autre, qu'il compte réintégrer le royaume d'où il a été indûment chassé : c'est, comme Pizarre et comme Fernand Cortez, à la tête d'une petite armée de partisans. Bonne chance, Majesté !

Bonne chance ! Mais si vous échouez de nouveau, vous aurez, je pense, le bon goût de ne pas venir faire panser en France vos plaies d'amour-propre blessé et d'ambition déçue. Nous avons vraiment autre chose à faire ! Un roitelet de plus ou de moins sur la surface du globe n'a rien de bien intéressant pour des fils de jacobins.

Bonne chance, souverain de Kazakaba.

LOLA MONTÈS.

L'année 1841-42 ne fut pas précisément une année calme : de grosses tempêtes politiques la bouleversèrent d'un bout à l'autre et empêchèrent qu'on ne prît au fretin des événements l'intérêt qu'on a l'habitude d'y prendre à Paris, — où les petites choses occupent plus que les grandes, où l'on s'inquiète plus de l'apparition d'un clown que d'une déclaration de guerre à l'Autriche. Aussi ne faut-il pas s'étonner de l'accueil relativement tiède que les Parisiens de cette époque firent à une danseuse excentrique de la Porte-Saint-Martin, — dont l'excentricité consistait surtout à danser sans maillot.

Sans maillot ! *Proh pudor!* O dieux immortels! Qu'aurait dit le trop vertueux M. de Larochefoucauld, lui qui faisait rallonger d'un pied les jupes des danseuses de l'Opéra? Ce qu'il aurait dit, je n'en sais rien ; d'ailleurs, s'il avait été directeur du théâtre de l'Opéra, il n'était pas directeur du théâtre de la Porte-Saint-Martin, — et c'était à la Porte-Saint-Martin qu'avait eu lieu cette contravention aux règlements de police et aux plus simples lois de la décence.

Si les galantins de l'orchestre avaient été réjouis et enthousiasmés de cette innovation, il ne faut pas le demander. Pour beaucoup de gens vertueux d'ailleurs — et ailleurs ! — la meilleure comédie ancienne ou moderne, ce n'est ni l'*Avare*, ni les *Nuées*, ni le *Barbier de*

Séville, ni les *Faux Bonhommes :* c'est le premier ballet venu, n'importe lequel, de n'importe quel théâtre, réglé par Petipa ou par Chose, où il y a beaucoup de demoiselles court-vêtues, — le moins vêtues possible. Ils ne sont pas fâchés, ces honnêtes gens-là, quand au charme de la presque nudité ces aimables filles de l'air-là joignent une presque beauté. Oh ! alors, ils trépignent d'aise sur le velours de leurs stalles d'orchestre et applaudissent avec ivresse cette littérature chorégraphique avec laquelle rivaliseraient en vain le génie d'Aristophane et de Molière, et l'esprit de Beaumarchais et de Léon Gozlan. D'où le grand succès obtenu jadis aux Variétés par les poses plastiques de la troupe de madame Keller, et le succès plus grand encore obtenu — sur une scène particulière — par la même troupe de la même madame Keller...

Donc, les galantins chauves ou chevelus de l'orchestre de la Porte-Saint-Martin avaient applaudi à cette danseuse assez hardie pour rompre avec les traditions bégueules ; si les titis des troisièmes galeries eussent pu voir, eux, ils eussent certainement sifflé. Il est pour la morale, le titi !

On parla pendant quelques jours de cette révolutionnaire du corps de ballet, on se passionna pour et contre elle, tant et si bien que son nom, inconnu la veille, franchit la rampe, puis la salle, et rebondit comme un volant sur toutes les raquettes du boulevard. C'était sans doute tout ce que voulait mademoiselle Lola Montès.

Lola Montès ! Ce nom sonne comme un coup de clairon et passe comme une flamme rose dans ma mémoire.

J'étais trop jeune alors pour avoir pu assister à son original début, mais je me rappelle le bruit fait encore par elle quelques années plus tard. Je revois encore sur les murs du grenier de Lisette — une Lisette qui lisait Musset ! — la lithographie de Gavarni représentant, dans un costume de fantaisie très-pittoresque, la danseuse de la Porte-Saint-Martin. Elle ressemblait pour moi à une héroïne de madame Sand ou de lord Byron, — Lélia ou Haydée, — et si je cherchais bien, je trouverais dans mes paperasses d'adolescent quelque madrigal incandescent en l'honneur de cette belle personne dont je ne connaissais pas alors les antécédents. A l'âge de Chérubin on s'inquiète bien, ma foi ! des antécédents des femmes ! On ne leur demande qu'une chose : c'est de se laisser adorer — et de vous aimer un peu…

Les éplucheurs de réputations eussent cependant trouvé de quoi gratter dans les antécédents de mademoiselle Lola Montès, danseuse espagnole. D'abord elle n'était pas espagnole, puisqu'elle était née en Écosse ; ensuite elle ne s'appelait pas Lola mais Mary ; enfin elle n'avait pas dix-neuf ans, comme elle l'affirmait, mais bien vingt-trois ou vingt-quatre, — ce qui ne faisait pas grand'chose en 1842, mais pouvait devenir important plus tard.

Cette Espagnole d'Écosse, — ou cette Écossaise de Séville, au choix, — quoique jeune alors, avait eu déjà de nombreuses aventures, de celles que raconte si gaillardement le bon La Fontaine dans la *Fiancée du roi de Garbe*. Elle avait beaucoup voyagé sur la carte d'Europe — et sur la carte de Tendre. Elle avait été en Espagne puis en Angleterre, puis dans l'Inde, puis en Belgique, puis en Pologne, puis en France. En Angleterre, elle s'était fait enlever par le capitaine Thomas James, auquel l'avait enlevée je ne sais quel midshipman, qui avait été lui-même supplanté par je ne sais quel prince indien, qui lui-même s'était vu sacrifié à je ne sais quel mylord...

Je m'arrête. Les gens friands d'aventures auront la bonté de chercher le reste dans les propres *Mémoires* de Lola Montès, jadis publiés par le journal d'Anténor Joly, et interrompus lors de l'entrée de M. de Lamartine dans ce journal.

Lola Montès avait donc beaucoup voyagé sur toutes les cartes, semant avec prodigalité sa jeunesse et sa beauté dans toutes les terres, — même dans les sols les plus ingrats. On a dit de l'argent : « Il est rond, c'est pour rouler. » On le dirait tout aussi justement du cœur féminin. Celui de Lola Montès n'amassa pas mousse, à force de rouler ainsi. Madrid, Bath, Londres, Bruxelles, Varsovie la virent passer comme un météore, la cravache à la main, chanteuse, écuyère, danseuse, je ne sais plus quoi encore. Enfin Paris eut le bonheur de la posséder, une première fois en 1841-42, puis une seconde fois en 1844-45, où elle se rendit célèbre par ses débuts à l'Opéra — avec maillot, cette fois — et par ses relations avec Dujarier, le gérant de la *Presse*, tué en duel par Beauvallon.

Après cette déplorable affaire — où le rose de sa réputation s'était teinté de rouge vif, — Lola Montès quitta Paris, fit une courte apparition en Angleterre, et du pays des guinées s'envola vers le royaume des florins, pour Munich. Munich, une ville que je ne peux pas parvenir à prendre au sérieux depuis que j'ai lu le *Fantasio* d'Alfred de Musset, et où il me semble que les habitants sont toujours en train de rire de la confusion de Marinoni, le chambellan du prince de Mantoue, au moment où Fantasio lui enlève sa perruque au bout d'une ligne ! Ville de comédie et de fantaisie, — malgré sa pinacothèque où il y a de si beaux cartons de Cornélius !...

En attendant qu'elle habitât le palais de la princesse Elsbeth, cette fiancée à contre-cœur du ridicule prince de Mantoue, la belle voyageuse accepta un engagement pour le théâtre royal de Munich, où l'avait précédée le bruit de sa réputation. Le roi Louis eut occasion de la voir danser, et cela mit son vieux cœur en branle ; il devint amoureux de cette séduisante Salomé et voulut que dorénavant elle dansât — sans maillot — pour lui seul. Le 14 août 1847, une ordonnance royale, datée d'Aschaffenbourg, accordait à Lola Montès l'indigénat en Bavière ; puis, quelque temps après, des lettres-patentes la nommaient successivement baronne de Rosenthal et comtesse de Landsfeld...

C'est ainsi que la demoiselle Poisson et la demoiselle Vaubernier devinrent, l'une marquise de Pompadour, et l'autre comtesse Du Barry. Pour faire croire à leurs peuples qu'ils ne s'encanaillent pas en prenant des favorites, les rois les anoblissent : ils les font monter jusqu'à eux pour faire croire qu'ils ne descendent pas jusqu'à elles.

Une fois reine — de la main gauche, — avec une liste

civile de vingt mille florins, sans compter les épingles, Lola Montès gouverna. Chacun a son chien, comme dit Jacques-le-Fataliste. Le mari est le chien de sa femme, le premier commis est le chien du ministre, le ministre est le chien du roi, et le roi... Je me plais à supposer que la favorite avait déposé sa cravache en prenant le sceptre. Lola Montès, baronne de Rosenthal, comtesse de Landsfeld, chanoinesse de l'ordre de Sainte-Thérèse, n'avait pas les sympathies du ministère, ultramontain paraît-il : elle brisa les ministres qui osaient la blâmer, et les remplaça par d'autres plus libéraux et plus — indulgents. Ce nouveau cabinet, quoique libéral, mais uniquement sans doute parce qu'il était formé par les soins de la favorite, n'eut pas les sympathies des étudiants de Munich, un peu cousins-germains de Fantasio, l'honnête original. En février 1848 il y eut des émeutes, une presqu'insurrection, non pas contre le roi Louis, mais contre la pseudo-reine Lola Montès. Le royal amant voulut à son tour s'insurger contre ses sujets révoltés; mais la Chambre des pairs lui fit comprendre l'imprudence et l'inutilité de cet accès chevaleresque et lui arracha un ordre d'expulsion. Pauvre vieux roi ! il aimait celle qu'on le forçait ainsi de chasser : il dut souffrir, — et il souffrit en effet, et ce ne fut pas de la blessure que lui fit le caillou qu'il reçut en allant rôder autour de l'hôtel de sa bien-aimée comtesse au moment de son départ. Si le sang lui coula du front, il ne le sentit pas, la blessure de son cœur criant trop fort par la bouche de son inguérissable plaie... O misères de l'amour !

Que devint après cela l'illustre aventurière? Je ne saurais le dire exactement; mais cette affiche d'un théâtre de province, le théâtre de Nîmes, que je donne *in extenso*, nous en apprendra quelque chose. Il ne faut pas que la Postérité soit privée d'un document de cette importance.

Oyez, oyez, postériteurs!

LA CÉLÈBRE
LOLA MONTÈS

BIOGRAPHIE DE LOLA MONTÈS

Elle ne se donne pas comme Première Danseuse mais comme danseuse de Fantasia.

Née à Séville (Espagne) en 1824, de parents aisés; son père au service du gouvernement.

A dix ans, elle suivit la fortune de son père, passa les tropiques; elle fut dans les Indes, où elle est restée onze années à parcourir les différentes contrées de l'Indoustan, de la Chine et de la Perse, aussi n'est-il pas étonnant de lui entendre parler *sept langues* dans la plus grande perfection. Le *dessin*, l'*histoire* et la *géographie* lui sont très-familiers. Tel est le fruit de l'éducation qu'elle a reçue au-delà des mers.

Pourtant, n'oublions pas que la danse fut toujours sa passion, et sa précocité excentrique pour les saillies, les reparties pleines d'esprit, surpassa en prodiges les enfants d'un âge plus avancé, ce qui la rendit très-intéressante et attira dans la haute société l'attention des hauts personnages, gouverneurs et radjas de toutes les villes, et principalement du roi du Népaul, duquel elle a reçu, il y a peu de jours, un cadeau précieux.

Son instruction et son éducation sont des plus rares.

Bref, à part son excentricité, qu'on ne peut comparer qu'à

celle des enfants terribles, il y a chez elle bonté, charité et affabilité. Telles sont les qualités avec lesquelles elle est revenue à Londres, à l'âge de seize ans. Ainsi, en 1842, plusieurs lords, à qui elle fut recommandée, la firent débuter au théâtre de Sa Majesté, et, en 1843, son joli physique et son amour pour la danse l'attiraient à Paris, afin de travailler avec les premiers maîtres de ballet de l'Opéra. Mais dix mois après, la malheureuse affaire Dujarier, que ses efforts ne purent empêcher, la forcèrent de signer un engagement pour la Russie, où elle fut très-bien reçue, au point que cela lui valut, pour l'année suivante, un brillant engagement au théâtre de Munich! L'histoire vous en dira davantage...

Dix grands volumes ne suffiraient pas pour faire connaître les excentricités sorties de ce jeune cerveau ; mais en 1847, le grand pouvoir dont elle s'était emparée occasionna son départ de la Bavière, et LOLA MONTÉS, comtesse de Lansfeld, revint à Londres, où un grand lord l'épousa. En 1850, les deux caractères n'ayant pu sympathiser, elle est revenue aux rêves de son printemps.

Elle danse par caprice, et cette danse, quoique puisée chez les premiers maîtres de l'Opéra, elle ne se donne en réalité que comme *danseuse de fantasia*.

Explique qui le voudra (et qui le pourra) ce cerveau brûlant, ce caractère tout excentrique qui l'ont rendue si célèbre. Elle n'est qu'à la moitié de sa course, car elle part en novembre prochain pour l'Amérique, et... Dieu seul sait le reste !...

PRIX DES PLACES POUR CETTE REPRÉSENTATION.

Premières, 4 fr.; *Secondes et Parterre*, 2 fr.; *Troisièmes*, 1 fr. 25 c.; *Quatrièmes*, 75 c.

Nîmes. Typ. C. Durand-Belle, place du Château, 8. — 1851.

Triste retour, monsieur, des choses d'ici-bas!
Aujourd'hui Lola Montès doit avoir dans les alentours

de cinquante ans, — mettons quarante-huit et n'en parlons plus. C'est l'âge de la retraite et du repentir. Mais les femmes répugnent à songer à l'une et ne songent jamais sincèrement à l'autre. Elles ne sont ni à Dieu ni au Diable. Voltaire rapporte que quand on demanda à Saint-Evremond à sa mort s'il voulait se réconcilier, il répondit : « Je voudrais me réconcilier avec l'appétit. » Les femmes, elles, si on les interrogeait ainsi *in extremis*, — c'est-à-dire en leur âge critique, — répondraient toutes : « Je voudrais me réconcilier avec l'Amour. »

Je n'ai point pour habitude de jeter de terre dans le calice des roses — même des plus effeuillées : je n'ajouterai rien à ces fragments de biographie de Lola Montès, de peur d'avoir à la juger trop sévèrement, comme c'est mon droit d'historien des lions et des lionnes de ce temps, si riche en animaux de cette espèce.

Lola Montès a été favorite de roi et danseuse ;

Comme favorite, ses admirateurs — si tant est qu'elle en ait conservé — me permettront de lui préférer la duchesse de La Vallière, plus sincèrement amoureuse de son Louis que Lola du sien, et certainement plus désintéressée ;

Comme danseuse, les mêmes admirateurs me permettront de lui préférer la grande artiste à laquelle Théophile Gautier a consacré ces beaux vers :

« Elle danse, morne bacchante,
La cachucha sur un vieil air,
D'une grâce si provocante,
Qu'on la suivrait même en enfer.

Ses cils palpitent sur ses joues
Comme des ailes d'oiseau noir,
Et sa bouche arquée a des moues
A mettre un saint au désespoir.

Quand de sa jupe qui tournoie
Elle soulève le volant,
Sa jambe, sous le bas de soie,
Prend des lueurs de marbre blanc.

Elle se penche jusqu'à terre,
Et sa main, d'un geste coquet,
Comme on fait des fleurs d'un parterre,
Groupe ses désirs en bouquet...

J'ai vu ce fantôme au Gymnase,
Où Paris entier l'admira,
Lorsque, dans son linceul de gaze,
Parut la Petra Camara.

Impassible et passionnée,
Fermant ses yeux morts de langueur,
Et, comme Inès l'assassinée,
Mourant un poignard dans le cœur! »

UN TRIO DE CAISSIERS.

Le premier s'appelait Jean-Baptiste Charles Carpentier ;

Le second, Sureau-Lamirande ;

Le troisième, Berthomé.

Il n'est personne qui n'ait entendu parler de ces trois dépositaires infidèles, car, chez nous, on arrive bien plus vite à la notoriété par le vice et le crime que par l'excès d'honneur et de vertu. Cartouche est bien plus populaire que M. Monthyon ; on sait sur la vie de M. Lacenaire plus de particularités curieuses que sur l'existence de Champion, — l'Homme au *Petit Manteau Bleu*. Au fond, — et c'est justement ce qui me scandalise et m'attriste, — il y a un peu d'admiration dans le brouhaha qui se fait à propos des coquins de choix. Il n'est pas donné à tout le monde d'aller à Corinthe !

Quoique plus vieille en date (1856), l'affaire Carpentier est aussi présente à l'esprit de tous que l'affaire Lamirande, qui n'a que quelques mois, et que l'affaire Berthomé, qui n'a que quelques semaines.

C'est pour cela que je les mets toutes trois dans le même panier et que je réunis les trois mangeurs de grenouille dans la même biographie.

Carpentier — un jeune homme de vingt-six ans, *délicat et blond*, Bilboquet gandin — était l'homme de confiance du chemin de fer du Nord. Aidé de Louis Grellet, son sous-employé, il imagina de faire de nombreuses saignées à la caisse pléthorique de son administration afin de combler les vides de sa caisse particulière. De saignée en saignée, les deux associés en arrivèrent à la somme de près de six millions,— une fière palette ! Il faut ajouter qu'à leur exemple un simple garçon de bureau, Guérin, partisan de la méthode de ces audacieux Broussais, avait, de son côté, et à leur insu, phlébotomisé la caisse sur laquelle il était chargé de veiller.

Six millions ! un joli trou qu'ils avaient creusé là ! Un gouffre !

Dans ce gouffre ils eussent dû tous les trois, ou, à défaut de trois, un d'entre eux eût dû se jeter, comme le chevalier Curtius, — pour sauver, non la patrie, mais l'honneur, — car les sacrifices de cette nature réparent bien des fautes.

Mais les vertus romaines n'ont plus cours depuis un certain nombre de siècles : le mardi 26 août 1856 Carpentier quittait Paris, muni d'un congé en bonne forme, et le lendemain il s'embarquait au Havre sur le *Fulton*, qui faisait voile pour New-York.

Louis Grellet, qui avait les mêmes raisons que Carpentier de ne pas rester à Paris, s'empressait à son tour de quitter cette capitale du plaisir pour se rendre, sur les traces de son complice, dans la capitale des affaires.

Quant au garçon de bureau Guérin, moins ingambe que ses supérieurs, il avait un peu trop tardé à lever le pied, et, au lieu de placer les mers entre lui et la justice française, il n'avait placé que deux ou trois départements : il s'était réfugié en Belgique, où il n'avait pas tardé à être arrêté.

Grellet et Carpentier l'avaient été aussi par les agents de la police française, à la tête desquels Mélin, un habile limier. Le *Fulton*, qui les avait emmenés, les ramenait huit mois après, à la suite d'une série d'aventures qui firent pendant quelque temps le sujet des causeries parisiennes et donnèrent à ces deux héros de cour d'assises — à Carpentier principalement — une célébrité qui

dure encore. On ne s'abordait pas en se demandant :
« Avez-vous lu Baruch? » mais : « Avez-vous lu le récit
de l'évasion du caissier du Nord?... »

Qu'étaient devenus les six millions?

A l'époque de leur arrestation les trois principaux
complices avaient été trouvés nantis, Carpentier d'une
somme de 108,720 francs, Grellet d'une somme de
22,901 francs, et Parot (un autre complice) d'une somme
de 55,890 francs, — ce qui composait un maigre total de
187,511 francs, une bagatelle !

Où était le restant de leurs écus? Quelque part évidemment. M. Mélin avait bien pu mettre la main sur
ces hommes à sac — et de sac, — mais il lui avait été
impossible, malgré toute son habileté, de la mettre sur
le sac lui-même. Tout ce qu'on put faire, ce fut de condamner Carpentier à cinq ans de prison, Guérin à cinq
ans de la même peine, et Grellet à huit ans de réclusion.
Quant à Parot, acquitté.

Il y a de cela dix années. Si Grellet n'est pas mort, il
doit être libre ou sur le point de l'être, — en comptant
les cinq ans de contrainte par corps. S'il a planté quelque
part, dans un bois connu de lui seulement, une ou deux
boutures des millions arrachés à leur caisse natale, il
les trouvera grandies et tout à fait bonnes à être cueillies, et, déshonneur à part, rien ne l'empêchera de revenir faire figure dans le monde parisien.

Il n'en sera pas de même de Lamirande.

Sureau-Lamirande était caissier de la succursale de la
Banque de France, à Poitiers. Au commencement de
cette année (1866) il disparut, laissant dans la caisse un

déficit de 786,000 francs,— près d'un million. Cette disparition — et ce déficit — firent du bruit. On s'informa du chemin qu'avaient pu prendre les 786,000 francs, et l'on apprit qu'ils s'étaient envolés vers la terre bénie des caissiers en rupture de caisse, l'Amérique. M. Mélin, à qui l'on devait l'arrestation de Carpentier, fut chargé de celle de Lamirande.

« Comme M. Mélin avait carte blanche, raconte l'*Evénement*, il fit immédiatement chauffer un vapeur qui pût arriver avant le paquebot anglais qui amènerait son homme. Il le devança, en effet, mais que d'inquiétudes encore! Les bâtiments font escale, Lamirande avait pu s'arrêter en route. Heureusement, il n'en était rien. Au débarquement, il appréhenda Lamirande; mais le mandat dont il était muni ne suffit pas en Amérique. L'ex-caissier prétendait s'appeler Lasnier et habiter les Etats-Unis.

« Ceci se passait dans une sorte de taverne où M. Mélin avait emmené Lamirande. Le chapeau de celui-ci était déposé sur une table. — Pardon, Monsieur, dit l'agent, vous venez de Londres où vous avez acheté ce chapeau. Il venait de reconnaître l'adresse du chapelier de la Cité de Londres. Lamirande perdit toute son assurance. Avec l'aide du consul de France, M. Mélin le fit incarcérer.

« Les questions d'extradition sont, comme on sait, fort compliquées aux Etats-Unis. L'affaire traîna en longueur, et, grâce sans doute à la complicité de ses avocats et des agents de la police de New-York, Sureau-Lamirande parvint à s'échapper.

« Ici, M. Mélin l'avoue lui-même, il eut quelques heures de découragement ; mais sa force est faite de persévérance et d'intelligence ; il reprend vite courage, réunit de nouveaux renseignements, acquiert la conviction que Sureau est parti pour le Canada ; il l'y suit, et, en arrivant à la Prairie, il trouve son homme. Nouvelles difficultés d'extradition que l'activité de M. Mélin a enfin pu surmonter. Il a obtenu du gouvernement la permission d'emmener son prisonnier, au moment où une interprétation nouvelle de la loi allait le faire remettre en liberté.

« Quand Lamirande a été arrêté à la Prairie, M. Mélin avait trouvé sur lui, pour toute fortune, *trente-deux sous* et un revolver. — Pourquoi porter cette arme ? lui a demandé l'agent français. — A cause des voleurs, a répondu l'ex-caissier avec sang-froid. — Et vous n'avez pas songé à vous en servir pour vous ? — Je n'y ai jamais songé !

« Mais revenons aux 32 sous. De son propre aveu, Lamirande avait quitté Poitiers avec 480,000 francs en billets de banque. La différence a été dissipée en jeu et en plaisirs. On joue beaucoup à Poitiers. Sureau-Lamirande a été un élégant ; en 1856 il entretenait une actrice fort en vue à Paris.

« La préoccupation du caissier infidèle était le volume assez considérable de 480 billets de banque. A chaque pas, dans chaque personne qui le regardait, il croyait voir un agent ; puis il craignait, avec raison, que la Douane ne trouvât l'origine de cette somme énorme un peu suspecte. Voici le biais qu'il imagina : il acheta six mouchoirs de poche ; dans l'un il mit deux cent dix mille francs, puis il les enveloppa dans les autres mouchoirs, de façon à faire un petit paquet. Les deux cent soixante-dix mille francs restants étaient dans ses poches. Le petit paquet était à côté de lui sur la banquette du chemin de fer : en arrivant à Londres, il descendit précipitamment et l'y laissa. Trois minutes après il s'aperçut de son erreur et revint sur ses pas : il retrouva son wagon, mais point de paquet. On comprend qu'il ne fit pas de réclamations, et il dut partir pour New-York avec 270,000 francs seulement.

« Là-bas ses défenseurs lui en ont soutiré 56,000 en deux fois. Un interprète, auprès duquel il s'était fait passer pour un détenu politique, remarqua que les fugitifs de cette espèce ont moins d'argent que cela, et le fit chanter. Cela lui coûta 20,000 francs encore. M. Mélin a pu saisir 120,000 francs sur lui, et le reste lui a servi pour faciliter son évasion et pour subvenir à ses besoins personnels. M. Mélin voulait intenter une action aux défenseurs pour leur faire rendre gorge ; mais devant les longueurs d'un procès, il a dû se contenter d'une restitution de 20,000 francs. Lamirande a donc fait le voyage sans un rouge liard, avec les bottes, les pantalons et les paletots de M. Mélin... »

Voilà l'histoire de Sureau-Lamirande, le caissier de la banque de Poitiers ; elle n'est pas plus édifiante que celle de Carpentier, le caissier du chemin de fer du Nord, mais elle a, comme elle, sa signification philosophique.

L'histoire de Berthomé, le caissier du Sous-Comptoir des chemins de fer, n'est pas moins significative, — et elle n'est pas plus édifiante. Carpentier et Lamirande ont été poussés par l'amour du jeu ; Berthomé a été poussé par je ne sais quoi qu'on appelle faiblesse et qui pourrait bien avoir un autre nom.

Voici les faits. Le 15 mai 1866, Berthomé apportait à signer à son directeur une décharge établissant qu'un emprunteur remboursait son prêt au bout de quinze jours. Le fait frappa M. Ernoux. — « Voyons votre caisse ! » dit-il à Berthomé, qui tout aussitôt balbutia et fit des aveux complets, desquels il résultait un déficit de 3 millions 200,000 fr. Il en avait la note exacte dans sa caisse, avec tous les reçus Dupray de la Mahérie et Crouy-Chanel rangés en ordre.

Trois millions ! C'était un peu moins fort que Carpentier, mais c'était un peu plus violent que Lamirande ! Comment cet homme avait-il pu manger tout cela tout seul, à son âge, 64 ans ?

Eh ! il n'était pas tout seul ! On n'est jamais tout seu pour manger d'aussi plantureuses sommes : il y a toujours derrière le convive principal de ce royal festin, un ou deux affamés qui tirent à eux la nappe et font tomber dans leurs mains la meilleure part du gâteau. Ces affamés s'appelaient Dupray de la Mahérie et le prince de Crouy Chanel.

Dupray de la Mahérie était un de ces Mercadets comme il en pousse dans toutes les sociétés chauffées à blanc par la fièvre de l'or. Il avait l'amour des affaires, des grandes affaires, — ayant l'amour de la grande vie. Il voulait gagner beaucoup pour dépenser davantage. Sa fortune personnelle n'y suffisant pas, il avait eu recours à la fortune des autres. Cet autre fut le bonhomme Berthomé, honnête caissier jusque-là.

Le prince de Crouy-Chanel était un autre Mercadet, lui. Il n'avait pas le sou, mais il avait un grand nom, il se disait le descendant d'Étienne III de Hongrie, — lequel descendait d'Attila, l'homme-fléau. Comment refuser quelques mille francs à un descendant des Arpad, à un prince qui pouvait d'un instant à l'autre remonter sur le trône de ses pères? Berthomé avait des économies, une vingtaine de mille francs : il eut l'imprudence de les confier, partie à M. de Crouy-Chanel, partie à M. Dupray de la Mahérie. Un si grand prince et un si grand industriel ne pouvaient pas tromper un honnête homme de caissier : Berthomé comptait bien sur le remboursement des sommes prêtées par lui sur ses économies. Ah! bien, oui! il comptait sans ses hôtes! Non-seulement le descendant des Arpad et le cousin de Mercadet n'étaient pas disposés à lui rendre les 20,000 fr. avancés, mais ils en demandèrent 20,000, — 50,000 — 100,000, — 500,000 autres, — pour 3 millions et demi enfin!

Berthomé avait aventuré ses économies : c'était une imprudence, c'était une folie, mais cela ne le rendait coupable qu'à ses propres yeux, et nul autre que lui n'avait le droit de le blâmer et de le condamner. Pa malheur, au lieu de faire le sacrifice de ses vingt mille francs et de se résigner à en amasser péniblement mais loyalement vingt mille autres pour ses tout à fait vieux jours, il regimba contre cette perte qui l'appauvrissait sans le ruiner et, pour la couvrir, il ne craignit pas d'écouter cette voix de sirène qu'entendent quelquefois chanter les caissiers aux abois quand ils entrent dans leur caisse sans avoir pris la précaution de mettre dans leurs oreilles cette cire infusible qu'on appelle la conscience : il détourna d'abord 45,000 fr., puis, la seconde année, 646,000, puis, la troisième année, 1,200,000 fr., et nul doute que si, le 15 mai, son directeur M. Ernoux ne lui avait pas demandé à voir sa caisse, les détournements de la quatrième année, suivant cette aimable progression, n'eussent atteint un chiffre formidable.

Et tout cet argent qui ne lui appartenait pas, c'était entre les mains du descendant d'Arpad et du cousin de Mercadet qu'il passait! Avec cet argent illégitime, le prince de Crouy-Chanel essayait de faire légitimer ses droits à la couronne de Hongrie, et Dupray de la Mahérie fondait des imprimeries, des librairies et des chasubleries.

Quant à lui, — mauvais fourrier, ce caissier! — i s'oubliait dans la distribution de cette manne dorée! C'est incroyable, mais c'est ainsi!

Est-ce qu'il ne vous intéresse pas un peu, ce pauvre vieux caissier pris — comme entre les deux dents de fer d'un étau — par les exigences sans cesse renaissantes de ses deux amis, qui faisaient miroiter devant ses yeux d'éblouissantes promesses, — l'un avec ses entreprises industrielles colossales, librairie et sacristie mêlées, — l'autre avec son trône restauré, le trône d'Étienne III ? Assurément, il devait être content de songer qu'il pourrait participer un jour ou l'autre — l'autre, naturellement! — aux bénéfices réalisés par le cousin de Mercadet; mais il était bien plus fier en songeant que, grâce à lui, obscur plébéien — et démocrate par-dessus le marché, — le descendant d'Arpad allait enfin remonter sur le trône de ses pères ! Il faisait comme partie de cette glorieuse ascension, lui, l'humble roturier ! Quel honneur ! Et comme les millions devaient fluer doucement, sans qu'il s'en aperçût, de ses mains dans celles de ses deux illustres amis !

Le réveil de ce double songe fut terrible. Je ne sais pas si le prince de Crouy-Chanel aura jamais son trône, mais il est maintenant à peu près certain que le plébéien Berthomé ne pourra pas faire partie de sa cour, — du moins d'ici quelques années.

Quant à Dupray de la Mahérie... Mais celui-là ne nous intéresse pas : il n'est plus libraire et il n'a jamais été caissier.

Ma triple biographie est faite. J'en ai beaucoup dit, — et cependant je n'ai pas dit tout ce que j'aurais voulu dire. Mais il faut savoir s'arrêter, même lorsque la plume vous démange.

Un dernier mot.

On a inventé des serrures incrochetables, et tout le monde se rappelle à ce propos la grande querelle du serrurier Huret et du mécanicien Fichet, qui fit autant de bruit en son temps que la grande querelle de Benserade et de Voiture au beau temps où la maison de Condé et la maison de Longueville s'amusaient à patronner des sonnets. Toutes les serrures du monde ne valent rien devant le sibboleth diabolique que leur chantent les doigts crochus d'un caissier infidèle : la meilleure serrure du plus gros coffre-fort de la terre, c'est encore l'honnêteté, — doublée d'appointements en harmonie avec les tentations qu'elle court. La garantie des caisses publiques est là — et non ailleurs.

AUX DÉDAIGNÉS ET AUX OUBLIÉS DE CE LIVRE.

Ils sont nombreux — plus nombreux que ceux auxquels j'ai accordé la préférence. Je voudrais pouvoir donner au moins leurs noms, mais la place me manquerait. Je veux seulement utiliser la place qui me reste encore par quelques mentions honorables, faites au hasard de mes souvenirs, sans tenir compte de la chronologie, — qui m'embarrasserait trop.

Je cite donc :

Paganini, le célèbre artiste, sur le compte duquel coururent tant de cancans mystérieux, — à ce point qu'il devint légendaire.

Les Frères Siamois, une bizarrerie de la nature, à propos desquels Jules Janin écrivit un roman.

Le général Allard, simple aide-de-camp du maréchal Brune, devenu généralissime des armées du roi de Lahore, — un rêve des *Mille et une nuits*.

Broussais, l'antiphlogistique Broussais, tant raillé, tant charivarisé.

L'éléphant Kiouny, — un lion aussi, comme plus tard 'écuyer quadrumane.

La Vénus hottentote, une véritable Vénus callipyge, — trop callipyge.

Franz de Bach, l'*homme à la boule*, un adolescent leste comme Mercure et ayant comme lui des ailes au talon.

Héloïse Pavillon, — la dernière grisette.

Gaspard Hauser, le malheureux idiot inventé par Méry.

Romieu, le viveur célèbre par ses lampions, le préfet célèbre par ses hannetons.

Le chien Munito, — un caniche plus intelligent que beaucoup d'hommes.

Reboul, le boulanger poète, mis à la mode par une strophe de Lamartine.

Van Amburg, le dompteur de lions, lion lui-même, qui mourut dévoré par un lion.

Jenny Lind, le rossignol américain qu'éclipse en ce moment la Patti.

Prudence, la somnambule extra-lucide du docteur Lassaigne.

Ducornet, un peintre qui trouva la réputation sous ses pieds.

Victor Escousse et Auguste Lebras, des poètes qui demandèrent au suicide la gloire d'une heure que leur avait refusée leur talent.

Barbès, ce condamné à mort qui ne mourut pas, — un lion d'un beau poil et d'une vaillante face.

Madame Keller, la déesse des poses plastiques, embaumée dans un rondeau de Théodore de Banville.

Les ambassadeurs cochinchinois, avec leurs robes de chambre à ramages et leurs dents avariées.

Hippolyte Bonnelier, romancier, sous-préfet de Carcassonne, jouant le rôle d'*Orosmane* à l'Odéon, et obtenant une heure de gloire — singulière.

Cécile Combettes, la victime du frère Léotade, — une héroïne qui ne put pas jouir du bruit fait autour de son nom.

Carolina la Laponne, une affreuse naine qui obtint un succès de curiosité — intime.

Musard, le triomphateur grêlé, qui menait tout Paris du bout de son bâton de chef d'orchestre.

Freychütz, le terre-neuve d'Alphonse Karr, qui se faisait dévorer de temps en temps par lui, — une manière originale de lui couper la queue.

Madame Sand, plus connue à ses débuts par ses cigares et ses redingotes qu'elle ne l'a été depuis par ses chefs-d'œuvre.

L'Ermite de Tivoli, plus honoré de la faveur du public que l'*Ermite de la Chaussée-d'Antin*.

Jacqueline la Chimpanzé du Jardin des Plantes, plus courue que beaucoup de drôlesses.

Fanny Essler, la déesse de la danse.

Bosco, le prestigieux prestidigitateur.

L'abbé Auzou, l'*alter ego* révolté de l'abbé Châtel.

Mademoiselle Lenormand, la vaticinatrice des gros bonnets.

Vidocq, le Javert des *Misérables* de la réalité.

Odry, l'étonnant saltimbanque.

Chicard, le chahuteur émérite.

Eugène de Mirecourt, le pamphlétaire-biographe, — le Jacquot du perchoir de Gustave Havard.

Jean Journet, l'apôtre fouriériste qui jetait des torrents de petits papiers sur ses obscurs blasphémateurs.

Jules Gérard, le tueur de fauves, qui, quoique brave, n'a jamais osé citer le proverbe espagnol fait à propos de la rencontre du Cid avec le lion : *No es el leon tan bravo como le pintan.*

Debureau, le grand funambule immortalisé — pour quelques années — par Jules Janin.

Galimard, le peintre mystique.

Mademoiselle de Luzy, l'institutrice du drame Praslin, épousée par un Anglais.

Adolphe Bertron, le candidat *humain* — *et perpétuel,* — qui avait trouvé le moyen de faire une « excellente huile à manger » avec les boues de Paris.

Nana-Saïb, le Schamyl de l'Inde.

Schamyl, le Nana-Saïb du Caucase.

Le pompier du 15 mai, — plus introuvable que la Chambre de 1815.

Caussidière, — le préfet de police fantaisiste, qui avait trouvé moyen de faire de l'ordre avec le désordre.

Le bonnetier Pétin, capitaine de la frégate aérienne — qui a fait école, comme celle du Pont-Royal.

Bombonnel, le tueur de panthères, — un Jules Gérard d'un fort calibre.

Le toréro Montès, la *primera espada* de toutes les Espagnes, adoré de toutes les Parisiennes.

A. Leclerc, le blessé de juin, candidat-représentant — non élu.

Lord Seymour, le gentilhomme encanaillé qui faisait frire des louis comme des pommes de terre et les faisait servir, une fois frits, aux voyous de la Courtille enthousiasmés.

Dona Martinez, la *Malibran noire*.

Rarey, le dompteur de chevaux.

Tamberlick, le dompteur de notes.

Dunglas Home, le médium, — l'aîné des frères Davenport.

Gustave Courbet, le tireur de coups de pistolet — peints.

Auriol, le clown.

Blondin et son omelette — fantastique.

Alexandre Dumas, le père d'Alexandre Dumas fils.

Garcia, le joueur heureux — par ses coupes.

Dumolard, le Papavoine des bonnes.

Renan, le *tombeur* de Jésus-Christ.

Ponson du Terrail, — le Timothée Trimm du roman.

Villemessant, le père Gigogne du petit journalisme.

Armand de Pontmartin, — l'indiscrète dame Charbonneau.

Armand Roux, le domestique plein de ficelles.

Malka-Kachwar, la reine d'Oude morte à l'hôtel Laffitte.

Lacordaire, le dominicain — de l'Institut.

Etc., etc., etc. Vingt-cinq pages d'*et cœtera*.

O la célébrité !...

www.ingramcontent.com/pod-product-compliance
Lightning Source LLC
Chambersburg PA
CBHW060654170426
43199CB00012B/1794